PAVAROTTI
MA VIE

PAVAROTTI MA VIE

Avec la collaboration de William Wright

**Traduit de l'américain par
Jean Chapdelaine Gagnon**

Héritage+plus

SOUS
LA DIRECTION
DE
RENÉ BONENFANT

Conception graphique de la couverture: Martin Dufour
Photo de la couverture: Robert Cahen

L'édition originale de cet ouvrage a été publiée par
Doubleday and Co. Inc. sous le titre: MY OWN STORY.

Typographie: Jacques Filiatrault Inc.

Dépôts légaux: 4e trimestre 1982
Bibliothèque nationale du Québec
Bibliothèque nationale du Canada

ISBN: 0-7773-5638-4   Imprimé au Canada

LES ÉDITIONS HÉRITAGE INC.
300, Arran, Saint-Lambert, Qué. J4R 1K5
(514) 672-6710

William Wright

Préface

Au moment où les négociations pour ce livre avaient presque mené à un accord et où une entente de collaboration allait être signée entre Pavarotti et moi, Luciano alarma soudain toutes les parties concernées en se disant contre l'idée d'un livre qui serait écrit de sa main; il préférait plutôt coopérer activement à un récit que je rédigerais à la troisième personne. Sa suggestion démonta l'éditeur et les agents qui avaient consacré une année à élaborer ce projet.

Ma première réaction en fut une de vanité, du genre de celle qu'on peut attendre d'un écrivain : plus besoin de départager les droits d'auteur. Au lieu de cela, je serais le seul signataire. De nombreuses considérations plus graves eurent bientôt raison de la gloriole. Plusieurs admirateurs de Pavarotti désiraient lire *sa* version de sa propre histoire plutôt qu'une version filtrée par une autre conscience. Les autobiographies ont une valeur d'autorité à laquelle ne peut prétendre même le plus patient et le plus scrupuleux recherchiste. Enfin, et c'était là le plus inquiétant, Pavarotti proposait un livre différent de celui commandé par Doubleday.

Les responsables rassemblés clamèrent en chœur leur désarroi : « Pourquoi ? »

« Bien », répondit un Pavarotti pensif, « je crois qu'une biographie devrait mettre en lumière et les aspects positifs et les aspects négatifs. Si *je* la raconte, on n'y trouvera que les négatifs. »

Outre son charme indiscutable, cette anecdote est révélatrice de l'homme Pavarotti. Il est modeste, prompt à se déprécier et rarement satisfait de lui-même. Il est aussi à la fois fier de ses succès et reconnaissant d'avoir hérité d'un talent aussi exceptionnel. Il voulait éviter qu'on écrive un livre qui aurait minimisé sa réussite ou trop insisté sur ses échecs dans un souci de bienséance un peu trop exercé.

Pavarotti sait ce qu'il veut et il connaît ses propres faiblesses qui pourraient entraver sa marche pour y arriver.

Dès que Pavarotti eut constaté la consternation dans laquelle nous plongeait tous sa suggestion, il accepta que l'on procédât tel que prévu. Le livre qui en est sorti, avec la narration de Pavarotti émaillée d'autres voix, est le compromis vers lequel nous évoluâmes. À l'époque, j'ai assuré Pavarotti qu'à titre de collaborateur je ne le laisserais pas tracer de lui un portrait totalement négatif.

Après avoir travaillé avec lui pendant une année, je compris que le livre sombre qu'il avait craint d'écrire aurait été bien mince.

Les données essentielles de son histoire sont sans contredit positives. Né dans un milieu défavorisé, il est devenu l'un des plus grands artistes de ce siècle. Il s'est attelé à la tâche pendant plusieurs années pour perfectionner sa voix, et de plus nombreuses années encore pour se faire un nom. Il a atteint au pinacle de sa profession tout en se conservant l'amour et le respect de ses collègues comme de ses émules toujours plus nombreux. Il a excellé dans un domaine extrêmement exigeant et spécialisé sans perdre son enthousiasme pour un large éventail d'activités qui n'ont rien à voir avec la musique : la peinture, le tennis, la conduite automobile, l'art culinaire, pour n'en nommer que quelques-unes. Et il est le chef d'une famille nombreuse et très unie qu'il est déterminé à garder telle.

Où était le côté sombre dans tout ça? Pareille avalanche de bonnes nouvelles soulevait aux yeux de son collaborateur à l'esprit commercial le problème opposé : il y avait là trop peu d'aspects négatifs. Comment rédiger une histoire passionnante à partir de quarante années de victoires successives? «Où est le drame?», comme on dit autour des piscines de Beverly Hills.

Par bonheur, la vie de Pavarotti comportait sa part d'adversité. Mais plus encore, j'ai rapidement compris que les coups durs ne sont pas essentiels à une histoire quand on a la chance d'avoir pour sujet un homme intelligent, un co-auteur et un guide aux deux pieds sur terre qui nous ouvre non seulement l'univers rococo de l'opéra contemporain, mais aussi les multiples mondes que lui a fait connaître son odyssée longue de quarante années.

Que ce coauteur et guide soit à la fois l'un des plus grands chanteurs d'opéra, voilà qui atteste davantage la finesse, la perspicacité, la sensibilité de Pavarotti et plus encore la pertinence de son point de vue tant sur sa profession ésotérique que sur la place unique qu'il y occupe.

Se dénigrer n'était pas le seul danger qu'entrevoyait Pavarotti en entreprenant un tel ouvrage. Il ne voulait pas que sa biographie, comme c'est le cas de tant de livres de vedettes de l'opéra, se réduise à un répertoire de ses triomphes artistiques. C'est si fréquemment le cas, soulevat-il, à croire que les grands interprètes espèrent mettre en boîte et conserver leurs ovations en inscrivant sur papier chacun de leurs succès. Pavarotti et moi nous entendions pour dire que ç'aurait été comme demander aux lecteurs d'écouter les applaudissements sans même avoir assisté au spectacle.

D'ailleurs les détails intéressants à narrer étaient trop nombreux pour qu'on s'étende sur des accueils frénétiques et des critiques délirantes. Nous nous entendîmes pour que ce livre traite suffisamment de sa vie personnelle et de sa carrière pour satisfaire les plus fervents admirateurs. Il faudrait aussi toucher un certain nombre de sujets connexes : le phénomène de la voix de ténor, les théories de Pavarotti sur le chant, des aperçus sur son art, le monde actuel de l'opéra et ses personnalités ainsi qu'un coup d'œil sur l'industrie du vedettariat dans la seconde moitié du vingtième siècle.

Plus que tout, j'étais convaincu que cet ouvrage devait faire connaître la remarquable personnalité de Luciano Pavarotti. Évidemment ce devrait être le but de toute biographie, mais dans le cas particulier de Pavarotti je sentais que la personnalité, plus encore que la voix sans pareille, était la clé du phénomène.

Quand on songe aux grands interprètes de ce siècle, une constatation s'impose : bien des chanteurs doués de voix des plus remarquables ont laissé froid le grand public qui, s'il se passionnait peu pour le chant et l'opéra, n'en était pas moins friand de héros et de colosses. En effet quelques-uns de ces interprètes — Kirsten Flagstad, Beniamino Gigli, Lauritz Melchior, Zinka Milanov, Helen Traubel — s'ils étaient effectivement doués de voix de toute première classe, n'ont suscité que bien peu de réactions parmi le *grand* public.

Ceci, bien sûr, nous apprend beaucoup du public et bien peu du talent de ces grands artistes. Pourtant, je suis convaincu que cette réalité nous révèle tout de même *quelque vérité* à leur sujet, spécialement si nous les comparons à d'autres chanteurs qui ont fait une percée au-delà du cercle des fervents du chant et qui ont reçu un accueil chaleureux de la part de millions de gens qui ne sont pas des fanatiques d'opéra. Se rangeraient parmi ces interprètes les Caruso, John McCormack, Marian Anderson, Maria Callas et — à un degré jusqu'ici inégalé — Luciano Pavarotti.

L'absence d'ascendant sur le public qui est le lot du premier groupe de grands artistes laisse deviner qu'une voix même exceptionnelle ne réussit à elle seule, en tant qu'instrument de communication, qu'auprès des fervents de *bel canto* et d'opéra lyrique. La renommée indiscutable du deuxième groupe dans toutes les couches de la société suggère que le public — même un public qui préfère l'organe vocal d'un Bob Dylan ou d'une Janis Joplin — n'a rien contre les voix de *bel canto*, mais qu'il réclame plus que de belles sonorités.

Je suis convaincu que ce plus est une personnalité admirable, identifiable. Je commence aussi à soupçonner que plus le talent vocal est somptueux et impressionnant, plus certains auditeurs éprouvent le besoin que soit transmis par l'instrument de communication bien davantage que l'intention artistique du compositeur. Plus que la voix sans âme mais impeccable qui laisse peut-être indifférents un grand nombre de gens, il y a quelque chose de foncièrement agaçant dans le superbe talent dont fait preuve une grande voix qui émane d'un personnage énigmatique, d'une merveille inaccessible qui exécute des exploits surhumains de manière inhumaine.

Il y a une explication plus profonde à ceci, un mécanisme qui touche au cœur d'un art vocal de grande classe. À propos de Enrico Caruso, dans son livre *The Great Singers*, Henry Pleasants a écrit : « Le secret de la beauté (de sa voix) ne réside pas dans la voix seule, pas même dans ce sens extraordinaire de la forme, probablement intuitif chez lui, qui lui permettait de modeler chaque phrase de chaque mélodie et de chaque aria, mais plutôt dans le fait qu'en Caruso s'alliaient à merveille une belle voix et une belle personnalité. »

Le grand public parviendrait-il à percevoir l'essentiel qui permet d'atteindre au grand art mieux que n'y arrivent les gens qui connaissent le chant ou s'y intéressent de près ?

Une partie du mystère du chanteur tient à la glorieuse indépendance de son talent qui n'a pas besoin du secours de caisses de résonance, de cordes, de fils métalliques, de toile nue (à peindre), de blocs de marbre. Le chanteur peut se tenir seul sur la cime d'une montagne et faire entrer de la vraie beauté en ce monde, peut-être même de la beauté qui passera à l'histoire. Comme dans le cas de Superman et de sa capacité de voler, aucun équipement ni aucun concours de circonstances ne lui sont nécessaires. Quel que soit le moment où on ait besoin de lui ou qu'on l'appelle, son talent est toujours prêt à s'exercer.

Une fois de plus, une facette unique du talent vocal semblerait reposer sur la nécessité d'une personnalité attachante dans l'être qui en dispose. En présence de moyens si rares et expressifs de communication, l'auditeur se sent plus intéressé non seulement à ce qui lui est communiqué — la mélodie, bien entendu — mais à qui le lui communique.

Si l'importance de la personnalité de l'artiste vocal est un fait reconnu, il est étonnant que les voix marquantes de nos jours constituent une communauté à ce point anonyme et aux préoccupations si matérialistes. C'est un renversement de situation par rapport à ce qui prévalait aux époques antérieures, en ce qui concerne les chanteurs. La tradition et la littérature de l'opéra regorgent d'anecdotes sur des personnalités, depuis les folichonneries sans méchanceté d'un Caruso (pressant une saucisse chaude dans la main d'une soprano pendant un duo) ou d'un Leo Stezak («À quelle heure le prochain cygne quitte-t-il le port?») jusqu'aux excentricités débridées d'un Luigi Ravelli qui annulait une représentation si son chien, Niagara, avait le malheur de grogner pendant que son maître faisait des vocalises, avant le spectacle.

Les interprètes d'aujourd'hui sont pour la plupart des bourreaux de travail, des professionnels sérieux et dignes. Ils se permettent bien en de très rares occasions une espièglerie innocente sur scène ou de briser un vase à l'arrière-scène. Les cachets exigés par de telles vedettes frisent les sommes exorbitantes qui sont versées à de super-vedettes dans d'autres domaines.

Plusieurs transformations ont pu provoquer cet affadissement de la personnalité dans le monde de l'opéra. Les exigences et la compétition sont à leur plus haut niveau et nécessitent une discipline qui tient de l'obsession. Le côté mercantile du vedettariat à l'opéra est devenu de nos jours si complexe et accaparant qu'il oblige à faire appel au concours de plusieurs individus de diverses professions — des gérants, des responsables de la publicité, des répétiteurs, des secrétaires, des oto-rhino-laringologistes, des guérisseurs et des astrologues. Coordonner leur travail et veiller à rémunérer chacun, voilà qui suffirait à rabattre la gaieté de l'esprit le plus exubérant.

La plus grande différence entre la vedette d'opéra à l'heure actuelle et celle des époques révolues s'explique probablement par ces constants voyages qu'impose aux chanteurs l'ère de l'avion à réaction. Par le passé, les interprètes pouvaient se permettre des saisons qui leur laissaient de longs moments de repos et qui s'étendaient sur quelques semaines ou quelques mois passés dans une même ville; puis ils s'embarquaient sur un bateau où ils jouissaient de vacances forcées avant de s'installer ailleurs où les attendait un calendrier peu chargé de représentations. De nos jours, une voiture attend souvent l'interprète à l'entrée des artistes, prête à le transporter en trombe à l'aéroport pour qu'il puisse arriver dans une autre ville — il oublie souvent laquelle — où il ne restera que trop peu de jours de répétition avant le spectacle. Peut-être au fond les chanteurs d'opéra d'aujourd'hui ne sont-ils pas ternes, mais tout bonnement abrutis.

Même les vedettes qui sont riches d'une personnalité colorée se donnent beaucoup de mal pour la cacher. Elles semblent craindre de nuire à leur stature d'artiste en révélant leur côté humain. Les réponses qu'elles donnent au cours d'interviews semblent provenir de la conscience désincarnée de l'Art plutôt que d'un être humain qui éprouverait les mêmes appétits et les mêmes dégoûts qui nous animent tous.

Devant une telle enfilade d'effigies, l'humanité vibrante d'un Pavarotti souffle comme un blizzard bienvenu, avec une intensité suffisante pour ne pas être cantonnée à la maison d'opéra et pour secouer l'apathie du grand public. Quiconque l'a entendu chanter ne peut qu'avoir reconnu la forte personnalité et le beau tempérament qui l'habitent.

En pareil cas, pourquoi s'inquiéter qu'un livre présente trop d'aspects positifs ou négatifs? Ce n'est pas de ce côté que peut surgir la difficulté. Pas plus d'ailleurs que d'un éclairage porté sur des domaines liés à cette carrière qui fera époque et dont il faudrait inévitablement traiter. Par dessus tout ce livre doit exposer par le détail cette extraordinaire personnalité et la mieux faire connaître, car cette personnalité qu'on ne pourrait séparer de son art illumine sans contredit la seconde moitié du vingtième siècle autant que sa voix l'embellit.

Remerciements

Raconter quarante-quatre années d'une vie est en soi une tâche difficile. Mais quand il s'agit de Luciano Pavarotti, la difficulté n'en est que plus grande. Non seulement connaît-il l'une des carrières les plus prodigieuses et exigeantes de ce siècle, mais encore il s'agit d'un homme qui, par tempérament, vit intensément le présent. Les réserves d'énergie et d'attention qu'il peut détourner de ses tâches pressantes — un spectacle, une interview, un tableau — il les canalise pour prendre les décisions compliquées et épineuses qui concernent son avenir.

À titre de coauteur de ce livre, j'ai très tôt compris que Pavarotti aurait besoin de plus que ma seule assistance pour faire revivre son passé. Pour éviter de trop faire appel à sa mémoire, je me suis entretenu avec le plus de gens possibles qui sont entrés dans sa vie. J'ai communiqué avec sa famille, ses amis et des confrères de sa profession et je me suis rapidement trouvé le bénéficiaire de trésors d'amour et d'estime qui depuis des années ne cessent de s'accumuler à l'actif de Pavarotti.

Je considère comme un hommage additionnel que plusieurs de ses proches n'aient pas hésité à mêler à leurs débordements d'affection quelques murmures et griefs.

Ceux qui ont été les artisans de la popularité de Pavarotti ont couru le danger de se trouver eux-mêmes submergés par des adulateurs qui se contentent de pousser des hourras. Heureusement pour ce livre et pour Pavarotti, ce ne fut pas le cas.

Parmi les nombreuses personnes auxquelles je tiens à exprimer ma gratitude, je veux d'abord nommer Adua, l'épouse extraordinaire de Pavarotti, que j'ai sans gêne mise à l'épreuve dans son rôle d'archiviste de la famille et qui a toujours répondu à mes nombreuses questions avec une grande efficacité pleine de bonne humeur. Ma profonde reconnaissance va aussi aux parents de Luciano, Adèle et Fernando Pavarotti, à sa sœur Gabriella ainsi qu'à ses trois filles : Lorenza, Cristina et Giuliana. Pour cet étranger qui s'immisçait parmi eux, ils ont tous fait plus que n'exige la meilleure tradition italienne d'accueil et d'hospitalité. Ils ont aussi fait preuve d'une patience de saint pour mon invraisemblable italien.

Voici une liste partielle des nombreuses personnes que je souhaite remercier. L'assistance qu'elles m'ont apportée varie considérablement, mais elles ont toutes manifesté un égal enthousiasme pour le sujet de mon travail et un vif désir de m'aider qui aurait fait rêver n'importe quel biographe : Edwin Bacher, Kathryn Bayer, Mariarosa Bettelli, Umberto Boeri, Richard Bonynge, Hans Boon, Stanley A. Bowker, Herbert Breslin, Kirk Browning, Mario et Sonia Buzzolini, Antonio Cagliarini, Bob et Joan Cahen, Moran Caplat, Cesare Castellani, Michele Cestone, George Christie, Robert Connolly, John Copland, Julia Cornwall-Legh, William et Allison de Frise, Mme Arturo di Filippi, Gildo di Nunzio, Max de Schauensee, Giuseppe di Stefano, Judy Drucker, Mirella Freni, John Goberman, Kathleen Hargreaves, Robert Herman, Merle Hubbard, John Hurd, Joan Ingpen,

Robert Jacobson, Nathan Kroll, Richard Manichello, Stephen Marcus, Walter Palevoda, Arrigo Pola, Judith Raskin, Madelyn Renee, le regretté Francis Robinson, Richard Rollefson, Susanne Stevens, Alan Stone, Susannah Susman, Dame Joan Sutherland, Annamarie Verde, Peter Weinberg et John Wustman.

Je voudrais enfin remercier tout particulièrement mon directeur de production, Louise Gault, pour son attitude patiente et philosophe lorsqu'elle était confrontée aux difficultés quasi insurmontables que soulèvent invariablement les projets de cette nature.

William Wright

Luciano Pavarotti

Grandir à Modène

J'ai connu une enfance très heureuse. Nous possédions bien peu, mais je ne pouvais même pas nous imaginer plus à l'aise. Nous habitions un immeuble en banlieue de Modène, une ville moyenne de la région d'Emilia, au Centre Nord de l'Italie. Devant l'immeuble, il n'y avait rien d'autre que des champs et des arbres : le site idéal pour élever des enfants. Seize autres familles logeaient dans le même immeuble; tous se connaissaient et beaucoup entretenaient même des liens d'amitié.

Notre appartement était situé au premier — deux seules pièces pour ma mère, mon père et moi. J'avais déjà cinq ans lorsque naquit ma sœur Gabriella. Quand elle vint s'ajouter à notre petite famille, elle dormit dans la chambre à coucher de mes parents. Je couchais dans la cuisine, sur un lit à sommier métallique du genre de ceux qui le jour servent de fauteuil, mais qui la nuit s'ouvrent pour accueillir un dormeur. Si je pouvais mettre aujourd'hui la main sur ce lit, je n'hésiterais pas à payer son poids

17

en or pour me l'approprier; il me ferait tant revivre du passé.

L'immeuble comptait plusieurs halls où des appartements donnaient sur un escalier. Deux de mes tantes et ma grand-mère partageaient le même hall que nous en sorte que j'étais entouré de voisins qui m'adoraient. Aussi loin que je me souvienne j'ai toujours été choyé et cajolé. Parmi toutes ces personnes qui s'occupaient de moi, grand-mère Giulia était la figure centrale. C'était une femme admirable. Je l'adorais. Elle avait perdu sa fille Lucia, la sœur de ma mère, peu avant que je naisse; en souvenir d'elle, on me fit porter son prénom. Je pense que ma naissance survenue peu de temps après la mort de cette fille bien-aimée explique en partie la tendresse toute particulière de ma grand-mère à mon égard.

C'était une femme forte; tous la respectaient, lui obéissaient et par-dessus tout l'aimaient. Son mari, mon grand-père, était un homme charmant mais un peu trop volage et irresponsable. Quand il s'agissait de résoudre un problème familial, grand-mère Giulia avait presque toujours le dernier mot. J'étais son préféré et elle était la personne la plus importante dans ma vie. Elle l'aurait sans doute été malgré tout en raison de sa forte personnalité, mais puisque ma mère et mon père avaient tous deux un emploi à l'époque, grand-mère Giulia s'occupait de mon éducation. Elle ne m'a que rarement châtié et peu souvent réprimé mes élans; elle m'a plutôt traité comme un petit animal sauvage, un animal précieux, qui aurait eu une âme.

Grand-mère n'était pas instruite mais elle était intelligente et philosophe. C'était une vraie mère de famille italienne; son univers se limitait à sa maison, à ses enfants et ses petits-enfants. Elle ne s'inquiéta jamais de ce que pouvait faire son mari — et il se permettait tout —mais ça n'aurait rien changé si elle s'était tracassée. Elle ne lui demanda jamais de rester à la maison le soir. Je crois que c'était tout un Roméo.

Les féministes jugeront que ma grand-mère était très stupide. Mais elle a su garder sa famille unie et à sa façon elle était heureuse — bien plus heureuse, me semble-t-il, que bien des féministes. Auprès d'elle, je me suis toujours senti un être spécial. Elle me comprenait et me protégeait.

Mon enfance si heureuse, je ne la dois pas qu'à ma grand-mère ou à mes parents et mes tantes. Le 12 octobre 1935, lorsque je vins au monde, j'étais le premier garçon né dans cet immeuble depuis dix ans. Ce seul coup du hasard faisait de moi une mini-vedette. On connaît bien le penchant des Italiens pour les enfants et il y avait au moins cent marmots dans le voisinage. J'étais non seulement le plus jeune de tous mais le seul garçon dans les environs immédiats. Tous et chacun veillaient sur moi; quel que soit le différend, on prenait mon parti. On me laissait agir à ma guise.

Je suppose que c'est parce que tous m'aimaient et me traitaient aux petits soins que je devins sociable. Je n'avais certes aucune raison pour être timide et distant. J'appréciais qu'on m'aime et je fis tout en mon pouvoir pour qu'il en soit toujours ainsi. Même enfant, je racontais des blagues, je faisais de petits cadeaux, n'importe quoi pour rendre l'existence plus animée, mais toujours dans la joie. Je pense que j'ajoutais quelque chose à la vie dans cet immeuble parce que les autres familles m'invitaient à partager leurs repas. Ma mère et mon père se plaignaient : « Voilà quatre jours maintenant que Luciano n'a pas dîné avec nous. » Et ils ajoutaient : « Il est temps qu'il revienne manger à la maison. »

Ma mère travaillait de longues heures à la manufacture de cigares, aussi était-il parfois pratique qu'il y ait tout autour des gens qui s'occupent de me nourrir. Même lorsque maman n'était pas à la maison, grand-mère m'ordonnait parfois de refuser certaines invitations pour que je reste à manger avec elle. J'entends encore ses appels dans l'escalier : « *Luciano! Veni mangiare con noi.* »

Maman est petite et plutôt facile à émouvoir. Elle aime la musique — bien trop comme elle dit, parce que cela la touche tant. Pour cette raison, elle ne vient pas m'entendre dans les maisons d'opéra. La musique à elle seule la trouble tant; elle craint que la nervosité et l'émotion qui s'ajouteraient à la seule vue de son fils sur scène l'accablent littéralement.

Maman aime bien raconter aux gens que, lorsque je suis né et qu'on me coucha en cris auprès d'elle, le docteur s'est exclamé : « *Mama mia che acuti !* » (« Quelles notes aiguës ! ») Toutes les mères, spécialement les mères italiennes, ont de ces anecdotes à répéter quand la vie se charge de confirmer de telles prédictions. Maintenant maman affirme que la voix me vient de mon père ; d'elle, je tiendrais le feu et le charme de ma voix.

Mon père s'appelle Fernando. Il était boulanger. Je ne nous ai jamais considérés ni riches ni pauvres. Nous n'avons jamais manqué de rien. Nous n'avons jamais eu une automobile et ne nous sommes procurés une radio que longtemps après la plupart des gens. Le petit vélomoteur de mon père était notre seul moyen de transport familial. Je ne me suis jamais arrêté à ce que nous n'avions pas ; et je n'ai pas changé. Tout autour de moi je vois des gens que de telles préoccupations rendent malheureux.

Je ne m'inquiétais pas non plus de l'avenir. Après tout, que fait un enfant ? Je vivais au jour le jour et chaque jour était agréable.

Ce dont je me souviens le plus de mon enfance, ce sont les jeux, à toute heure du jour. Aucun enfant ne s'est adonné aux jeux aussi longtemps ni aussi intensément que moi. Il y avait tant d'enfants dans le voisinage et tant de terrains vacants. Dès que nous sortions de l'école, nous nous amusions en plein air — nous jouions surtout au football — mais nous pratiquions tous les jeux que vous pouvez imaginer. J'aimais et j'aime toujours à la folie les sports.

Mes parents ne m'ont jamais ennuyé à ce propos. Je pouvais passer tout l'après-midi à jouer au football. Ils me criaient de venir avaler mon dîner. Je répondais : « J'arrive. Commencez sans moi. Je vous rejoins. » Puis je montais quatre à quatre les escaliers, mangeais en à peu près trois minutes et retournais en toute hâte au jeu.

Enfant, je n'ai pas connu de grande amitié —quelqu'un pour qui j'aurais donné ma vie ou qui aurait fait de même pour moi. Dans un groupe aussi nombreux d'enfants, chacun est un ami et un ennemi en puissance. J'étais très gentil avec eux, mais j'étais coriace. Quand on est le plus jeune d'un si grand nombre d'enfants, il faut être prêt à se défendre avec des mots comme avec ses poings. On ne sait jamais quand quelqu'un attaquera. Il faut toujours être sur le qui-vive. À cet âge, nous nous chamaillions beaucoup. Comme j'étais le plus petit, j'avais un peu peur des autres, mais je savais comment m'y prendre avec eux, comment éviter les problèmes.

Je ne manquais pas d'ingéniosité avec les gens qui habitaient l'immeuble. Ils s'efforçaient de me cacher leurs problèmes d'adultes; j'étais trop jeune. Mais je gardais ouverts les yeux et les oreilles et j'étais au courant de *tout* ce qui se passait. Je savais que telle fille sortait avec tel garçon. Il leur arrivait de parler ouvertement en ma présence parce qu'ils ne se seraient jamais imaginé que je pouvais saisir le sens de leurs paroles, même si c'était généralement le cas.

Parfois j'entendais des propos que je ne comprenais pas. Je me rappelle avoir entendu le mot «avortement» à l'âge d'environ cinq ans. À la seule manière dont on prononça ce mot, je sus qu'il s'agissait d'un sujet très grave qui concernait les adultes. Je désirais ardemment savoir ce que ça signifiait, mais dans une petite communauté comme la nôtre, il fallait être prudent. Je n'avais personne à qui m'adresser. Et si j'avais interrogé la mauvaise personne, elle aurait hurlé: «Écoutez-moi ça, tout le monde! Cet idiot de Pavarotti ne sait même pas ce que veut dire *avortement !* »

Le moindre incident faisait le tour du patelin en quelques secondes. Finalement, lorsque j'eus environ douze ans, je regardai dans le dictionnaire. Mais pendant des années, je m'étais interrogé sur le sens de ce mot, effrayé de demander une explication.

Mon univers était limité. L'autoroute n'était pourtant qu'à quelques pâtés de maisons de notre immeuble, mais nous ne nous y rendions que très rarement. Enfant, j'étais intimidé en présence de gens que je ne connaissais pas.

Peut-être cela tenait-il au fait que j'étais si heureux et à l'aise dans mon petit univers. Ce monde s'arrêtait à une distance d'environ cinq cents mètres de notre foyer.

Dans mon enfance, je fis le projet de construire un avion. Un voisin travaillait dans une usine où on fabriquait des pièces d'avion. Il m'assura qu'il m'apporterait des pièces à partir desquelles je pourrais assembler mon propre appareil, un véritable avion qui volerait. Jusqu'à l'âge de huit ou neuf ans, j'y crus mordicus et je consacrai beaucoup de temps et d'énergie à ce projet. J'ignore jusqu'où je voulais voler. Je crois que c'était plutôt l'idée de voler qui m'excitait.

De nos jours, si on demandait à mes filles de construire un avion, dès l'âge de cinq ans elles comprendraient, elles sauraient que ce leur est impossible. Mais cela se passait il y a une génération. Je n'étais pas plus stupide, simplement plus naïf, moins méfiant. Je crois d'ailleurs n'avoir pas changé.

Ce qu'adoraient aussi les enfants d'alors, c'était la chasse aux lézards et aux crapauds. Nous passions des heures dans les bosquets, aux environs de l'immeuble. Les crapauds ne coassent pas en Italie comme ils le font aux États-Unis. Et c'est d'autant plus étrange qu'en Italie tout le monde chante.

J'avais tout au plus cinq ou six ans lorsque je découvris que j'avais de la voix. Une belle voix d'alto, mais rien d'exceptionnel. Même si ma voix n'était qu'ordinaire, j'adorais chanter. Mon père avait une très belle voix de ténor — encore aujourd'hui d'ailleurs — et il a songé à faire carrière. Il a finalement renoncé à cette idée surtout parce qu'il jugeait ne pas avoir les nerfs d'acier nécessaires pour mener pareille vie professionnelle. Même aujourd'hui, quand il doit chanter en solo à l'église, il a les nerfs détraqués une semaine avant de s'exécuter.

Le chant, c'était la passion de mon père. Il apportait à la maison des disques de tous les grands ténors de l'époque — Gigli, Martinelli, Schipa, Caruso — et il les faisait jouer et jouer encore. À entendre continuellement ces grands artistes, il était inévitable que je m'essaie à chanter comme eux. C'est un peu comme si on m'avait forcé à devenir un ténor.

J'avais l'habitude de me retirer dans ma chambre et de refermer la porte pour chanter à pleins poumons «*La donna è mobile*» — de ma voix d'enfant, bien sûr. Quatorze des seize familles qui habitaient l'immeuble me criaient de la fermer.

C'est amusant parce que, quand j'étais tout petit — à l'âge d'environ cinq ans — j'avais une mandoline jouet. Je l'apportais dans la cour arrière de l'immeuble où il y avait une fontaine. J'y transportais aussi une chaise miniature, je m'installais près de la fontaine et je sérénadais tous les appartements. Les voisins semblaient apprécier ces concerts — peut-être que je ne m'égosillais pas tant — et me jetaient des bonbons et des noix. Mais est-ce que cela veut dire que j'étais déjà à cinq ans un professionnel?

Quand j'essayai de chanter des airs d'opéra quelques années plus tard, ils sont tous devenus fous furieux et ils ont voulu me trucider. Pas tous. Je me souviens d'un homme qui m'a dit que je serais un chanteur. Il disait en être sûr parce que je savais bien respirer. Tout le monde en Italie est un expert en chant: mon barbier, mon père, mon grand-père. Ils ont tous leurs opinions sur la façon de chanter, sur les voix qui à leur sens sont justes, sur celles qui sont mal utilisées, et le reste. Au moins un voisin a décelé dans ma voix d'enfant la promesse d'un chanteur.

Toutefois, en ces jeunes années, l'idée de devenir chanteur ne m'avait pas encore effleuré. Mon enfance était comblée par tant d'aimables voisins et de copains fanatiques de sport que je ne m'étais pas encore inquiété de l'avenir. Même le cauchemar de la Deuxième Guerre mondiale mit du temps à ébranler mon univers idyllique.

L'événement qui a le plus marqué mon enfance fut la Deuxième Guerre mondiale, bien qu'au début j'en aie été fort peu conscient. J'étais trop jeune et la guerre nous rejoignait à peine. Puis, quand les Américains et les Britanniques commencèrent à bombarder Modène, j'y fus brutalement confronté. Modène était un grand centre industriel et c'était un objectif important. Les bombardements s'intensifiaient tant qu'il nous fallut quitter la ville. J'y étais la première fois que les avions choisirent Modène pour cible. Ce fut horrible. Une heure avant le véritable bombardement, les avions survolèrent la ville et lâchèrent des bombes fumigènes. C'était un signal annonçant le vrai bombardement. Nous avions une heure pour quitter la ville. Je me rappelle avoir été atrocement effrayé. C'était la première fois. La deuxième fois, il n'y eut pas d'avertissement; nous avons entendu simultanément le bruit des avions et celui des bombes.

Comme les bombardements survenaient régulièrement, mon père jugea qu'il valait mieux quitter la ville. La famille Pavarotti alla donc grossir les rangs des *sfollamentos*, du nom que l'on donnait aux foules d'Italiens qui désertaient les villes pour se réfugier dans les campagnes. Près de la ville de Carpi, papa nous dénicha une chambre chez un fermier. Il ne nous connaissait pas et pourtant ce fermier nous loua une chambre. Pour être plus précis, disons que la ferme se trouvait près d'un village nommé Bargallo. C'était en 1943; j'avait huit ans.

La vraie guerre, on la faisait loin au sud, mais dans notre région même retirée, les partisans fourmillaient. Chaque nuit, ils menaient leur propre guérilla contre les fascistes de la région et les Allemands. Chaque nuit, je m'endormais au son de leurs coups de fusil. Ratata. Si j'ai un bon sens du rythme c'est parce que la cadence de leurs armes automatiques s'est incrustée dans mon cerveau alors que j'étais encore enfant.

Sans compter les dangers qu'elle leur faisait courir, la guerre fut catastrophique pour la majorité des Italiens. Les vivres manquaient et coûtaient fort cher. Nous étions plus chanceux que la majorité des familles puisque mon père était boulanger. Il trouvait toujours le moyen de nous rapporter quelques aliments en sorte que nous n'avons jamais connu la faim comme tant de gens à l'époque. Nous avions du sel et du pain, les deux denrées les plus essentielles. Le sel était d'une grande rareté. Avec du sel, on pouvait se procurer n'importe quoi. Un demi-kilo de sel suffisait à acheter un litre d'huile d'olive ou deux kilos de sucre. En raison du métier qu'il exerçait, les fascistes exemptèrent mon père du service militaire.

Grand-père travaillait à l'Academia Militaria, ce qui nous valut à tous bien des avantages. Il rapportait à la maison la nourriture que les soldats ne mangeaient pas. Plus important encore, mon père cuisait le pain non seulement pour la population mais aussi pour les Allemands. Ce qui le rendait essentiel à leurs yeux et nous ne nous sommes pas sentis aussi menacés par eux que certaines gens dont les Allemands n'avaient aucun besoin.

Un soir, même cette petite marge de sécurité faillit nous échapper. Papa rentrait à vélo de son travail à Modène quand il fut interpellé par les Allemands. Sur ses papiers était inscrit le mot « Boulanger », aussi le laissait-on toujours poursuivre son chemin. Mais pour une raison inconnue, ce soir-là, on en douta. On le mena en prison.

Quand elle constata qu'il ne rentrait pas à la maison ce soir-là, ma mère faillit en mourir. Nous étions tous morts d'inquiétude. Puis un ami nous apprit que les Allemands l'avaient emprisonné. Les partisans avaient assassiné un certain nombre d'Allemands et ceux-ci, en guise de représailles, rassemblaient des victimes. Plus on approchait de la fin de la guerre, plus la tension grandissait entre Allemands et partisans italiens. La haine de part et d'autre avait crû jusqu'à atteindre un degré indescriptible. Nous craignions le pire pour la vie de mon père.

Quelque temps auparavant, grand-père avait recueilli un réfugié du Sud de l'Italie, quelqu'un qu'il connaissait de longue date. Après s'être installé près de Modène, cet homme devint rapidement un fasciste en vue dans la région. Il était toujours resté reconnaissant de l'aide que lui avait apportée grand-père. Quand venait le moment de passer par les armes des Italiens, les Allemands laissaient souvent aux fascistes de la région le soin de désigner les victimes. Je suppose qu'ils croyaient les fascistes italiens plus aptes qu'eux à discerner les gens les plus utiles des gens les plus anti-fascistes.

Le représentant fasciste qui connaissait grand-père

était de ceux qui sélectionnaient les victimes, en cas de représailles. Dès qu'il vit mon père, il le laissa partir. Cela se passait le lendemain du jour où papa avait été arrêté, mais cette nuit-là fut pour toute notre famille le pire moment de la guerre.

Pour moi, les années de guerre eurent au moins un aspect positif. Comme j'étais jeune, on m'envoya travailler aux champs. Que j'ai adoré ce travail! C'était un travail si affranchissant, si sain. À neuf ans, je devins un fermier enthousiaste. Je ne pouvais imaginer me consacrer à un autre travail. Quand nous étions à Modène, même si nous habitions un appartement, nous vivions aux limites de la ville. Il y avait des fermes tout autour et j'ai grandi au milieu de fermiers qui travaillaient leurs terres. J'étais déjà attiré par cette vie; me retrouver soudain sur une ferme à un âge aussi impressionnable me transporta d'aise.

Mes amis de Modène étaient dispersés dans toutes les directions. Je n'avais aucune idée de l'endroit où la plupart d'entre eux se trouvaient maintenant. Le fermier qui nous avait loué une chambre avait quatre fils et sur une autre ferme pas très éloignée vivaient quatre garçons et deux filles. Je m'en fis facilement des amis. J'espère que je n'ai pas changé en ce sens.

Un autre aspect de cette tranche de vie passée à la ferme me plut grandement: la proximité des animaux. Avant d'avoir neuf ans, j'avais déjà assisté à l'accouplement de toutes les sortes d'animaux. Je peux vous dire comment ils s'y prennent tous — les vaches, les poules, les cochons, les lapins, les chevaux. Pour un jeune enfant, c'était fascinant. De nos jours, on enseigne tout de la sexualité dès le jardin d'enfance, je crois, et neuf ans peut sembler un âge avancé pour apprendre de telles choses. J'en ai peut-être été instruit très tard, mais il s'est agi d'une éducation naturelle, sans complexes ni interdits moraux.

Je pense que cette expérience de vie sur une ferme à un âge où on est si disposé à apprendre explique largement mon caractère. J'ai indéniablement un côté terre à terre: peu importe à quel point je fouille les nuances des gammes en demi-tons de Rossini ou les études de caractère de Verdi; peu importe que je côtoie des gens parmi les plus cultivés et les plus raffinés du monde entier, je ne puis jamais me séparer de cette partie de moi. C'est une façon fondamentale d'envisager la vie après qu'on a décapé tous les vernis de la civilisation. J'espère bien ne jamais perdre mon sens de la culture mais plus encore ces qualités que j'ai acquises pendant la guerre, à Carpi.

Récemment, j'ai acheté et rénové une imposante demeure en périphérie de Modène; tout autour s'étendent environ cinq acres de terres cultivables. Je jouis d'avance du plaisir que j'éprouverai à faire moi-même fructifier ce lopin de terre — quelque part dans le futur, quand je ne serai plus aussi occupé à projeter des contre-do, quand je n'y arriverai plus — alors je me consolerai par un travail que j'adore: le métier de fermier.

Pendant la guerre, à la campagne, les journées s'écoulaient étonnamment tranquilles, mais les nuits ne nous permettaient pas de douter que la guerre faisait rage autour de nous. Ce n'étaient pas que les coups de feu; les partisans s'amenaient souvent à notre maison pour chercher de la nourriture et de l'aide. Aussitôt que nous les avions secourus et qu'ils avaient repris la route, les Allemands se présentaient et nous demandaient si nous avions vu des partisans. Ils ne blaguaient pas. Ce jeu de cache-cache nous mettait les nerfs à vif et nous terrorisait.

Vers la fin de la guerre, plus la situation devenait confuse dans l'Italie du Nord et plus les choses tournaient mal pour nous tous. En août 1944, les Alliés avaient déjà poussé au nord aussi loin que Florence, mais les mois qui s'écouleraient encore avant que les nazis soient enfin renversés furent les pires mois pour tous ceux d'entre nous qui vivaient encore sous la botte des Allemands.

Les partisans se montraient de plus en plus puissants et agressifs. Ils contrôlaient complètement certaines régions. Mais ceux qui habitaient les zones encore occupées par les Allemands étaient traités de plus en plus durement. Les pires représailles de la guerre furent exercées dans notre province, à seulement quarante kilomètres (vingt-cinq milles) de Modène, dans la ville de Marzobotto. Dans cette ville qui connut les pires tragédies, mille huit cents civils furent arrêtés en masse et fusillés en même temps.

Je n'ai jamais été témoin d'un spectacle aussi horrible, mais on ne m'a pas épargné de côtoyer des gens dont j'apprenais par la suite qu'ils avaient été tués — personne qui fut proche de moi, je suis heureux de n'avoir pas à le déplorer, mais des voisins, des visages qui m'étaient bien connus. Un jour, j'ai même aperçu étendu dans la rue le corps d'un voisin. J'en ai vu bien d'autres pendus en bordure des routes. De tels spectacles n'étaient guère sains pour un enfant de neuf ans.

S'il est très jeune, un enfant ne comprend pas vraiment le sens de la mort. Il tire de son pistolet jouet en lançant des « *Bang! Bang! Tu es mort.* » Mais il ne comprend pas vraiment ce qu'il dit. À mesure qu'il grandit, il peut commencer à comprendre, mais il conçoit la mort d'une manière bien différente d'un adulte. En un certain sens, je crois que l'enfant est plus philosophe que l'adulte ; sa perception de la mort et des autres grandes catastrophes qui s'abattent sur son existence est moins chargée d'émotivité. Il parvient à accepter la mort des autres comme une conséquence inéluctable du destin. Peut-être parce que le monde de l'enfant, ce monde qui lui tient tant à cœur, est limité et se compose de présences qui lui semblent permanentes et indestructibles. La mort n'a pour lui aucune signification tant qu'elle n'a pas touché l'un de ses proches ou l'une de ces présences qui lui sont chères. En ce sens, la guerre qui expose la mort sur une grande échelle pourra être moins pénible pour un enfant que pour un adulte.

Je n'ai compris le sens de la mort que le jour où j'ai vu ces gens tués sous mes yeux, à Modène. J'avais neuf ou dix ans et j'étais peut-être à un âge où l'on commence à saisir la réalité d'un point de vue plus objectif. Ce fut un spectacle horrible qui me noua les tripes. Sur-le-champ je devins un adulte. Cette vision me fit connaître avec quelle facilité on peut détruire la vie, avec quelle rapidité on peut y mettre fin. De là me vient, je crois, mon enthousiasme et ma passion pour la vie.

Ce fut la plus importante influence qu'eut sur moi la guerre. Deux fois dans mon existence, j'ai moi-même frôlé la mort. Ces deux expériences — la première, une maladie alors que j'avais douze ans; la deuxième, un accident d'avion il y a à peine quelques années — ont raffermi mon respect de la vie, ma conviction qu'il s'agit d'un bien précieux. Mais cette conception de la vie s'est imposée à moi au cours des jours affreux qui ont marqué les deux derniers mois de la Deuxième Guerre mondiale.

Dans les derniers jours de la guerre, après la débâcle des fascistes, les partisans devenaient de plus en plus puissants et finirent par s'imposer. D'épouvantables vendettas opposaient les partisans et les fascistes. Un vent horrible, meurtrier, soufflait et menaçait de faire autant de mal que la guerre elle-même. Voilà pourquoi la ville entière de Modène fut si soulagée quand arrivèrent les Américains.

J'ai gardé un souvenir très net de ce jour. Quand les Américains circulèrent dans nos rues avec leurs chars d'assaut et leurs voitures blindées, toute la ville délira. Je n'ai jamais vu une telle fête. Nous étions fous de joie non seulement d'être délivrés des Allemands, mais des luttes qui nous déchiraient.

Même avant l'arrivée des Américains, les partisans avaient réussi à faire revivre la ville et à la rendre habitable en autant que sont concernées les questions essentielles à la vie quotidienne. Bien sûr, il fallait supporter des pénuries de toutes sortes et des privations qui persistèrent d'ailleurs quelque temps après l'arrivée des Américains; mais comme tout le monde était si soulagé que la guerre soit terminée, on s'arrêtait bien peu à ces problèmes mineurs.

Je n'avais que neuf ans quand on libéra le Nord de l'Italie; j'avais encore devant moi quelques années d'enfance à vivre. Je ne perdis pas de temps à me lancer dans mes activités d'après-guerre — surtout jouer au football sur les terrains vacants du voisinage.

Pendant toute mes années de jeunesse, je ne rencontrai que peu de difficultés à l'école; j'ai réussi en travaillant le moins possible. En classe, j'étais très attentif et je n'étudiais que quelques minutes à la maison, au maximum une heure; ça suffisait à me valoir de bons résultats. Plus tard, quand j'entrai au collège, je m'en suis tenu à ce même horaire de travail — ou plutôt, je ne m'en suis pas davantage donné un — et les problèmes ont commencé. Mais l'école élémentaire avait été pour moi une vraie partie de plaisir.

Je me mis à chanter dans la chorale de l'église. Mon père en était aussi membre. Ensemble nous allions chanter les vêpres — de la musique de divers compositeurs: Vivaldi, Palestrina et d'autres. J'avais une voix plutôt intéressante, mais je n'étais pas le soliste; ce privilège revenait à un autre garçon. J'aime me dire que c'était tout simplement parce que j'étais alto et lui, soprano; les solos sont généralement écrits pour voix de soprano.

À l'église, on ne m'a pas toujours gardé dans l'ombre. Un jour que le soprano était malade, on m'a demandé d'interpréter le solo. Je pense que c'était la première fois que je chantais seul en public. La partie de soprano était évidemment trop haute pour moi. J'ai failli m'étrangler. Ce fut la plus horrible expérience de ma vie. Si quelqu'un m'avait dit alors que j'allais passer mon existence à chanter des notes aiguës, je me serais jeté à bras raccourcis sur lui.

L'église où mon père et moi chantions était très petite. Elle portait le nom du saint patron de Modène, San Gimignano. Je garde de si beaux souvenirs de cette église et de cette époque heureuse de mon enfance. Aujourd'hui, quand je reviens à Modène après une tournée autour du monde, je m'arrête parfois à cette église pour l'admirer et laisser le passé refaire surface.

À mesure que je grandissais et que je m'aventurais de plus en plus vers le centre de Modène, une profonde affection pour toute la ville me gagnait rapidement, semblable à celle que j'avais éprouvée pour notre voisinage, autrefois. Nous autres, Italiens, nous sommes étranges à ce sujet. Notre ville natale peut offrir des spécialités, des plaisirs qu'on ne trouve nulle part ailleurs de la même manière — la cuisine fantastique de Modène, par exemple, ou le vin Lambrusco — mais notre attachement à une ville peut tenir aussi à certaines de ses caractéristiques physiques : par exemple, à Modène, la fantastique cathédrale romane avec son clocher élégant et majestueux qui domine le centre-ville, ou les nombreuses promenades couvertes d'arcades stylisées où il est si plaisant de flâner, même quand il pleut. Bien entendu, il s'agit là de caractères secondaires d'un attachement qui peu à peu prend une grande importance dans la vie d'un être humain. Si vous gardez de votre enfance des souvenirs heureux, comme c'est mon cas, alors votre amour pour ce que vous avez vécu reste inextricablement lié aux vieilles pierres et aux rues étroites de votre ville.

Certains se plaignent de la mauvaise température à Modène — où le climat est froid et pluvieux en hiver et écrasant de chaleur en été — ou de ce que nous habitons des terres cultivables plates, loin des montagnes et que nous n'avons pas de vue sur la mer. Oui, oui, tout ça nous fait défaut. Mais quand on est un véritable habitant de Modène, on aime cette ville de la même manière dont on aime une personne — sans restrictions, sans reproches, sans comparaisons avec ses rivales.

Quand j'avais environ douze ans, Beniamino Gigli vint chanter dans notre ville. En ce temps-là, il était sûrement le plus célèbre ténor du monde. Comme je l'avais entendu sur les disques de mon père pendant des années, j'étais fortement impressionné par sa venue. Je me rendis au théâtre et je demandai à quelle heure monsieur Gigli s'y présenterait pour la répétition. J'y retournai à l'heure indiquée et on me laissa entrer. Je devais avoir l'air sérieux et pas du genre à causer des ennuis.

Gigli avait presque soixante ans, mais il chantait merveilleusement et je l'ai écouté avec ravissement toute l'heure que dura la répétition. Quand il eut terminé, j'étais si surexcité que je courus vers lui et m'écriai que je désirais être ténor lorsque je serais grand.

Gigli était très gentil et il me caressa les cheveux.

« *Bravo ! Bravo, ragazzino.* C'est une noble ambition. Tu dois travailler très fort. »

« Combien de temps avez-vous étudié? », demandai-je dans l'espoir de prolonger notre échange.

« Tu viens de m'entendre étudier. Je viens tout juste de terminer — pour aujourd'hui. J'étudie toujours. »

Je ne peux vous expliquer l'effet que cela eut sur moi. Il était célèbre dans le monde entier, reconnu par tous comme l'un des plus grands chanteurs de tous les temps; il travaillait toujours à parfaire son art, il étudiait encore. J'y pense encore, même aujourd'hui, et j'espère être comme lui, j'espère conserver toujours le désir de m'améliorer.

Est-ce que je voulais vraiment devenir un chanteur à l'âge de douze ans? Je dois admettre que je ne m'étais pas sérieusement arrêté à cette question. J'avais simplement été transporté de voir de très près un Italien aussi célèbre, sans compter que je vouais un culte à sa voix spectaculaire. Mais quant à ma prétendue ambition de devenir un ténor, il me faudrait confesser en toute honnêteté que si Gigli avait été un joueur de football à qui j'aurais eu la chance de m'adresser, j'aurais affirmé avoir pour seule ambition de devenir un athlète professionnel. Et j'aurais cru aussi sincèrement dire la vérité.

Il est vrai que j'écoutais constamment des disques de ténors à la maison, mais comment aurais-je pu décider à l'âge de douze ans, que je serais moi-même un ténor? Dieu aurait pu tout aussi bien faire de moi une basse.

Plus tard, la même année, un événement terrible survint. J'étais à table avec ma famille, quand soudain je ne sentis plus mes jambes. Je fus pris d'une forte fièvre et on me mit au lit. J'entrai dans le coma. Personne ne savait exactement ce dont je souffrais sinon que j'étais gravement malade. On diagnostiqua une sorte d'infection sanguine. C'était en 1947 et on me soigna avec de la pénicilline; je fus le premier civil italien à en profiter. Mais même ce nouveau remède miracle ne m'arracha pas à la maladie. Tous croyaient que j'allais mourir. Tout près de mon lit, quelqu'un demanda à ma mère comment j'allais. Je l'entendis répondre que, pour moi, tout était fini. Je n'ai guère aimé ça. Ils ont fait venir le prêtre qui m'a administré les derniers sacrements. Je restais immobile, presque inconscient, mais je pouvais entendre ce qui se passait.

« C'est maintenant l'heure, mon petit », disait le prêtre, « l'heure de te préparer à aller au ciel. »

J'entendis quelqu'un d'autre ajouter : « Il ne lui reste pas même une semaine. »

Je ne veux pas dramatiser cet événement car alors des gens croiraient que ces années passées à jouer de grands opéras m'ont affecté. Mais en vérité j'ai vu la mort de près, à l'âge de douze ans. Je savais que j'allais mourir et tous les autres le pensaient aussi. Pourtant j'ai survécu. La maladie disparut aussi mystérieusement qu'elle était apparue. Je considère comme un miracle ma guérison.

L'important toutefois, c'est que cette rencontre avec la mort m'a poussé depuis lors à accorder une énorme valeur à la vie. Si on m'accorde la vie, alors je veux la *vivre*. Je veux vivre ma vie aussi intensément que possible. Comme j'ai vu ce que c'est de mourir, je sais que la vie est bonne, même une existence remplie de difficultés. Même une vie qui n'offre rien exactement tel qu'on le souhaiterait. Aussi je suis un optimiste et un enthousiaste ; je mets tout mon cœur dans tout ce que j'entreprends. J'essaie en chantant de transmettre cette vision de l'existence.

Me voici à trois ans. Le ballon est caractéristique de mon enfance, pas le costume. Photo : Dante di Pieiri.

Docteur Umberto Boeri

Un souvenir d'ami

Il est ironique que Luciano et moi, aujourd'hui si bons amis, ne nous soyons pas connus quand nous vivions tous deux à Modène. Maintenant que je pratique la médecine à New York, je le rencontre souvent — chaque fois qu'il chante ici. Il y a vingt-cinq ans, alors que j'étudiais la médecine à l'université de Modène, je ne connaissais toutefois pas Luciano, pas même de nom. D'une part, il était plus jeune que moi. D'autre part, une espèce de snobisme poussait les étudiants de l'université à ignorer les jeunes gens de la ville. Venus d'autres villes pour poursuivre nos études, nous autres universitaires nous sentions supérieurs et nous évitions de nous mêler à la populace. Je pense qu'elle existe aussi aux États-Unis cette rivalité entre «citadins et étudiants».

Le plus étrange, c'est que, même sans le connaître, je n'ignorais pas l'existence de Luciano. Je l'avais remarqué qui se promenait dans les rues à l'heure de la *passeggiata*. Cette coutume de flâner le soir est presque rituelle dans tous les bourgs et les villes d'Italie. À la fin de la journée de travail, quand les boutiques ferment leur porte et que les travailleurs quittent l'usine ou le bureau, presque toute la ville se retrouve dans les rues du centre de la ville pour une promenade en groupes de deux ou trois personnes qui parfois convergent vers les principales *piazzas*.

La *passeggiata* est particulièrement populaire auprès des jeunes gens parce que c'est la meilleure occasion de flirter. Pour les jeunes comme pour les vieux, l'intérêt de la *passeggiata* est de voir et d'être vu. À Modène, grâce aux milles de promenades couvertes, nous nous adonnions à la *passeggiata* sous le soleil comme sous la pluie.

Les jeunes gens avaient coutume de se rassembler dans un coin fort populaire, en face du Caffè Molinari. Ils se réunissaient là pour voir aller et venir les jeunes filles, se permettre des remarques sur leur compte ou sur toute autre personne qui présentait quelque intérêt. Luciano était toujours de la bande. Vous ne pouviez pas le manquer. Il était grand — aussi grand que maintenant, mais plus élancé — et fort bel homme. Il en était sans doute à sa dernière année de collège.

Ce n'est pas seulement son allure qui le distinguait et qui fait que j'ai pu me le rappeler : il était de toute évidence le meneur; il semblait le plus actif, celui que les autres regardaient, dont le nom était le plus souvent prononcé. La plupart de ces jeunes citadins étaient pleins de verve et de vie, mais Luciano plus encore que les autres.

Pendant ce temps, je m'étais lié d'amitié avec Mirella Freni. Des années plus tard, alors que Mirella chantait au Met, elle m'a présenté Luciano. Lui et moi étions des amis depuis longtemps lorsque j'ai établi un lien entre le célèbre ténor et le garçon que j'avais aperçu à Modène. Un jour, j'ai vu une vieille photographie de Luciano à cette époque et la lumière s'est faite.

J'ai un souvenir plus net de Luciano lorsque je vivais à Modène. De temps à autre des fervents d'opéra nolisaient des autocars pour assister à un spectacle dans une autre ville. C'est chose courante en Italie. Un été, un autobus fit le trajet de Modène à Vérone, bondé de voyageurs qui voulaient entendre Giuseppe di Stefano dans *La Gioconda*. Ce fut magnifique et, pendant le voyage de retour à Modène ce soir-là, tous les passagers de l'autobus ne manquèrent pas d'exprimer leur enthousiasme. On chanta beaucoup. En partie en chœur, mais il y eut aussi plusieurs solos. Je n'aime guère l'admettre, mais Luciano n'était pas le seul à avoir une belle voix, ce soir-là. Ses contre-si étaient déjà extraordinaires. J'étais impressionné de constater que ce jeune citadin populaire et bel homme pouvait chanter aussi bien.

En rapport avec cette soirée, j'aimerais ajouter que Luciano et di Stefano sont plus tard devenus de bons amis. Je crois que Luciano n'admire autant aucun autre ténor. Un jour, plusieurs années plus tard, Luciano était de passage à New York pour chanter au Met et il me demanda de l'accompagner à Carnegie Hall pour y entendre un récital de di Stefano et de Licéa Albanese. Plus tôt, di Stefano avait téléphoné à Luciano; il se plaignait de n'être pas en voix ce jour-là, mais d'autres s'étaient efforcés de le persuader de chanter.

Avant le concert, Luciano tenait à se rendre à l'arrière-scène pour encourager di Stefano qu'il savait follement inquiet et nerveux. Quand nous sommes arrivés à sa loge, nous avons trouvé Maria Callas qui s'y était rendue pour la même raison. Luciano connaissait Callas, mais je peux affirmer qu'il était très impressionné par elle et qu'il la traitait avec une grande déférence, comme s'il s'était agi d'une personne de sang royal. Il a maintes fois répété comme il regrettait n'avoir jamais chanté avec elle. Il voyait en elle une artiste remarquable qui avait fait beaucoup pour intéresser les gens à l'opéra.

Di Stefano était affolé. Quand le concert commença, je compris qu'il avait raison de l'être. Il n'était indubitablement pas en voix. C'est horrible pour un chanteur de ne pouvoir donner le meilleur de lui-même. Ce soir-là, di Stefano n'était pas à la hauteur de di Stefano.

Assis aux côtés de Luciano, je pouvais noter qu'il était aussi bouleversé que le ténor sur scène. Finalement, Luciano ne put en supporter davantage. Il bondit de son siège, se précipita à l'arrière-scène et pendant le reste du concert se tint debout en coulisses pour assister moralement son ami.

Luciano était déjà bien connu à New York, du moins parmi les fervents de la musique. Je me suis souvent demandé ce qu'a pu penser l'auditoire en voyant l'un des jeunes ténors les plus prometteurs se lever et se précipiter pour voler au secours de l'un des plus grands ténors d'hier qui donnait un mauvais spectacle — un ténor que Luciano devait en un sens remplacer.

Luciano accorde beaucoup d'importance à l'amitié. Il compte de nombreux amis très chers parmi les vedettes d'opéra — Carreras, Freni, Ghiaurov — mais tout autant qui lui soient chers dans d'autres professions. Tenez, moi par exemple, un médecin. Et il a des amis qui travaillent dans les domaines du sport, du cinéma et de la télévision. Je connais un bon nombre des meilleurs chanteurs d'opéra et, croyez-moi, c'est rare. Chanter à l'opéra vous oblige à mener une vie si étrange, où surgissent des problèmes si particuliers à cette profession que la plupart de ceux qui y réussissent se replient sur leur petit univers et ne fréquentent que des gens qui travaillent pour eux ou qui, d'une manière ou d'une autre, peuvent faire avancer leur carrière : des chefs d'orchestre, des directeurs artistiques, des gérants. Luciano est à l'opposé de ça. Il s'intéresse à tous les aspects de la vie — et cela signifie à toutes sortes de gens.

Être l'ami de Luciano est certes excitant, mais on ne sait jamais à quoi s'attendre de sa part. Il peut tout aussi bien téléphoner à 1 h 30 du matin parce qu'il se sent l'envie de bavarder pendant une demi-heure. Et il lui arrive de n'en faire qu'à sa tête. Il adore conduire à toute allure après un concert. Ça l'aide à se détendre. Un jour, après avoir chanté à New Haven, il ramenait à New York un groupe d'amis, dont j'étais, dans la voiture d'un copain. Il filait si vite que sa secrétaire d'alors, Annamarie Verde, le prévint que si les policiers l'interceptaient, ils lui retireraient son permis de conduire.

« Ils ne le pourraient pas », répliqua gaiement Luciano.
« Et pourquoi pas? »
« Je n'en ai pas. »

Notre équipe de soccer à Modène. Je suis dans la rangée du fond, le troisième en partant de la droite. (En haut) Cette photo a été prise au moment de mes débuts à l'opéra, dans la ville de Reggio Emilia, le 29 avril 1961. J'avais vingt-cinq ans. Photo : Attilio Amista. (En bas)

Luciano Pavarotti

Le choix d'une carrière

Lorsqu'arriva le moment où j'allais être diplômé de la Scuola Magistrale, qui est l'équivalent du collège, il me fallut prendre une grave décision. Devais-je tenter de faire carrière comme chanteur? C'était un problème épineux, et comme c'est le cas pour toutes les questions d'importance en Italie, toute la famille s'en mêla dans d'interminables discussions animées autour de la table.

Si j'optais pour une autre carrière, même plus habituelle, il me faudrait encore étudier après la collation des grades. De nos jours, que de jeunes gens disent: «Je n'ai pas décidé dans quelle carrière je m'engagerai; j'irai à l'université et je choisirai plus tard.» Nous n'avions que peu d'argent. Alors, si je poursuivais mes études, il fallait que ce soit dans un but sérieux et précis.

De plus longues études occasionneraient des déboursés pour mes frais de scolarité et mes dépenses. Plus important encore, le jour où je pourrais gagner ma vie et rapporter de l'argent à la maison en serait retardé d'autant.

41

Plusieurs possibilités furent envisagées. Je réussissais bien en mathématiques et cette matière me plaisait assez pour que je nourrisse le dessein de devenir professeur de maths. Mais il faudrait quatre ou cinq années d'études avant que j'obtienne le diplôme dont j'avais besoin pour pouvoir décrocher un poste. Au moins, en ce cas-là, serais-je assuré de gagner un bon salaire et de pouvoir rembourser mes parents pour les années où ils auraient subvenu à mes besoins.

J'étais également un fanatique de l'exercice physique et je m'adonnais toujours au football ou à d'autres sports, de six à sept heures par jour. J'étais alors mince, tout en muscles, et assez bon athlète. Ma mère avait entendu parler d'un cours qu'on donnait à Rome pour former des instructeurs de sport. J'y consacrerais le même nombre d'années d'études que pour devenir professeur de maths. C'était une alternative valable.

Il me faut ici avouer que, si je n'étais pas exactement paresseux, j'étais à tout le moins enclin à l'inaction, au laisser faire. J'aimais la vie que je menais à Modène et je ne *voulais* pas aller à Rome. C'est l'une des principales raisons pour lesquelles je choisis la carrière de chanteur.

Ma mère croyait que j'avais des chances de réussir et elle m'encouragea. Elle dit : « Quand tu chantes, ta voix me trouble. Essaie. » Mon père s'y opposait. Des milliers qui s'y essaient, insista-t-il, un seul parvient à y gagner sa vie. À son sens, c'était trop risqué. Lui qui était doué d'une belle voix n'en était que plus sceptique. Il savait mieux que quiconque qu'une belle voix n'est pas un gage de succès.

Ma sœur Gabriella avait quatorze ans et on lui refusa le droit de se prononcer. Je fis la proposition suivante à mes parents : ils subviendraient à mes besoins jusqu'à ce que j'aie atteint l'âge de trente ans ; si alors je n'avais pas réussi dans cette carrière, j'abandonnerais le chant et je me débrouillerais comme je le pourrais.

Par les mots « subvenir à mes besoins », j'entendais simplement qu'ils m'assureraient le gîte et le couvert. De quel argent aurais-je eu besoin ? Je passais encore la plus grande partie de mon temps à pratiquer des sports dans la

42

journée ou à jouer aux cartes en soirée. Nos jeux favoris étaient les suivants : *briscola, conciccina, tressetti, sette e mezzo*. J'avais vingt ans et mon père me donnait l'équivalent d'un dollar par semaine. Ça me suffisait. Il avait un vélomoteur dont je disposais pendant une journée, une fois l'an — à l'été, quand avec ma fiancée j'allais à la plage ou aux eaux de Viserba. Les enfants d'aujourd'hui qui ont leur propre automobile dès l'âge de seize ans auraient du mal à imaginer le plaisir que Adua et moi éprouvions ce jour-là.

Je n'ai pas l'habitude de me languir pour ce que je n'ai pas, mais je me tracassais tout de même de ce que mes parents, qui avaient depuis si longtemps subvenu à mes besoins, aient encore à le faire pendant un bon moment. Ils ne s'en plaignaient pas — mon père s'opposait à ma carrière de chanteur simplement parce qu'il craignait que je sois déçu.

Comme mon père s'opposait à ce que je mène une telle carrière mais que ma mère y était favorable, les oui l'emportèrent.

En 1954, à l'âge de dix-neuf ans, j'entreprenais sérieusement l'étude du chant avec un ténor professionnel qui habitait Modène, Arrigo Pola. J'avais suivi quelques cours du professeur Dondi — en fait, plus exactement de sa femme qui m'avait enseigné quelques notions fondamentales de musique. Selon Dondi, j'avais des chances de réussir et il me suggéra de chanter pour Pola qui avait également une réputation d'excellent pédagogue. Mon père connaissait Pola et m'amena chez lui. Je me rappelle avoir interprété « *Addio la madre* » et une ou deux autres mélodies. Pola accepta sur-le-champ de me donner des cours. Il était au courant du peu de ressources dont disposaient les Pavarotti et il offrit de m'enseigner gratuitement.

Maître Pola s'enthousiasma pour ma voix. Il affirmait qu'il pouvait déjà y déceler une voix de premier ordre et que j'étais doué d'autres qualités essentielles à qui veut devenir un artiste. Si cela est vrai, il a vu plus loin que moi. Quoi qu'il en soit, je suivais ses cours avec un **grand** enthousiasme et beaucoup d'application en bonne partie parce que je suis ainsi dans tout ce que je fais.

L'idée d'apprendre le chant ne me passionnait pas —pas tout à fait. Mais je faisais tout ce que Pola me demandait, jour après jour, aveuglément. Pendant six mois nous ne fîmes rien d'autre que des vocalises et des exercices de diction. Avec les voyelles, nous avons imaginé des exercices dans le but de déverrouiller les mâchoires, de donner plus de volume à la voix et, bien entendu, de développer un automatisme qui rendrait claire et exagérée ma prononciation. Puis nous nous sommes contentés de vocalises — heure après heure, jour après jour — de gammes et d'exercices, sans jamais faire appel à une œuvre de musique. Il y a tant de choses qu'un jeune Italien de dix-neuf ans aimerait faire plutôt que de rester là, planté, à répéter sans fin des gammes et à articuler indéfiniment A, E, I, O, U.

Je me crois fortuné d'arriver à m'intéresser par curiosité à tout ce que je fais. Alors que j'étudiais avec Pola, j'ai été fasciné par la voix et les modifications qui l'affectent selon qu'on applique telle ou telle technique vocale. Bien des chanteurs trouvent très harassantes les études de chant : le *solfeggio*, les vocalises interminables, les exercices. J'étais intrigué par tous ces procédés. Je m'y intéressais aussi bien d'un point de vue extérieur, comme un analyste, que du point de vue de l'élève qui tient à tirer profit de ses cours.

Pola découvrit rapidement que j'étais doué d'une oreille parfaitement juste. Je n'en avais pas pris conscience, pas plus que de l'avantage que je pouvais en tirer. Plusieurs voix magnifiques sont irrécupérables faute d'oreille. Quand on manque d'oreille, il n'y a rien à faire parce qu'on ne peut surmonter les problèmes de diapason. Mon père a un petit problème du genre. Il lui arrive parfois de ne pas donner la note qu'il veut et pourtant il n'entend pas qu'il ne chante pas juste. Quand on n'a pas conscience de commettre une erreur, comment la corriger? Je soupçonne que mes trois filles ne chantent pas, non parce qu'elles n'ont pas de voix mais parce qu'elles ont hérité de leur mère une oreille pas tout à fait juste. Quelle importance après tout puisqu'elles tiennent d'elle tant de qualités.

À peu près au même moment où je commençais à étudier avec Pola, je me rendis à une partie avec quelques amis. On s'y amusait ferme en demandant aux invités de s'essayer à divers airs d'opéra. Une jolie jeune femme que je ne connaissais pas tentait d'interpréter un air de *Rigoletto*. C'était affreux. «Cette fille a besoin de mon aide», lançai-je.

Elle s'appelait Adua Veroni. Elle habitait Modène et voulait devenir enseignante. Elle était pleine d'entrain et très jolie. Nous avons commencé à nous fréquenter et nous nous sommes fiancés. Je n'avais jamais fait sérieusement la cour à une jeune fille; c'était pour moi une expérience nouvelle. En Italie, la coutume veut qu'on se fiance très tôt parce qu'on ne considère pas convenable qu'un jeune homme et une jeune femme se voient régulièrement à moins qu'ils ne songent sérieusement au mariage. Il est aisé et fréquent de rompre de telles «fiançailles». Adua et moi avons très tôt compris que notre relation nous mènerait plus loin.

Pendant que mes amis entraient à l'université ou se trouvaient un emploi, je me rendais chaque jour chez le maître Pola pour faire des gammes. Un peu plus tard, je dénichai un poste d'enseignant à temps partiel dans une école élémentaire; je gagnais la somme fabuleuse de huit dollars par mois. J'étais plutôt un surnuméraire qui surveillait les activités en plein air des garçons et qui à l'occasion enseignait. De temps à autre on me confiait un cours de musique, de religion, d'italien ou de gymnastique. Plus souvent qu'autrement, il s'agissait de cette dernière matière, heureusement d'ailleurs pour moi puisque j'aimais toujours les sports.

J'aimerais pouvoir dire que j'adorais mes étudiants et qu'ils me le rendaient bien, mais ce n'était pas le cas. C'étaient de vrais animaux qui hurlaient toute la journée. Je n'avais pas l'autorité d'un professeur régulier et ces petits monstres se permettaient tout ce qui leur passait par la tête. J'aurais voulu les étrangler tous. Je pense que j'aimerais bien enseigner, mais dans un cadre méthodique et ordonné. Pas ainsi. Je m'y suis pourtant astreint pendant deux ans, en même temps que j'étudiais le chant. Ce fut une expérience horripilante.

C'est à cette école que je trouvai un meilleur moyen de gagner ma vie. Je me mis à vendre de l'assurance pour une compagnie qui avait conclu une entente avec l'école. La direction de l'établissement scolaire prévenait les familles des élèves que je leur téléphonerais. Quand je me présentais chez eux, je n'étais pas un parfait étranger qui frappait à leur porte. J'étais recommandé par les autorités de l'école que fréquentaient leurs enfants.

J'arrivais à l'heure du repas. Pour être sûr de les trouver à la maison, je les surprenais la fourchette à la main. Ils commençaient toujours par dire : « Oh, je n'ai besoin de rien, non, non, non... » Mais après que je leur eus parlé, ils changeaient souvent d'idée. Ou bien ils me disaient qu'ils allaient y réfléchir. J'insistais parce que je croyais en cette police que je vendais. C'était une bonne police — pas de garantie totale, mais quelque chose de plus raisonnable : les familles encaissaient une belle somme dans le cas où la personne assurée décédait et si elle survivait, de l'argent leur était aussi versé quand la police arrivait à échéance.

De plus en plus fréquemment, un garçon venait me voir à l'école pour me dire que son père avait réfléchi, décidé d'acheter la police et voulait que je repasse chez lui. C'était très facile. Je commençais à me faire des revenus intéressants. Je cessai d'enseigner et je me consacrai à la vente d'assurances.

En peu de temps, je me faisais environ trois cent dollars par mois. En Italie, à la fin des années 1950, ça représentait beaucoup d'argent, évidemment bien plus que je n'avais jamais possédé. Et je gagnais tout ça en ne travaillant que quatre heures par jour. C'était trop beau pour durer. Après quelques mois, je remarquai que tout ce bavardage pour vendre une police me fatiguait la voix. Parler peut plus gravement affecter la voix que chanter.

Vers la fin de 1960, je mis fin à ma carrière de courtier.

Même si je faisais des progrès marquants en vue de devenir chanteur sous la férule de maître Pola, on ne s'intéressait guère à mes ressources vocales. Si je me souviens bien, je ne m'en servis alors que pour aider un gars du voisinage à courtiser sa petite amie. Elle était très romanesque et elle adorait le chant. Il me demanda de me cacher sous la fenêtre de sa belle pendant qu'il ferait semblant de la sérénader. Tout juste comme Don Giovanni ou Cyrano. Je me rappelle avoir chanté « *Di quella pira* » de *Il Trovatore*. J'ignore ce qui pouvait lui laisser croire que cet air attendrirait le cœur de sa bien-aimée — il est aussi romantique que l'*Ouverture* de *Guillaume Tell* — mais il s'agit d'une célèbre pièce de virtuosité que tout étudiant italien tente d'interpréter, et il voulait ainsi impressionner sa Juliette.

Quand maître Pola partit pour le Japon où il devait enseigner et chanter, je dus faire le trajet jusqu'à Mantoue pour poursuivre mes études de chant avec maître Ettore Campogalliani. Maître Pola lui-même avait arrêté son choix sur ce pédagogue extraordinaire. Heureusement pour moi, mon amie d'enfance, Mirella Freni qui est aujourd'hui l'une des plus grandes sopranos, étudiait aussi avec lui. Je n'avais guère revu Mirella pendant mon adolescence puisque sa famille avait déménagé pour s'installer loin de notre voisinage, alors que nous étions assez jeunes; de plus, Mirella s'était mariée très tôt. Mais maintenant nous nous rencontrions fréquemment. Nous prenions souvent le train ensemble jusqu'à Mantoue pour y suivre nos cours de chant. Parfois elle pouvait disposer de la voiture de son mari et nous faisions le trajet en voiture. Nous causions toujours des progrès que nous accomplissions et de la carrière que nous nous promettions. Nous le faisons encore d'ailleurs.

Quand j'avais entrepris mes études de chant, je m'étais accordé dix années, ou jusqu'à l'âge de trente ans, pour me faire un nom; mais en secret, bien sûr, j'espérais que cela se produirait plus tôt. J'escomptais sincèrement pouvoir faire mes preuves en l'espace d'une année ou deux. J'étais bien trop optimiste. J'avais travaillé d'arrache-pied avec Pola pendant deux ans et demi et bûché tout autant avec Campogalliani sans que rien de concret ne se produise.

Finalement on me demanda de donner un ou deux concerts dans de petites villes, mais je ne reçus aucun cachet. J'étudiais et je chantais avec cœur. Je perdais de plus en plus courage.

J'étudiais le chant depuis presque sept ans et je n'avais même pas fait mes débuts professionnellement. Mes amis étaient presque tous mariés, installés et sur la voie de la réussite. Je voulais aussi me marier, mais c'était hors de question à cause de mes maigres revenus.

Le plus décourageant dans cette histoire, c'est que je n'avais aucune idée du jour où cela me *serait* enfin possible. Quand on étudie pour devenir avocat ou médecin, il faut certes y vouer plusieurs années, mais on sait au moins presque avec certitude quand on en aura terminé et qu'on commencera à gagner des sous et à vivre vraiment. Quand on choisit une carrière aussi incertaine que celle de chanteur, on ignore dans combien d'années on pourra commencer à gagner sa vie — pas même si ça sera possible.

Évidemment, je savais tout cela quand j'ai décidé de m'y lancer. On est conscient de ces difficultés, mais au plus profond de soi, on croit toujours que ça n'ira pas si mal, qu'on connaîtra un certain succès en quelques années. Mais six ans sans le moindre succès? Mon optimisme m'avait quitté.

En raison sans doute de mon abattement, je souffris d'un nodule aux cordes vocales. Je donnai un concert à Ferrare qui fut désastreux. J'ai chanté comme un baryton qu'on étrangle. Non seulement étais-je un interprète qui n'avait pas réussi, je n'étais pas même un bon chanteur.

Ce soir-là, après le concert, j'ai confié à Adua : « Ça ne sert à rien. Je donne cet autre concert à Salsomaggiore, puis j'abandonne pour de bon. »

Quelque chose d'assez singulier se produisit. Le fait d'avoir annoncé que je laissais tout tomber me remplit d'une étrange énergie. Peut-être parce que je me disais qu'il s'agissait là de mon concert d'adieu, à l'âge de vingt-cinq ans, je ne me sentis plus du tout maladivement inquiet de ne pas bien chanter. Ou bien une partie de moi voulait-elle prouver que j'avais tort de vouloir abandonner?

Quelle qu'en ait été la raison, ce concert à Salmaggiore fut le meilleur que j'ai donné à cette époque. Le public était électrisé, mais sûrement pas autant que moi. On aurait dit que tout ce que j'avais appris avec Pola et Campogalliani, que toutes ces heures d'études et de travail accumulées pendant six ans s'étaient enfin alliées à mon talent naturel pour produire cette sonorité que j'avais tant recherchée, pour laquelle je m'étais battu depuis si longtemps. Le nodule avait disparu.

Je dis à Adua: « *Ci siamo*. (Ça y est.) Peut-être me suis-je trouvé. »

Je donnai quelques concerts avec d'autres interprètes dans des villes environnantes de Modène. Ma voix semblait s'affirmer et je reprenais courage. Presque immédiatement, un autre événement survint qui mit à l'épreuve ma confiance retrouvée. Je devais participer à un concert à la Salle Ariosto de Reggio Emilia, la capitale de notre province. J'avais choisi d'interpréter l'un des arias pour ténor les plus difficiles qu'on ait écrits, « *Parmi veder le lagrime* », tiré de *Rigoletto*. Quand j'entrai en scène, j'aperçus sur-le-champ le grand ténor Ferruccio Tagliavini, assis dans la première rangée.

Tagliavini est originaire de Reggio mais, bien sûr, il était et reste toujours célèbre dans le monde entier. Il devait alors avoir près de cinquante ans. C'était l'une de mes idoles. Il est difficile d'exprimer la sensation, l'émotion que l'on ressent quand on se trouve en face de l'un des plus prestigieux ténors.

J'ai failli m'évanouir sous l'effet de la nervosité. On est toujours tendu avant de chanter, mais quand s'ajoute au trac normal un autre sujet d'angoisse, voilà qui peut certes rendre insupportable pareille expérience. Ce sont ces imprévus — ces difficultés qu'on n'avait pas prévues — qui ou bien vous poussent à abandonner ou bien vous apprennent à vous dominer. Il vous faut apprendre ça et, autant que possible, apprendre aussi à canaliser à votre bénéfice l'énergie qui s'en trouve relâchée. Le chanteur doit en être aussi instruit qu'il doit l'être de la bonne manière de respirer.

J'avais un très bon ami qui étudiait aussi le chant avec Campogalliani. Il s'appelait Bindo Verini. C'était un garçon merveilleux; il avait une moto et il était toujours un peu malade. Bindo avait une belle voix de baryton. Tous affirmaient que ses chances de réussir à l'opéra étaient aussi bonnes que les miennes.

Mais il ne l'a jamais fait. Bindo chante maintenant dans l'Association chorale de Florence. Nous sommes toujours bons amis. Voilà peu de temps, il m'a dit qu'il avait senti, même lorsque nous étudiions ensemble, qu'outre la voix, d'autres qualités essentielles en moi me désignaient comme un futur chanteur — et avant tout la maîtrise de soi; ce qu'il n'avait pas. Il m'a dit ça sans pointe d'envie ni de regret, mais simplement, comme une vérité évidente à ses yeux.

(Je crois que la présence de Tagliavini à ce concert explique que certaines personnes aient affirmé qu'il avait assisté aussi à mes débuts à l'opéra, dans *La Bohème* de Puccini, à Reggio Emilia, peu de temps après. Il y était peut-être, mais je vous assure que j'étais si nerveux le soir de la première et si totalement absorbé par ce que je faisais que je n'aurais rien remarqué si les douze apôtres eux-mêmes avaient pris place dans la première rangée.)

Le concert à Salsomaggiore fut le point tournant de ma carrière. Puis vint un autre moment crucial. Au début de 1961, je pris part à un concours de chant, le Concours Achille Peri, ouvert à tous les chanteurs de la région d'Emilia. J'y ai remporté le premier prix qui consistait à interpréter le rôle de Rodolfo dans une production de *La Bohème* de Puccini qui serait montée à Reggio Emilia, en avril de la même année.

Arrigo Pola

Enseigner à Pavarotti

Quand le père de Luciano m'amena son fils en 1955, je reconnus tout de suite qu'il était doué d'une voix exceptionnelle et je l'acceptai comme élève. Chaque jour, au cours des deux années et demie qui suivirent, il est venu à mon appartement de Modène et nous avons travaillé, parfois même le dimanche.

Je sentais qu'il était essentiel qu'il maîtrise dès cet âge une technique impeccable : que sa voix soit bien placée et qu'il sache respirer comme il se doit, puisque ces deux principes constituent la base du chant. Pendant longtemps, nous n'avons travaillé que son articulation et fait des vocalises pour lui assurer une bonne prononciation et lui faire assimiler une technique valable. Plus tard, après quelques mois de labeur, nous avons abordé certaines partitions — *Rigoletto, La Bohème* — et d'autres partitions où figurent aussi des rôles importants pour ténor.

Luciano y mit tout son enthousiasme incomparable. Ma carrière de ténor allait bon train et Luciano m'admirait. Peut-être ce fait fouetta-t-il même son ardeur. En tout cas, j'ai trouvé en lui un admirable élève. Il travaillait dur et avec intelligence. Après la voix, c'est l'intelligence qui compte le plus chez un chanteur. Quand je lui donnais des explications ou que je lui montrais la manière de produire une sonorité, il saisissait sur-le-champ. Enseigner à Luciano n'était pas ennuyeux : il apprenait si rapidement.

Je me suis efforcé de lui enseigner une technique épurée, naturelle, spontanée — je crois que c'est ce qu'on entend aujourd'hui.

De nos jours, une certaine confusion règne dans le domaine de l'enseignement du chant. Il existe un grand nombre de professeurs qui ont chacun leur propre méthode d'enseignement. Et c'est malheureux. La seule méthode valable est celle qui s'adapte à chaque étudiant. Il est impossible d'arriver à obtenir d'une voix ce qui n'est pas dans sa nature. On devrait réussir à chanter comme on parle. Quand Luciano parle, on distingue chaque mot. De même quand il chante. Il articule avec netteté et c'est très important pour le public.

L'une des plus lourdes tâches de l'enseignement consiste à faire prendre conscience à l'étudiant de ses capacités, à lui faire discerner ce qui est à sa portée de ce qui ne l'est pas.

Avec Luciano, je n'ai connu que peu de difficultés. Souvent un étudiant se présente à vous déjà marqué par des techniques douteuses et de mauvaises habitudes. Même s'il n'a pas étudié auparavant, il a sûrement chanté et déjà s'est incrustée dans sa tête une manière de chanter. Si cette manière de chanter est profondément ancrée en lui et qu'elle est mauvaise, il devient très difficile — parfois même impossible — de la corriger. Bien des voix virtuellement superbes sont ainsi gâchées. Mais Luciano n'avait que fort peu de manies et aucune d'entre elles n'était désastreuse. Il m'a été possible de lui inculquer une technique à partir de zéro; plus important encore, il se passionnait pour le chant.

Après une année de travail ardu, Luciano pouvait tirer parti de deux octaves de sa tessiture en parfaite condition. Graduellement il a étendu sa tessiture dans l'aigu comme dans le grave, s'assurant de la même maîtrise aux deux extrêmes — l'aigu et le grave — comme dans le registre médian. Aujourd'hui il est entièrement maître de sa voix. Personne ne peut critiquer sa technique, sa respiration, sa diction, son phrasé. Il faut avouer que son sens musical inné lui a été d'un grand secours. Il y a tant à apprendre. Mais si tout est fait de mémoire, en se rappelant les leçons, il n'y aura pas de musique. Une bonne partie de l'art doit être le fruit d'un réflexe naturel.

Évidemment, le meilleur maître est la scène. Quand on chante en spectacle, on se trouve tout à fait seul. Il n'y a pas de professeur pour guider les pas. On reste seul à pouvoir découvrir ce qui convient le mieux à sa voix. On peut aussi apprendre énormément aux côtés d'excellents artistes expérimentés.

Quand on a maîtrisé une technique adéquate, une technique qui s'ajuste parfaitement à son organe vocal naturel, cette technique devient un réflexe naturel et la voix restera ainsi plus longtemps en pleine forme. Je me rappelle que, lorsque j'interprétais *La Bohème* au San Carlos de Naples, Gigli chantait également dans cette même ville. Il avait près de soixante ans et chantait le même soir *Cavalleria* et *Pagliacci*. Il interprétait merveilleusement les deux rôles, sans aucun signe de fatigue dans la voix. Luciano peut espérer jouir d'une carrière aussi durable. Quand on a bien assimilé les éléments techniques, la voix ne manque jamais, peu importe à quel moment on lui fait appel.

Après que Luciano eut étudié avec moi pendant deux ans et demi, je signai un contrat par lequel je m'engageais à passer plusieurs années au Japon, aussi je choisis pour lui le meilleur pédagogue que je connaissais dans la région, Ettore Campogalliani, de Mantoue, qui continua le travail avec Luciano là où je l'avais abandonné. S'il existe plusieurs personnes capables d'enseigner des rôles précis à des chanteurs, il en est bien peu qui sachent enseigner le chant. Campogalliani est de ceux qui savent enseigner. Lui connaît vraiment le chant.

Depuis le début, je n'ai jamais douté que Luciano serait un jour un très grand ténor. Pas seulement à cause de sa voix, mais aussi de sa façon d'aborder le travail : il était en effet passionné, réfléchi, éveillé. Il ne se comportait pas en dilettante, il désirait ardemment perfectionner sa voix et il s'y voua totalement, avec tout le sérieux qu'on lui connaît.

La compagnie qui monta *La Bohème* de mes débuts nous amena en tournée à Modène après la première, en 1961. Je suis le troisième en partant de la droite. Photo: Franco Vignoli. (En haut) Le rôle d'Idamante, dans la production de *Idomeneo* de Mozart montée à Glyndebourne, fut pour moi une expérience formidable tant musicalement qu'artistiquement. Photo: Guy Gravett. (En bas, à gauche) On me demanda enfin de chanter à La Scala, en 1965. J'essaie ici de faire comme si j'y avais toujours chanté. Photo: Publifoto. (En bas, à droite)

Le succès que je connus à mes débuts nous encouragea suffisamment,
Adua et moi, pour que nous nous épousions quelques mois plus tard,
le 30 septembre 1961.

Adua Pavarotti

L'épouse d'un ténor

Il est étrange que je me retrouve épouse d'une vedette d'opéra. Je n'ai jamais été amateur d'opéra et cela a fait scandale dans ma famille. Je me rappelle toutefois avoir été malade, enfant, et avoir alors été fascinée par les histoires d'opéra. J'ai lu tous les livrets et je connais ainsi l'intrigue de chaque opéra, mais je ne me suis jamais très intéressée à la musique.

Bien sûr, tout ça a maintenant changé. Plus vous vous familiarisez avec une chose belle en soi, moins vous pouvez vous empêcher de l'apprécier peu à peu. Aujourd'hui j'aime l'opéra et je suis devenue une critique sévère. Je suis chagrinée quand on ne le fait pas avec le soin requis. Après tout, l'opéra en tant que genre est un art du passé. Si on désire en monter encore à notre époque, il faut d'autant plus s'assurer d'un travail extrêmement soigné, où l'on fasse appel aux meilleurs décorateurs, directeurs, chanteurs et chefs d'orchestre. Si l'on doit se contenter de demi-mesures, j'estime qu'il vaudrait mieux abandonner ce genre aux artistes du dix-neuvième siècle. Je sais que Luciano pense comme moi.

Les premières années, nous nous sommes très peu préoccupés de la qualité des productions auxquelles participait Luciano. Il nous suffisait qu'elles accordent à Luciano la chance de se produire devant un auditoire et qu'elles lui rapportent des revenus.

Même si nous avons connu des moments difficiles, je n'ai jamais douté que Luciano ferait carrière de chanteur à l'opéra. Je croyais qu'il avait de bonnes chances de réussir, mieux que la moyenne des chanteurs, mais je ne me tourmentais pas en me demandant ce qui arriverait si ça ne devait pas être le cas. Je le savais capable de gagner sa vie de toute manière. À cette époque, je travaillais également. Pendant un certain temps j'ai enseigné à la même école que Luciano et, plus tard, j'ai occupé un poste de secrétaire à cette école.

Mon maigre salaire d'enseignante nous a permis de survivre la première année, peut-être même les deux premières années. J'ai continué à travailler jusqu'à la naissance de notre deuxième fille, Cristina. Comme j'avais deux bébés à la maison, j'ai jugé qu'il valait mieux laisser mon emploi. Par bonheur, Luciano gagnait alors suffisamment pour subvenir à nos besoins.

Il y eut des moments pénibles mais il y en eut aussi de formidables. Une fois, par exemple, Luciano fut retenu au loin pendant plusieurs semaines pour un contrat qui le liait à une petite maison d'opéra en Hollande. Comme la compagnie connaissait des difficultés financières, les chanteurs ne furent payés qu'à la fin des représentations. Au lieu de toucher chaque semaine un maigre salaire, Luciano empocha à la fin une belle liasse.

Le jour où il rentra à Modène, j'étais à l'école pour y donner des cours. Lorsque je revins ce soir-là à la maison, Luciano avait tapissé notre chambre à coucher avec cet argent. Il y avait des billets partout : sur le lit, la commode, les chaises. Il en avait même piqué au mur.

Je me souviens d'un autre moment particulièrement heureux : le jour où il reçut enfin une offre sérieuse de La

Scala. Luciano avait déjà chanté à Covent Garden, où il avait remporté un succès retentissant comme d'ailleurs dans d'autres maisons d'opéra européennes. Depuis longtemps, Luciano avait engagé des négociations avec La Scala, mais on lui proposait ou de doubler un chanteur ou de tenir un rôle qui à son avis ne convenait pas à sa voix. C'était très frustrant, car même si sa carrière allait bon train, La Scala, surtout pour un Italien, est par excellence le lieu de consécration.

Depuis l'appartement, j'entendis un jour Luciano qui m'appelait de l'extérieur. Je regardai par la fenêtre et je le vis dans le jardin. Il tenait à la main un contrat de La Scala qu'il agitait. On pouvait facilement le reconnaître à sa couleur rose et, même à plus grande distance, je ne m'y serais pas trompée. Dans l'autre main il exhibait un extracteur métallique de jus d'orange. Une bricole insipide qu'il désirait depuis longtemps, mais qu'il n'avait pas cru jusque-là pouvoir s'offrir. Grâce à La Scala, les Pavarotti ont depuis lors tout le jus d'orange nécessaire et même plus.

Depuis que Luciano a réussi, je n'ai guère changé mes habitudes. Je veille à l'entretien de nos maisons — à Modène et à Pesaro — ct je m'occupe à un grand nombre d'autres tâches reliées de près à la carrière de Luciano. Je lis tout le courrier écrit en italien qu'il reçoit et je réponds aux lettres qui nécessitent une réponse — des demandes de photos, des renseignements précis, des autographes.

Cela occupe de plus en plus de mon temps. Luciano reçoit maintenant du courrier de toutes les parties du monde et de tout genre d'ailleurs : depuis les femmes qui lui envoient des photos osées (certains hommes aussi, parfois), jusqu'aux lettres à vous briser le cœur écrites par des personnes âgées, des malades, des invalides, des gens qui affirment que la voix de Luciano est la seule joie qu'ils connaissent. Beaucoup ont écrit que le chant de Luciano les avait tirés du désespoir. Luciano tient à ce que chacune de ces lettres reçoive une réponse. Récemment, de plus en plus de lettres lui ont été adressées par des enfants, particulièrement aux États-Unis. Plusieurs d'entre elles sont splendides.

Je me suis chargée d'un autre travail : celui de tenir un album de découpures — toutes les photos, la publicité dans les journaux, les articles. J'adore ça, mais il faut y consacrer beaucoup de temps. Je note aussi scrupuleusement chacune de ses apparitions en public. Ce genre de détail s'oublie si facilement dans l'excitation du moment. Ensuite quelqu'un — un journaliste ou un rédacteur de programmes pour l'opéra — a un besoin pressant de retracer la date de tel événement et personne ne la connaît. Je me suis instituée de mon propre chef l'archiviste officielle de Pavarotti.

Luciano a fait de moi une femme d'affaires. Il estime ne disposer que d'un nombre limité d'années où on lui versera d'importants cachets et il sent la nécessité d'investir le plus d'argent possible. On aurait du mal à imaginer toutes les dépenses qui découlent du genre de vie que doit mener une vedette d'opéra. Compte tenu des sommes importantes qu'il encaisse, il est remarquablement économe. Malgré cela, il a du mal à mettre de côté une portion de ses revenus, mais il est déterminé à y arriver. Parce qu'en Italie les lois concernant l'exportation de capital sont on ne peut plus sévères, nous investissons essentiellement dans la région de Modène. Je m'occupe de ces questions.

Pendant un certain temps, nous avons été propriétaires d'un vignoble, mais nous l'avons revendu pour investir ailleurs — surtout dans l'immobilier. Nous possédons maintenant quelques immeubles en ville. Veiller sur nos intérêts m'est une tâche agréable. Nous autres, Italiennes, nous savons administrer l'argent.

Nos filles ont grandi en santé ; ce sont de jeunes femmes séduisantes. Lorenza, l'aînée, est née en 1962. Cristina s'est ajoutée deux ans plus tard pendant que Luciano chantait *Idomeneo* à Glyndebourne. Trois années plus tard, ce fut le tour de Giuliana.

Lorenza est la seule de nos filles assez âgée pour songer à une carrière. Pour l'instant, elle envisage la possibilité de devenir dessinatrice de mode. Aucune de nos

60

filles ne se passionne pour l'opéra lyrique. Elles aiment bien se déplacer pour entendre chanter leur père, mais je crains que ce ne soit que parce qu'il s'agit de leur père et non pas parce qu'on donne du Verdi ou du Puccini. Dernièrement, j'ai toutefois remarqué des signes d'intérêt plus noble. Il n'y a pas longtemps, elles ont invité un bon groupe d'amis à venir entendre Luciano dans *La Bohème*, à La Scala.

Pendant longtemps, la réussite de leur père ne les a que peu impressionnées. Après tout, les héros de leur génération n'ont rien de chanteurs d'opéra. Peu de leurs amis savaient qui était leur père — ou plutôt que leur père puisse être un homme spécial. En partie d'ailleurs parce que Luciano est devenu célèbre aux États-Unis avant d'être largement connu en Italie.

Maintenant on le connaît aussi bien en Italie et cela a grandement affecté les filles. Soudainement leurs amis entendirent parler de Luciano. Des gens leur posent des questions au sujet de leur père; d'autres leur accordent plus d'attention qu'ils ne le feraient si Luciano était un homme ordinaire. Je crois que cela les a rendues plus critiques, en grandissant. Elles affirment pouvoir déceler quand on les flatte en raison de Luciano. J'espère que cela ne les rendra pas trop méfiantes avec les gens.

Étant donné la situation politique difficile que connaît présentement l'Italie et le fait que Luciano travaille beaucoup hors d'Italie, bien de nos amis non italiens nous demandent pourquoi nous ne songeons pas sérieusement à la possibilité de nous installer ailleurs. Chaque fois j'éclate de rire et je réponds que c'est parce que nous sommes des *cretini sentimentali*, des faibles d'esprit sentimentaux. Bien sûr, il y a plus que ça.

Il faut évidemment compter sur les liens étroits qui se sont tissés entre nos familles italiennes, la sienne et la mienne; nous restons aussi attachés à des parents si éloignés, en ce pays, qu'il est parfois difficile de dire où s'arrête la famille et où commence le cercle des proches amis. L'important, c'est que ces liens se soient surtout tissés à Modène.

Cela, sans compter les raisons d'ordre pratique qui nous retiennent à Modène : l'éducation des filles et les difficultés que nous éprouverions si nous voulions faire sortir notre argent d'Italie. Mais peut-être plus encore restons-nous en raison de notre attachement pour Modène elle-même. Tout d'abord, Luciano et moi aimons tous deux cette ville ; nous y avons grandi ; son cœur bat dans nos veines. Et puis nous connaissons si bien Modène et nos concitoyens ; ici, nous ignorons la peur. Ces événements horribles qui secouent Milan et Turin — ils se passent comme dans un autre univers. Modène ne connaît pas ça.

Luciano est une personne compliquée. Il se voit comme une machine parfaitement réglée. Il se préoccupe grandement de sa condition physique. Il possède un de ces instruments pour évaluer la pression sanguine et il vérifie souvent la sienne. Quand il le fait, il vérifie la pression de tous ceux qui par hasard se trouvent près de lui. Il veut que tous soient en santé.

De temps à autre, quand il chante en Italie, il disparaît en douce pour se rendre aux eaux où il passe une journée ou deux pour nettoyer son organisme. Il a toutes sortes de théories sur la santé. Il m'arrive parfois de me désoler pour les médecins qui prennent soin de lui ou de l'un d'entre nous. Luciano a autant d'idées qu'un médecin sur ce qui ne va pas et sur ce qu'on devrait faire. Je crois qu'ils le jugent un peu arrogant mais, bien entendu, il ne cherche pas à causer du tort à personne.

Quand mon père faillit être emporté par une maladie cardio-vasculaire, Luciano lui a rapporté un remède qu'on venait de mettre au point aux États-Unis. Luciano en avait entendu parler mais ici, en Italie, nous n'en disposions pas encore. Cela sauva mon père.

Luciano adore la routine. Il n'apprécie guère les changements — autour de la maison, dans notre façon de faire les choses, dans la manière dont nous réglons notre vie de tous les jours ou ses tournées. Par exemple, quand il retourne dans une ville où il a déjà chanté, il aime se retrouver au même hôtel et, si possible, dans la même chambre. Et cela s'accentue avec les années. Je suis sûre que ces efforts qu'il déploie pour se sentir chez lui à Milan, à Londres, à New York ou Boston, ne sont pas étrangers à ses fréquents déplacements.

Il n'aime pas dépendre des autres. Même pour des questions de détail. Il ne veut pas avoir à demander où se trouvent les ascenseurs; il veut *savoir* où sont les ascenseurs. Cela s'exprime aussi dans son vif désir de conduire lui-même, même quand il monte dans une voiture qui ne lui appartient pas. Dans des villes où il se rend fréquemment, comme Chicago ou New York, des amis lui offrent de le déposer en auto là où il doit chanter ou assister à un événement social. Très souvent, Luciano demandera s'il peut conduire. Il n'est pas du genre à s'asseoir à l'arrière et à laisser les autres le véhiculer.

Un autre aspect de la personnalité de Luciano le distingue de bien des gens : son besoin pressant d'amis. Il doit toujours être entouré d'amis — pas seulement quand il est à la maison, en Italie, mais partout où il va. Heureusement qu'il se lie facilement d'amitié parce qu'il ne saurait s'en passer.

Des gens qui n'avaient rencontré qu'une fois Luciano ont souvent été renversés par des détails de leur vie qu'il n'avait pas oubliés, même si plusieurs années s'étaient écoulées entre-temps. Quelqu'un peut se présenter dans sa loge après un concert à Philadelphie ou San Francisco et Luciano lui demandera comment se porte sa femme aux cheveux roux ou s'il s'est bien remis de sa fracture au bras — n'importe quel détail sur cet individu que Luciano aura enregistré dans sa mémoire. Mais on peut être assuré qu'il aura toujours retenu un souvenir *quelconque.*

Luciano est doué d'une mémoire phénoménale dont il use d'ailleurs dans ses efforts constants pour transformer en amis ses admirateurs. Il y réussit fort bien et il semble trouver un moment à consacrer à un nombre illimité d'entre eux. Même quand ses admirateurs ne deviennent pas des amis, ils n'en sont pas moins importants à ses yeux. Il a le sentiment de leur devoir beaucoup, en grande partie d'ailleurs pour leur loyauté qui lui inspire une profonde gratitude. Certains le croient poseur, mais il existe un gérant dans une ville américaine qui a été forcé de comprendre à ses dépens que tel n'est pas le cas.

Après avoir donné un concert dans cette ville, Luciano a exprimé le désir de saluer ses admirateurs à l'arrière-scène, comme il le fait toujours. Les responsables du concert lui ont répondu que ça n'était pas possible, qu'on l'attendait depuis un bon moment à un dîner donné en son honneur auquel prendraient part à titre d'invités les seuls membres du conseil d'administration de cette société de musique. Luciano se rendit au dîner mais jura de ne plus jamais chanter dans cette ville — et il a tenu parole.

Cet épisode de la vie de Luciano eut un dénouement charmant. Quand Luciano plusieurs heures plus tard sortit enfin de ce dîner, il trouva quelques fidèles qui l'espéraient toujours. Il n'arrivait pas à croire qu'ils avaient attendu si longtemps; il se précipita sur eux comme sur des amis très chers. C'était un spectacle fascinant. Il était ravi d'avoir la chance de leur expliquer ce qui s'était passé. C'était comme s'il avait eu un rendez-vous d'importance avec un ami de longue date et qu'il n'avait pu supporter d'attendre avant de s'excuser et de s'expliquer. Que ces admirateurs aient rendu ce moment possible en lui pardonnant et en l'attendant patiemment, voilà qui l'avait profondément touché.

Parfois, il va trop loin. Un jour, après un spectacle, alors que sa loge était bondée de gens, une femme franchit la porte en compagnie d'un homme qui avait l'air de son mari. Elle était timide et très réservée.

«Monsieur Pavarotti», dit-elle, «peut-être ne vous souvenez-vous pas de moi...»

«Bien sûr que oui, ma chère», répondit Luciano qui la serra dans ses bras. «Nous nous sommes si souvent retrouvés ensemble au lit. Comment pourrais-je avoir oublié?»

On aurait dit que la pauvre femme allait subir une crise cardiaque. L'homme qui l'accompagnait s'esclaffa et elle comprit aussi qu'il s'agissait d'une blague. Mais le sens de l'humour de Luciano peut parfois embarrasser les gens. Je pense qu'il se comporte ainsi en bonne partie pour couper court aux formalités. Parfois, il le fait pour choquer.

Luciano a un petit faible pour les femmes — et je veux dire un peu plus que la réaction courante d'un mâle italien au sang chaud. Il a toujours été entouré de femmes. Quand il était enfant, sa grand-mère a été une figure dominante de son existence; puis il y eut sa mère et ses tantes. Elles s'affairaient toutes constamment autour de lui, le comblaient d'amour et d'affection. Son père passait la plus grande partie de son temps au travail et son grand-père n'était guère souvent à la maison.

Quand ses parents eurent un autre enfant, ce fut une fille. Il n'a jamais eu de frère. Et quand il eut fondé sa propre famille, ses trois enfants furent des filles. Pas de garçon. Toute sa vie durant, presque tout l'amour et la sécurité qu'il connut lui vinrent de femmes. Voilà l'une des raisons qui expliquent qu'il ressente tant d'affection pour les femmes. Bien entendu il ne rate pas une seule jolie femme, mais le plus intéressant tient à ce qu'il se montre le même avec *toutes* les femmes.

J'en suis le perpétuel témoin. Les gens s'entassent dans sa loge. Il est aimable et amical avec les hommes, mais s'il avise une femme qui vient vers lui, il change radicalement. Son visage s'illumine. Toute son attention se porte sur cette femme, qu'elle soit jeune, âgée, énorme ou mince.

«Bonjour, booo-tééé...» Et il étreint et cajole la femme qui souvent s'alarme devant l'ardeur de Luciano. Mais ce n'est pas du cinéma, il est comme ça. Ce n'est un secret pour personne que Luciano aime les gens, mais les femmes éveillent en lui un sentiment qui confine à la vénération.

Être l'épouse de Luciano m'a passionnée comme aussi de voir sa carrière atteindre à des sommets dont nous n'aurions pas même osé rêver, à ses débuts. Le seul désavantage de cette réussite, c'est qu'il vit si souvent loin de nous.

Quand les filles étaient très jeunes, je pouvais très souvent voyager avec lui. Lorsque sa carrière eut atteint une vitesse de croisière, il eut désespérément besoin de quelqu'un qui l'accompagnerait et l'aiderait, réglerait toutes les questions concernant ses déplacements d'une ville à une autre, répondrait à son courrier, résoudrait toutes les difficultés quotidiennes. Il connaissait un assez grand succès pour sentir le besoin d'une telle assistance vers la fin des années 1960, mais il n'était pas assez riche pour se payer les services d'une secrétaire. Aussi je dus confier mes filles à ma sœur Giovanna, qui vivait avec nous, et voyager avec Luciano.

Maintenant, je sens qu'il vaut mieux rester à la maison auprès de nos filles. Cela me paraît particulièrement évident depuis qu'elles ont franchi le seuil de l'adolescence. Je ne veux pas dire que, parce qu'elles sont des adolescentes, il faille un policier à la maison, mais simplement qu'il s'agit là d'un âge où les jeunes filles vivent des transformations radicales et qu'elles ont besoin d'un parent à leurs côtés, même si elles préfèrent croire que ce n'est pas le cas.

En tout cas, je sens que je dois être auprès d'elles et Luciano est d'accord avec moi. Ce qui a pour conséquence que nous sommes privés l'un de l'autre la plus grande partie de l'année. Parfois je souhaiterais avoir épousé un commis de banque qui serait toujours à la maison. Mais quand je me mets à y réfléchir un seul instant, je change d'idée. Je sais que tout ça en vaut la peine à cause de ce merveilleux présent que Luciano offre au monde entier.

Après Rodolfo, c'est le rôle du Duc, dans *Rigoletto*, que je crois avoir chanté le plus souvent. Voici l'une de mes premières incarnations de ce personnage dans une production de La Scala, en 1966. Photo: Piccagliani. (En haut) Le docteur Arturo di Filippi, fondateur et directeur de l'Opéra de Miami, fut le premier impresario à m'inviter aux États-Unis. Me voici dans mon costume d'Edgardo (*Lucia di Lammermoor*) à mes débuts aux États-Unis, en 1965. Photo: John Pineda. (En bas)

Quand j'ai donné *Lucia* avec Joan Sutherland à Miami, en 1965, j'avais déjà plusieurs fois chanté avec elle à Covent Garden. Photo : John Pineda. (En haut) Mon amie d'enfance, Mirella Freni, et moi avons souvent travaillé ensemble au cours des ans. En 1967, nous avons chanté *La Fille du régiment* à La Scala. Photo : Piccagliani. (En bas)

Mon gérant, Herbert Breslin, et moi tenons fréquemment des conférences dans des lieux inhabituels. Ici, nous nous sommes installés sur le terrain de stationnement du Philadelphia's Robin Hood Dell West, avant un concert, en 1979. Photo: William Wright. (En haut) Mon père et moi nous donnons encore l'un à l'autre des leçons de chant. Photo: William Wright. (En bas)

Il me serait aussi difficile d'expliquer pourquoi j'aime Modène que de
donner les raisons qui font de notre cathédrale un chef-d'œuvre
d'architecture. Photo: William Wright.

Luciano Pavarotti

Le ténor à l'œuvre

Reggio Emilia est situé à environ quarante kilomètres (vingt-cinq milles) de Modène. Comme dans la plupart des villes de cette région de l'Italie, les gens se passionnent pour le chant. Ils traitent l'opéra avec le plus grand sérieux, sont très informés sur le sujet et ont des opinions bien arrêtées. La cuisine et l'opéra sont les deux passions de la région d'Emilia.

On aurait du mal à imaginer la joie que j'éprouvai quand on m'offrit enfin la chance de me produire dans un opéra. Peu m'importait qu'on ne me verse aucun cachet. J'avais enfin la possibilité de chanter en public — pas n'importe quel rôle, celui de Rodolfo, l'une des plus grandes créations pour ténor lyrique qui convenait parfaitement à ma voix. Je me mis au travail comme un forcené.

La distribution se composait essentiellement de jeunes chanteurs peu expérimentés ou, comme moi, sans expérience. La direction nous logea dans un hôtel des plus ordinaires où je partageais une chambre avec les autres chanteurs; les femmes occupaient une autre chambre au même étage. Nous utilisions la même salle de bains, au bout du couloir.

Nous étions tous enthousiastes et heureux, comblés par le bonheur d'être jeunes et de nous voir offrir l'opportunité de pratiquer le métier auquel nous désirions vouer nos existences. Dans cet hôtel, nous vivions comme les personnages que nous incarnions dans *La Bohème* — des jeunes gens sans le sou aux aspirations artistiques, pleins d'optimisme et de *joie de vivre*[1].

Notre horaire de travail n'était guère harassant. Nous répétions trois jours, puis nous avions une semaine de repos; puis trois jours de répétitions et une autre semaine de repos. La dernière semaine, nous avons répété tous les jours. La direction artistique était assurée par Mafalda Favero, une célèbre soprano qui avait cessé de chanter. C'était une femme merveilleuse et un bon directeur, bien que cette *Bohème* ait été, je crois, le seul opéra qu'elle ait mis en scène. J'ai scrupuleusement suivi ses directives.

Le chef attitré ne s'est présenté que les derniers jours. Pour les répétitions, un homme nommé Renato Sabione tenait la baguette. Il se montra très bon avec nous, très patient aussi. Il comprenait que nous en étions tous à nos premières armes et il se donna beaucoup de mal pour nous. Il ne restait que deux répétitions avant la première quand le chef d'orchestre arriva. C'était Francisco Molinari-Pradelli, un chef fort prisé dans le monde de l'opéra italien. Avant ces deux ultimes répétitions, il n'avait jamais entendu chanter aucun d'entre nous.

Ces derniers jours, avant le début des représentations, furent si palpitants; je vivais un rêve. Le plus excitant de tout, c'était toutefois de chanter pour la première fois avec un grand orchestre. Pendant toutes ces années où on étudie et où l'on croit en son art, on entend toujours un orchestre dans sa tête. Mais quand il y en a *vraiment* un pour la première fois, on vit une expérience impossible à décrire à quelqu'un qui n'a jamais rêvé des années durant de devenir chanteur d'opéra.

À la générale, maestro Marinelli-Pradelli fit taire

---

[1] *En français dans le texte* (Note du Traducteur)

l'orchestre un moment, après mon aria au premier acte, pour me dire : « Jeune homme, si vous chantez comme ça demain soir, vous connaîtrez un triomphe. »

J'ai senti mes genoux fléchir. Mafalda Favero m'a affirmé plus tard que ce chef était fort difficile à satisfaire et qu'il n'aurait pas fait de compliments à sa propre mère. Voilà qui m'encouragea énormément.

Pendant la représentation, je me concentrais si fort sur ce que je faisais que j'étais à peine conscient des réactions de la salle. J'étais effrayé par le chef. Mais aussi par le public. Une grande rivalité oppose ma ville de Modène à celle de Reggio Emilia. Je savais que rien n'aurait davantage plu à ce public que de voir un ténor de Modène se casser le cou. Après « *Che gelida manina* », je pus sentir que le public m'appréciait grandement.

On peut facilement se rendre compte qu'un auditoire aime ce qu'il entend par l'ampleur des applaudissements qu'il accorde, mais même avant que cela se produise, je sais toujours si je chante bien ou non. De plus, mes amis de Modène qui s'étaient déplacés pour assister à la première, s'ils n'avaient pas aimé mon chant, ne se seraient guère gênés pour me le faire savoir. Mais ce soir-là, ils ne m'adressèrent que des éloges, ce qui me confirma que j'avais bien chanté.

Ainsi je remportai le triomphe que m'avait prédit maestro Molinari-Pradelli. Mais était-il heureux pour moi ? Il était furieux. Je fus sur-le-champ confronté à ce fléau qui frappe le monde de l'opéra : l'envie.

Il aurait fallu bien plus que cela pour me faire perdre ma bonne humeur ce soir-là. Même si tous avaient bien chanté, ç'avait été ma soirée. Le chef excepté, tous étaient très heureux pour moi. Après la représentation, nous avons eu droit à une belle fête et jamais je ne m'étais senti aussi en veine de célébrer. À un moment donné toutefois, mon père me prit à part et me confia : « C'était très bien, Luciano, très bien. Mais ta voix n'égale pas encore celle de Gigli ou de Schipa. Tu dois travailler encore. »

J'ai eu ma revanche. Plusieurs années plus tard, j'ai chanté *La Bohème* à Modène ; mon père interprétait le rôle de Parpignol, ce vendeur de jouets qui n'a que quelques lignes dans la scène du Café Momus. Comme d'habitude, mon père était atrocement nerveux. À la générale, il donna une fausse note. Après, je le pris à part et lui dis : « Papa, je pense que tu devrais rentrer à la maison et étudier encore un peu la partition. »

Le lendemain de la première de *La Bohème* à Reggio Emilia, les journaux se sont montrés plus favorables à mes débuts que mon père. La *Nova Gazette di Reggio Emilia* proclamait : « Le ténor Luciano Pavarotti a chanté avec un goût exquis et un sens musical brillant ; il a fait preuve d'une technique vocale d'une grande finesse et d'une grande souplesse. Le public l'a peut-être apprécié plus que ses collègues. » Les autres journaux qui publièrent un compte rendu de l'opéra se montrèrent aussi flatteurs à mon égard.

Ma carrière, comme toute carrière couronnée de succès, a été largement marquée par la chance. L'un de ces bons coups du sort s'est d'ailleurs manifesté le soir de mes débuts. Dans l'auditoire avait pris place un agent influent, également ténor, Alessandro Ziliani. Il était associé à une agence d'artistes milanaise, mais il jouissait par sa voix d'une réputation enviable dans le monde de l'opéra. Ce soir-là, il était présent dans la salle, non pour m'entendre, mais pour entendre la basse Dimitri Nabokov, le fils du célèbre écrivain du même nom.

Peut-être parce qu'il était lui-même ténor, Ziliani s'intéressa davantage à moi et n'accorda guère d'attention à Nabokov. En tout cas, Ziliani s'est précipité à l'arrière-scène après la représentation et il s'est présenté à moi. J'étais dans un tel état d'exaltation que je m'étonne de me rappeler l'avoir alors rencontré ou que j'aie pu tenir avec lui une conversation sensée. Je suis un être exubérant, mais une partie de moi garde toujours la tête froide. Il voulait connaître mes projets. Je lui confiai que j'avais l'intention de maîtriser comme il se doit quatre ou cinq rôles avant de tenter vraiment de me lancer dans cette carrière. Il me répondit de communiquer avec lui aussitôt que je me sentirais prêt et qu'alors il accepterait d'être mon agent.

C'était très important pour moi: toutes les maisons d'opéra italiennes et plusieurs maisons européennes connaissaient Ziliani.

Il est intéressant de remarquer comme sont importants pour une carrière ces appuis d'autres professionnels. Quelqu'un qui jouit d'une réelle considération dans votre champ d'action — un agent, un critique, un maestro d'importance — dit que vous êtes bon; il confirme par là ce que vous croyiez déjà ou espériez pendant toutes ces années où vous vous prépariez à cette carrière. Vous emmagasinez ces gestes d'approbation comme des fortifiants pour mieux encaisser les coups durs: pas d'appel téléphonique vous apportant un contrat, un auditoire qui ne répond pas, n'importe quoi.

Si les événements encourageants ne sont pas assez nombreux, ou s'ils n'ont pas l'importance nécessaire, ils ne suffiront peut-être pas à vous sortir de mauvais pas et vous abandonnerez. On entend toujours parler d'artistes qui luttent contre l'adversité, qui ont foi en eux-mêmes. Eh bien, je croyais en mon talent. J'avais trimé dur pendant six ans sans empocher un sou. Mais qu'il est plus facile de ne pas perdre confiance quand on se sent appuyé par un autre qui connaît bien la profession à laquelle on veut se consacrer !

On ignore tout de ce petit paquet précieux d'encouragements que traîne chaque artiste — bon ou mauvais —partout où il va, pour aider à sa carrière; rien de ces tapes dans le dos, données par des mains inconnues; rien des découpures de journaux; rien des mots d'espoir prodigués par tel ou tel professeur. Je soupçonne que ce qu'on appelle la confiance en soi est l'assise du talent, mais je suis certain que ces encouragements sont le mortier qui cimente les pièces.

Dans le cas dont je parlais — Ziliani qui avait aimé ma voix — il s'agissait de plus qu'un soutien moral, bien sûr. Dans sa position, cet homme pouvait m'obtenir des contrats dans presque toutes les maisons européennes d'opéra.

J'étais si ragaillardi par mes débuts à Reggio Emilia

— par la réaction du public, les comptes rendus, la rencontre de cet important agent qui m'offrait de s'occuper de ma carrière — que je jugeai l'avenir assez prometteur pour me marier. Adua et moi étions loin d'être assurés que je pourrais gagner ma vie en chantant. Quand les félicitations et les bravos ne résonnèrent plus à nos oreilles, nous nous rappelâmes combien de gens, qui avaient connu de modestes succès comme celui-là, n'étaient plus jamais remontés sur les planches. Adua était plus confiante que moi; je crois que les femmes sont douées d'un sixième sens pour ce genre de choses.

Pourtant même à mes yeux mes chances me semblaient bien meilleures à ce qu'elles avaient été avant que je ne gagne le concours; aussi avons-nous décidé de risquer le tout pour le tout. Adua enseignait et, si tout venait à s'écrouler, je me remettrais à vendre de l'assurance. Le 30 septembre 1961, seulement cinq mois après mes débuts, Adua et moi, nous nous épousions.

Pendant un certain temps tout se passa comme si j'allais être un autre de ces ténors dont on n'entendrait jamais plus parler. Quand je retournai voir Ziliani pour lui dire que j'étais prêt à chercher des rôles, il tint parole et se mit à vendre mon talent. Ce ne fut pas facile pour lui. Un succès à Reggio Emilia ne fait pas d'un artiste une tête d'affiche.

Les directeurs de maisons d'opéra, comme tous les autres gens qui s'assurent les services d'interprètes talentueux à travers le monde, se sentent plus rassurés et plus heureux quand ils font affaire avec des artistes reconnus. Même si cela signifie l'engagement d'un chanteur qui ne soit pas de premier ordre, ils se sentent moins inquiets en traitant avec des valeurs sûres. Et si quelqu'un prétend que le ténor ou la soprano qu'ils mettent à l'affiche n'est pas très bon, ils pourront hausser les épaules et répondre: «Qu'est-ce que je peux faire de plus avec mon maigre budget? Je ne peux pas me payer Corelli et Tebaldi.»

En réalité il y a toujours des jeunes Corellis et Tebaldis qui travailleraient pour très peu; les impresarios devraient ne se fier qu'à leurs propres oreilles. Il est déprimant de constater que bien de gens qui occupent un poste important à l'opéra ne savent pas dire si une voix est belle tant qu'ils n'ont pas vu le nom de l'interprète qui s'exécute.

Ziliani recevait peu d'offres pour le jeune ténor de Modène. Pendant un certain temps, nous avons cru qu'il n'aurait d'autre choix que de vendre mes services pour ce que nous appelons la *scatola chiusa* — littéralement, la « boîte fermée ». Je pense qu'en français on dit : « les circuits de cabarets et restaurants. »

Un impresario se présenta chez Ziliani et dit : « Il nous faut Mario del Monaco pour notre production de *Tosca*. »

Ziliani lui rétorqua : « Je vous l'aurai à la condition que vous engagiez aussi pour quelques récitals un jeune ténor de mon écurie qui s'appelle Pavarotti. » Je crois que Ziliani m'a vraiment obtenu de cette manière la chance de donner un concert.

Ce manque d'audace des directeurs peut accroître l'importance de se trouver un agent influent. On connaissait Ziliani pour ses hautes exigences, particulièrement en ce qui a trait aux ténors, puisqu'il en était lui-même un. S'il arrivait chez un directeur en affirmant qu'il tenait un ténor hors pair, on inclinait à le croire.

De cette manière, il me décrocha le premier rôle pour lequel on me versa un cachet : une *Bohème* qu'on allait monter à Lucca, la ville natale de Puccini. Je sais que je devais ce rôle à Ziliani et à son talent de persuasion. Quand je me présentai aux répétitions, le chef d'orchestre me lança : « Si Ziliani dit que vous êtes un bon ténor, il faut que vous en soyez un *très* bon, parce qu'il ne m'a jamais parlé d'un ténor avec autant d'enthousiasme. »

Ce qu'il y a de singulier dans ma carrière, ce sont les mauvaises expériences que j'ai connues avec mes collègues, au tout début. Depuis presque vingt ans que je chante régulièrement et que je me produis dans des maisons d'opéra à travers le monde, j'ai généralement entretenu des relations cordiales et franches avec les gens qui ont travaillé avec moi. Mais ce chef, à Reggio, ne s'était pas montré très aimable et maintenant, à Lucca, j'éprouvais des difficultés avec la soprano.

Cette femme qui chantait depuis des années était assez connue en Italie. En 1961, elle achevait de toute évidence sa carrière et ne chantait plus bien. Je pense qu'elle en était consciente. Elle craignait, m'ont confié certains membres de la distribution, que mon « *Che gelida manina* » ne me vale plus d'applaudissements qu'elle n'en recueillerait pour son « *Mi chiamano Mimi* ». Quelle qu'en soit la raison, elle ne pouvait souffrir ma présence. À ses yeux, je ne faisais rien de bon.

Quelques années plus tard, lorsqu'elle vint interpréter avec moi un opéra à Modène, sa voix était pire encore. Elle chanta si mal que le public la hua. Elle délégua son mari pour m'accuser, ainsi que Mirella Freni, d'avoir comploté pour qu'elle soit huée. Je suppose qu'elle en était arrivé à la conclusion que nous étions tous deux de Modène et que nous ne permettions pas à d'autres interprètes de se faire valoir dans notre ville. Les sopranos peuvent avoir parfois de drôles d'idées.

C'était burlesque, mais je trouvais tout de même horrible qu'elle et son mari puissent avoir de telles idées. Puis, au cours de l'une de ces représentations à Modène, quelque chose se produisit dans sa voix et elle chanta fort bien. Cette fois, le public ne la hua pas mais l'applaudit chaleureusement. Cette espèce d'intervention divine qui lui octroyait la chance d'une bonne représentation devait lui prouver, ainsi qu'à son mari, que Mirella et moi n'avions *pas* soudoyé l'auditoire. Le public réagissait honnêtement à ce qu'elle lui offrait. Si elle chantait bien, il lui exprimait sa satisfaction.

À l'époque de cette *Bohème*, j'étais si inexpérimenté que je me contentai de subir la mauvaise humeur de cette soprano. Je ne suis toutefois pas certain que d'avoir auparavant travaillé avec d'autres divas m'aurait alors été d'un grand secours. Quand une soprano vous en veut, il y a peu que vous puissiez faire sinon attendre que sa colère s'apaise — comme une tempête. Sur le coup, son attitude m'avait bouleversé surtout parce que je supporte mal de rendre les gens malheureux. Je n'ai pas laissé ces circonstances difficiles affecter mon art, bien que je soupçonne qu'elle n'aurait pas demandé mieux.

Elle n'aurait pas dû se tracasser. Mes *Bohème* à Lucca ne me valurent pas de triomphes. La perruque que je devais porter me rendait nerveux : je travaillais sous la baguette d'un nouveau chef avec des chanteurs qui m'étaient inconnus. Peut-être aussi craignais-je de fâcher la soprano en chantant bien. Je ne le crois pas sérieusement. Mes aiguës n'étaient tout simplement pas aussi fermes ; toute la voix n'était pas aussi pure qu'à Reggio.

Étant donné ces faits, je fus étonné de recevoir dans ma loge la visite du grand ténor Schipa, après la première représentation à Lucca. Il était plutôt enthousiasmé par ce qu'il avait entendu et me donna un conseil. «Vous avez une belle voix», dit-il. «Vous devriez chanter simplement à votre façon, sans écouter quiconque. Ne vous forcez pas la voix pour chanter comme quelqu'un d'autre.»

Comme tout le monde, j'admirais grandement Schipa et depuis des années j'écoutais ses disques ; aussi ces mots aimables firent-ils sur moi une grande impression. De plus, quel avis pourrait être mieux accueilli que celui qui vous suggère de *ne pas* écouter les recommandations des uns et des autres ?

Même aux côtés de cette soprano déplaisante et bien que je n'aie pas chanté de mon mieux, mon interprétation de Rodolfo à Lucca fut un succès et une bonne expérience pour moi. Après tout, c'était la première fois qu'on me payait pour chanter un opéra : quatre-vingt mille lires pour deux représentations, soit cinquante dollars environ par spectacle.

Au cours des mois suivants, grâce à Ziliani, je me suis produit à deux reprises en Irlande — dans *Butterfly* et *La Bohème* — avec une compagnie d'opéra de Dublin ; plus tard, j'ai chanté *Rigoletto* à Carpi, cette ville près de la ferme où la famille Pavarotti s'était réfugiée pendant la guerre. Carpi n'est qu'une petite ville, mais on y trouve une jolie salle d'opéra.

Même avant que j'aie rempli ces engagements, un événement très important survint. Ziliani avait entendu dire que le grand chef d'orchestre Tullio Serafin cherchait un ténor pour interpréter le rôle du duc dans une production de *Rigoletto* qui serait montée au Teatro Massimo di Palerme. Ziliani me ménagea une audition devant Serafin, le lendemain de la première de *La Bohème* à Lucca.

Serafin avait alors quatre-vingt-trois ans et, dans le monde de l'opéra, on le considérait comme un dieu. C'était un chef d'orchestre émérite et il avait dirigé dans les plus grandes maisons d'opéra, y inclus le Metropolitan. Il avait aussi été le directeur musical de l'Opéra de Rome et, plus tard, de La Scala. C'était la première occasion qui s'offrait à moi de me gagner l'approbation d'une figure dominante du monde musical.

Lorsque je montai dans le train qui m'amènerait à Rome où je verrais Serafin, j'étais extrêmement nerveux. Notre rendez-vous était fixé à 4 h; j'arrivai devant l'immeuble où il habitait à 2 h; j'avais les nerfs en boule. J'entrai dans un café et j'y bus un verre pour me désaltérer un peu. Puis, à 4 h précises, je sonnais à sa porte.

Une bonne ouvrit et demanda : « Êtes-vous le ténor de Modène que le maestro attend? » Je répondis que c'était moi. Elle m'introduisit dans un vaste salon où trônait un piano et elle ajouta : « Je vais prévenir le maestro de votre arrivée. » Serafin entra et me salua d'une manière très distante. Il se tourna ensuite vers la bonne et dit : « Rosina, apportez un verre d'eau pour ce jeune homme. »

« Ne vous dérangez pas, maestro », répartis-je, « je me suis arrêté à un café avant de monter. Je n'ai pas soif. »

Il ignora ma remarque et répéta froidement à Rosina : « Un verre. »

Serafin s'assit au piano. Je m'attendais à ce qu'il me demande d'interpréter « *La donna è mobile* » ou quelque autre aria de *Rigoletto*. Au lieu de cela il ouvrit la partition à la première page et me fit chanter tout l'opéra. À la fin du deuxième acte, j'étais épuisé.

« J'ai soif », dis-je.

« Je vous avais prévenu », répondit-il en souriant pour la première fois. Et il me désigna d'un signe de tête le verre d'eau.

Pendant que je chantais le dernier acte, je commençai à pressentir que Serafin était content de moi. Il n'a jamais prononcé un tel mot, mais à un moment donné il m'a interrompu pour dire : « Maintenant, vous comprenez que Maddalena est une putain. Le duc *sait* qu'elle est une prostituée. Quand vous viendrez à Palerme, je veux que vous chantiez « *Bella figlia dell'amore...* » à la façon de Caruso, avec emphase, ironie, pas avec sincérité... »

Quand je viendrai à Palerme ! Alors seulement je compris que je tenais le rôle. J'étais fou de joie et j'eus du mal à me rendre jusqu'à la dernière page de la partition.

Ce soir-là, lorsque je pris le train pour Modène, dix mille lires avaient été déposées à mon compte. Quelle en était alors la valeur ? Environ seize dollars. C'était tout ce qui restait de mon cachet pour *La Bohème* à Lucca. Je dus rentrer en deuxième classe dans un train très malpropre, mais j'avais la certitude qu'il n'existait d'homme plus heureux que moi dans toute l'Italie.

Travailler sous la direction de Serafin à Palerme fut une expérience merveilleuse. Il était accablé sous le poids des années, mais un si brillant musicien, un *grandissimo capitano;* tous éprouvaient pour lui un grand respect. Je le vénérais aussi grandement mais j'avais vingt-sept ans et j'étais un peu imbu de moi-même.

À la fin d'un de mes arias, je me suis permis une variation — une note plus aiguë ou que j'ai tenue plus longtemps, je ne me rappelle plus exactement. Serafin m'interdit de le faire. À la générale, il me dit de faire comme bon me semblait. Il était d'ordinaire si pointilleux pour le moindre détail, si inflexible. Je fus étonné et je lui demandai pourquoi il avait changé d'idée.

« Ça semble convenir à votre voix », dit-il. Puis il ajouta sèchement : « N'oubliez pas, la moitié de votre ovation me reviendra de droit. »

Gianna d'Angelo était la soprano. Elle avait une jolie

voix et faisait une splendide Gilda. Elle a chanté au Met pendant un certain temps. J'ai entendu dire qu'elle enseignait maintenant dans une université.

Mais un nuage assombrissait la production. La célèbre basse Ettore Bastianini jouait le rôle de Rigoletto. Il ne chantait pas bien et Serafin se montrait très dur avec lui. De plus Bastiniani se comportait de façon bizarre avec les autres membres de la distribution; il était inamical et bouillant. Nous avons plus tard appris qu'il se mourait d'un cancer. Il le savait alors, le pauvre homme, mais pas un seul d'entre nous n'était au courant. Il continua une année ou deux à chanter, mais pour lui tout était fini.

Les représentations se déroulèrent très bien. Serafin était satisfait de ma voix, comme d'ailleurs les gens de Palerme. Je commençais à me sentir comme un chanteur d'opéra.

Joan Ingpen

Découvrir un ténor

Au début des années 1960, j'étais la responsable de l'organisation des saisons d'opéra à Covent Garden, c'est-à-dire que j'étais chargée de la distribution des rôles pour toutes les œuvres au répertoire. J'ai accompli plus tard la même tâche pour Rolf Liebermann quand il assuma la direction de l'Opéra de Paris. Je fais maintenant le même travail au Metropolitan. En 1963, nous avions mis au calendrier une *Bohème* avec Giuseppe di Stefano. Le ténor attitré de notre compagnie était en vacances, ce qui m'inquiétait parce que di Stefano avait la réputation de se décommander à la dernière minute.

En Europe, nous n'engageons pas toujours une doublure pour chaque rôle comme cela se pratique aux États-Unis; il faut dire d'ailleurs que les distances ne sont pas aussi grandes. On peut généralement saisir le téléphone et trouver un remplaçant pour à peu près n'importe qui à quelques heures d'avis. Généralement, mais pas toujours. Comme di Stefano n'était pas fiable et que le ténor de notre compagnie n'était pas là, je nous imaginais déjà en plein désastre.

Je demandai à l'administrateur de Covent Garden, Sir David Webster, la permission de me mettre à la recherche d'un jeune ténor italien — quelqu'un digne de Covent Garden mais peu connu, ce qui le pousserait à accepter de venir à Londres simplement à titre de doublure et sans obtenir l'assurance qu'il aurait la chance d'interpréter le rôle. Sir David me donna carte blanche.

Dublin s'enorgueillit d'une association intéressante qu'on appelle la Dublin Grand Opera Society, qui deux fois l'an organise une saison de deux semaines. À cette époque, la saison d'automne proposait généralement des chanteurs britanniques; au printemps s'y produisaient presque immanquablement des Italiens. C'était alors le moment de la saison de printemps de 1963. Je suis Irlandaise et j'adore faire un saut dans mon pays d'origine de temps à autre; aussi je me dis à moi-même: « Je pourrais peut-être aller à Dublin et voir si on n'y présente pas par hasard un bon ténor, cette année. »

Quand je débarquai à Dublin, j'arrivai juste à temps pour assister à une représentation de *Rigoletto;* il y avait là cet imposant jeune homme — pas aussi gros qu'il l'est maintenant, mais tout de même gras — qui était en ce temps-là très empoté sur scène, qui chantait un peu pour la galerie et qui traînait sur les notes aiguës — mais, mon Dieu, quelle voix il avait! Curieusement, le rôle de Rigoletto était tenu par un jeune baryton alors inconnu, Piero Cappuccilli.

Je déclarai aux amis qui me tenaient compagnie que j'avais déniché la perle que j'étais venue chercher à Dublin. L'un deux lança : « Tu ne veux pas dire ce ténor! Il ne sait pas bouger sur scène. » Je répondis que j'étais consciente de cette lacune mais que son incroyable voix suffisait à la faire oublier.

Il y a un à-côté amusant à ce *Rigoletto* de Dublin. Le pape d'alors, Jean XXIII, était gravement malade et on s'attendait à ce qu'il meure sous peu. Le directeur de la compagnie de Dublin avait été au supplice toute la journée parce qu'en Irlande la tradition veut que, si le pape décède pendant le jour, tous les spectacles du soir soient annulés ; s'il meurt après le premier entracte, alors on poursuit la représentation et, le jour *suivant,* on l'annule.

Le directeur était aux abois parce que s'il était forcé d'annuler *Rigoletto* il lui faudrait non seulement rembourser les billets mais aussi verser aux artistes leurs cachets. Le pape mourut mais le directeur parvint à cacher à tous la nouvelle jusqu'à ce que l'opéra ait commencé. Après le prologue, on fit une pause pour annoncer la mort du pape.

Beaucoup plus tard, Luciano m'a appris que toute la troupe savait depuis tôt le matin que le pape était décédé. À l'arrière-scène, tous se demandaient pourquoi on ne l'annonçait pas plus tôt.

Luciano était si peu connu qu'il fut enchanté de venir à Londres pour un modeste cachet. Pour lui rendre notre offre plus alléchante, nous lui avons promis qu'il chanterait à coup sûr la dernière représentation s'il acceptait de doubler di Stefano pour toutes les autres. Il arriva plus tôt que prévu et nous avons pu ainsi lui donner quelques notions d'art dramatique avant que ne commencent les répétitions régulières. Si je me souviens bien, di Stefano ne donna qu'une représentation et demie et annula les autres ; Luciano prit la relève — et avec grand succès.

Il a tant fait fureur à Covent Garden que nous l'avons sur-le-champ rappelé. C'était à l'automne 1963. À cette époque, on ne retenait pas les services d'un chanteur aussi longtemps à l'avance qu'aujourd'hui. De nos jours, quand on rencontre une voix prometteuse, on n'a aucun rôle à lui offrir avant un délai de trois ans.

Luciano nous a tous charmés, aussi bien par sa personne que par sa voix. Il baragouinait à peine quelques mots d'anglais, mais cela avait bien peu d'importance étant donné sa personnalité. Je me rappelle que nous l'avions surnommé « Lucky ». Je ne l'ai pas appelé ainsi depuis fort longtemps, bien que je ne crois pas qu'il serait choqué si je me permettais cette liberté. À Covent Garden, nous avons toujours éprouvé une affection particulière pour lui en raison même de la manière dont il est venu parmi nous en remplaçant presque au pied levé un autre chanteur et en se faisant une réputation.

La Bohème de Covent Garden valut à Luciano un contrat à Glyndebourne. Les directeurs de ce festival eurent vent de son succès à titre de Rodolfo substitut. Ils vinrent l'entendre et lui offrirent le rôle d'Idamante dans une production de l'*Idomeneo* de Mozart. À Glyndebourne, on conçoit l'opéra à l'opposé de l'idée que s'en fait l'école italienne provinciale dans laquelle Luciano avait été instruit. Et Mozart figure immanquablement au répertoire de ce festival. Qu'il était amusant de les voir le diriger dans du Mozart, mais ils sont incroyablement forts et sérieux —ce que Luciano a rapidement apprécié; de plus, quand Jani Strasser y était la responsable de la préparation musicale, Glyndebourne était l'endroit idéal pour perfectionner sa technique vocale. Jani exerça une énorme influence sur Luciano. Cette expérience lui fit franchir une étape importante dans son évolution musicale.

Plus important encore, les débuts de Luciano à Covent Garden lui permirent de faire la connaissance de Joan Sutherland et de son mari, Richard Bonynge. Avant d'entrer au service de Covent Garden, j'avais été le gérant de Joan Sutherland — mais c'était avant qu'elle ne remporte un succès fracassant en 1959 et qu'elle ne soit célèbre dans le monde entier. Nous sommes restées depuis lors de bonnes amies.

En 1963, quand je découvris Luciano, je téléphonai à Ricky Bonynge et lui dis: «J'ai ici un ténor qui me paraît très bon. Je suis à peu près certaine qu'il pourrait interpréter le répertoire de Joan et, ce qui ne gâte rien, il est grand.»

À cause de sa grande taille, Joan éprouve toujours des difficultés lorsqu'il s'agit pour elle de se trouver un partenaire qui lui donnera la réplique; il y a toujours le risque qu'il ait l'air d'un petit garçon à ses côtés. Mais Luciano est plus grand qu'elle. Bien entendu, les Bonynge l'adorèrent et persuadèrent les directeurs de retenir ses services pour chanter *Lucia* avec Joan à Miami et pour une tournée avec elle en Australie. L'expérience s'avéra merveilleuse pour eux tous. Maintenant que sa voix devient plus dramatique, Luciano s'engage peu à peu dans un répertoire différent de celui de Joan.

Je ne l'ai vu qu'une fois pendant que je m'occupais des distributions à l'Opéra de Paris. Nous lui avons offert une *Bohème* qu'il a acceptée. Je ne l'ai pas revu jusqu'à ce que j'entre au service du Met. Il était déjà une très grande vedette et ses relations avec le Metropolitan Opera n'étaient pas au beau fixe. À ce qu'il me semble, cela tenait à ce qu'il croyait que le Met montait des productions spécialement pour d'autres chanteurs, mais pas pour lui.

Lorsque vous ne donnez que quatre nouvelles productions par saison, vous les choisissez en fonction de toutes sortes de préoccupations musicales plutôt que de la popularité d'un seul interprète. Les chanteurs ne le conçoivent pas ainsi. Ils remarquent simplement qu'un tel a décroché une nouvelle production et que cela ne leur arrive pas; par conséquent, c'est qu'on considère cet un tel comme plus important qu'eux. C'est toujours comme ça quand surgissent simultanément deux ou trois super-vedettes. Rappelez-vous Tebaldi et Callas. L'une a toujours cru que l'autre était favorisée par les directeurs.

Ce qui apparut clairement, c'est que Luciano se sentait mal-aimé par le Metropolitan. Si cela s'était avéré vrai, il aurait eu raison d'être irrité puisqu'il a le droit d'être aimé autant à titre d'artiste que d'être humain.

Je jugeai que ce malentendu était malheureux et que je devais m'efforcer d'y mettre fin.

Je téléphonai à Luciano et lui demandai si je pouvais aller causer avec lui à son appartement de l'Hôtel Navarro. Il me dit qu'il m'offrirait à déjeuner — il cuisinerait un spaghetti en dépit de sa diète. Nous n'avons pas mangé avant 2 h 30. Après le repas, quand je tentai d'aborder le sujet grave qui m'amenait, il fit tout pour l'éviter — il se levait pour répondre au téléphone, quittait la pièce pour une raison ou une autre. J'ai tout supporté sans broncher. Plus tard, un bon ami de Luciano m'a confié que Pavarotti avait intentionnellement tenté de me faire perdre mon calme, de me contrarier; mais j'ai tenu le coup.

J'étais convaincue que ce malentendu était stupide, que Luciano *devait* chanter au Met et que presque toutes ses récriminations étaient sans fondement. Nous avons discuté de l'opéra qu'il souhaitait le plus faire; ça n'était pas impossible. En fait, nous allons bientôt le monter.

Luciano est maintenant une très grande vedette. Il n'est pas idiot et il sait qu'il est une supervedette : alors il essaie tout naturellement d'obtenir ce qu'il veut, mais beaucoup de chanteurs de moins grand talent le font comme lui. *Au fond*[1], je le pense aimable avec ses collègues et je sais aussi qu'il a essayé à son tour d'aider bon nombre de jeunes interprètes. Je crois qu'il ne cherche pas à entrer en compétition avec les chanteurs qui travaillent à ses côtés. Je crois qu'il les veut tous aussi bons que possible. Ce qui, je le crains, n'est pas le cas de *tous* les chanteurs.

Depuis cette première *Bohème* à Covent Garden, le jeu de Luciano s'est grandement amélioré. Il s'est petit à petit affiné à mesure que Luciano travaillait avec différents directeurs artistiques. Il avait fait ses débuts dans des maisons d'opéra italiennes où le jeu et la direction artistique n'ont jamais compté pour beaucoup. À Palerme, on peut réussir en faisant des choses qu'on ne peut se permettre à Londres. Pour les Italiens fanatiques d'opéra, il suffit amplement que vous sachiez chanter. J'ai noté une amélioration particulièrement marquée de son jeu depuis que Jean-Pierre Ponnelle l'a dirigé dans quelques productions.

Luciano a aussi un remarquable sens musical et il a l'esprit vif. Quand il lui arrive de répéter la même erreur dans un passage, il faut parfois la lui faire remarquer — ce qui ne lui plaît pas toujours — mais plus souvent qu'autrement, avant même que quiconque ne relève l'erreur, il dira: «Je pense qu'il vaudrait mieux me surveiller dans ce passage. Je sais que j'y commets toujours la même erreur. » Il tient vraiment à bien faire. Et quand il joue un nouveau rôle, il se prépare toujours minutieusement.

---

[1]*En français dans le texte* (Note du Traducteur)

Malgré sa taille et son poids, il a toujours un charme exceptionnel sur scène. Je pense que cela tient entre autres à sa figure qui témoigne d'une grande franchise, d'une sincérité. Quoi qui rayonne de son visage, cela s'est développé à mesure que progressait sa carrière. Il ne l'avait pas au début. Peut-être cela a-t-il quelque rapport avec la confiance en soi et le plaisir surtout qu'il éprouve à faire ce métier. Quoi que ce soit, ce quelque chose d'énigmatique dans son visage nous fait oublier sa stature.

Pavarotti se distingue de bien d'autres ténors, entre autres par la manière fort intelligente dont il s'est servi de sa voix. Je veux dire par exemple qu'il a su attendre jusqu'à l'âge de quarante ans avant de s'attaquer à des rôles plus dramatiques. Je regrette qu'il ne chante plus *La Fille du régiment*. Il fait encore *L'Elisir d'Amore*, mais il était fantastique dans *La Fille*. Cette production fut d'abord montée à Londres pour Joan Sutherland, mais la critique n'apprécia guère la direction artistique de Sandro Segui. Le Met fit venir la production aux États-Unis et New York l'acclama. Bien sûr, on a aimé Luciano autant à Londres qu'à New York. Comment aurait-il pu en être autrement? Son incroyable aria avec ses neuf contre-do —et chaque soir vous vous caliez dans votre fauteuil sans vous inquiéter le moins du monde — provoquait chaque fois le même débordement. Le public délirait.

Je comprends que certaines maisons d'opéra soient si désireuses de présenter Luciano qu'elles lui laissent le choix des autres interprètes clefs de la production. Le Met ne peut se permettre ça. Naturellement, nous ne forcerions jamais des artistes qui ne s'aiment pas à travailler ensemble. Je puis comprendre que Luciano refuse de s'engager à chanter un rôle tant qu'il ne sait pas qui dirigera l'orchestre. Mais nous ne pourrions laisser un artiste dire : «Je ne chanterai qu'à la condition de le faire avec X, Y et Z.» À ce que je sache, Luciano n'a jamais tenté d'agir ainsi. C'est étonnant comme certaines grandes vedettes semblent vouloir aussi s'accaparer des responsabilités qui reviennent aux impresarios. Callas imposait toujours son ténor et son chef d'orchestre. On ne peut diriger un théâtre sérieux et accepter que se produisent de telles situations, surtout si cela implique qu'il faille retenir les services de personnes pour des rôles qui ne leur conviennent pas.

Quand on considère quel monstre sacré Luciano est devenu aujourd'hui, il faut admettre qu'il a bien peu des travers d'une vedette. Je me rappelle m'être rendue à une réception monstre donnée en son honneur après l'un de ses premiers concerts à New York. C'était avant que j'entre au Met et que nous nous remettions à travailler ensemble. Il était le héros de la soirée et toutes les jolies filles faisaient la queue pour lui être présentées.

Il m'aperçut, vint directement à moi et me dit : « Il y a tant de gens qui prétendent m'avoir découvert, mais je n'ai pas oublié qu'en fait cela fut votre œuvre. »

Après toutes ces années et ce succès éblouissant qu'il connaît, j'ai été très touchée. Vous seriez étonné de savoir combien de chanteurs ne reconnaissent plus ceux qui les ont aidés alors qu'ils se débattaient pour percer. Peut-être le vedettariat les empêche-t-il d'admettre qu'ils aient *un jour* eu besoin d'aide. Peu importe leur talent et la renommée qu'ils ont acquise, il y a généralement eu une personne dont l'assistance fut essentielle au succès qu'ils se sont plus tard mérité. La plupart préfèrent oublier. Luciano a refusé d'oublier. Peut-être ce sentiment de gratitude qu'il éprouve pour moi m'a-t-il été d'un grand secours lorsque j'ai réussi à le persuader de ne pas rester en froid avec le Metropolitan.

Judith Raskin

Une collègue de Glyndebourne

On m'avait offert la chance de chanter *Idomeneo* avec Luciano à Glyndebourne, en 1964, quand son étoile commençait à monter, mais j'étais déjà engagée dans une production à laquelle je désirais davantage participer, *The Rake's Progress* que dirigeait Stravinsky. Je ne pouvais faire les deux. Au moins me suis-je trouvée à Glyndebourne en même temps que lui.

À l'époque j'ai regretté d'avoir dû refuser. Je le regrette encore davantage aujourd'hui. À Glyndebourne, nous savions tous alors que Luciano était un véritable phénomène. Les membres de la compagnie qui montait *Idomeneo* venaient nous chercher en pleine répétition en disant : «Il faut que vous veniez entendre ce jeune Italien ! Il est incroyable.»

On avait distribué à Luciano le rôle d'Idamante généralement chanté par une mezzo-soprano. Je pensais qu'il éprouverait des problèmes de tessiture, mais il s'en tira haut-la-main. Et il avait, bien sûr, cette sonorité éclatante.

Je fis la connaissance de Luciano aux parties qu'organisaient les Christie pour les artistes invités. Le Glyndebourne Festival Opera est l'enfant chéri de George Christie; il se tient d'ailleurs sur le domaine ancestral de sa famille à Lewes, dans le East Sussex. Les Christie avaient de jeunes enfants et Luciano adorait jouer avec eux. Même sans cela, on n'aurait pu s'empêcher de remarquer Luciano quand il entrait dans une pièce. Il était si bel homme. Il avait un petit pneu à la ceinture, mais ça lui donnait plutôt un air de grand gaillard très athlétique.

Ce qui me renversa tout de suite en lui, ce fut son ardent désir d'apprendre l'anglais. Il ne le parlait alors pas très bien, pourtant il bûchait diablement pour s'améliorer. Il construisait des phrases difficiles, puis il vous demandait de corriger les erreurs qu'il avait commises. Tant de chanteurs italiens que je connais éprouvent de la répugnance à l'idée d'apprendre l'anglais. Ils soutiennent que cela nuira à leur diction, à leur legato, ou n'importe quoi. Je soupçonne qu'il ne s'agit le plus souvent que de paresse.

Luciano n'était pas ainsi. Lorsque nous nous rencontrions à ces parties, il se torturait réellement pour converser en anglais avec moi. J'avais rencontré des Allemands qui s'efforçaient sérieusement d'apprendre d'autres langues, mais jamais un Italien.

Il y avait un autre aspect de Luciano qui le distinguait : ses qualités intellectuelles. Cela transparaissait rapidement, même au cours d'une conversation légère tenue dans un anglais boiteux. Il s'intéressait à tout, mais plus particulièrement à ce qui se rapportait à son travail. Il luttait durement pour parfaire son art. La musique de Mozart exigeait de lui plus de concentration et d'effort que celles de Puccini et de Verdi auxquelles il était habitué. Pour son rôle dans *Idomeneo*, il devait travailler d'arrache-pied et on pouvait aisément constater qu'il y mettait tout son cœur.

George Christie a fait quelques commentaires sur cet aspect de la personnalité de Luciano. Il a reconnu en lui ce désir d'ouverture et cette capacité innée, qui manquaient aux autres artistes italiens, qui le rendaient apte à assimiler tout ce qu'on lui enseignait. Comme tout le monde à Glyndebourne en ces jours-là, les Christie s'étaient pris d'affection pour Luciano; George Christie disait de lui qu'il était «une force de la nature». Luciano se montrait galant avec toutes les jolies femmes qui s'affairaient autour de l'opéra et s'était mérité le surnom de « *Passion Flower*».

Sa voix était alors un peu plus légère mais très belle. Maintenant il aime projeter ses aiguës d'une manière qui produit une sonorité très mordante et très nette. Voilà qui a beaucoup d'effet, mais qui est un peu risqué parce que les possibilités de donner une fausse note en sont multipliées. Les mots «ouvert» et «fermé» sont source de confusion quand on traite de chant et de projection de la voix. Pour décrire la manière dont il attaque une note, Luciano utilise le mot «*stretto*», ce qui signifie à peu près «serré» ou «fermement étreint». Quelques critiques ont grommelé contre sa façon de chanter les aiguës; le public ne s'en est jamais plaint. Peu importe qui a raison; après tout, ces aiguës sont plutôt secondaires compte tenu de l'incroyable sens mélodique de Luciano. Son phrasé à lui seul le désigne comme l'un des plus grands interprètes de notre temps, sinon le plus grand.

Pendant qu'on retapait ma nouvelle demeure à Modène, je vérifiais les travaux accomplis chaque fois que je rentrais en Italie. Photo: William Wright.

Ma mère et ma sœur Gabriella, devant notre premier appartement à Modène. Photo : William Wright (En haut) Avec mes parents, devant l'immeuble à appartements de Modène où je suis né. Photo : William Wright. (En bas)

Notre villa sur l'Adriatique, à Pesaro, le seul endroit où chaque année je peux me détendre complètement. Photo : William Wright. (En haut) À mi-chemin dans la préparation de ce livre, je vérifie la pression sanguine de mon collaborateur, Bill Wright. Il se portait encore bien. Photo : Gildo di Nunzio. (En bas)

Luciano Pavarotti

Se faire un nom

Après ces premiers succès dans le monde étrange de l'opéra, vous troquez une batterie de tracas contre une autre. Le public qui semble avoir perdu l'esprit vous sert des ovations qui durent dix minutes; les critiques vous envoient un baiser de la main et disent: «Nous n'avons rien entendu de semblable depuis tel ou tel grand interprète»; des directeurs se jettent à vos pieds et vous disent à quel point vous avez été fantastique. Puis vous rentrez à la maison pour y attendre des télégrammes et des appels téléphoniques qui vous vaudront de nouveaux rôles. Et rien ne se produit.

Cela fait partie de ce processus mystérieux qui consiste à se faire un nom, à devenir célèbre. À l'opéra comme dans tout autre art d'interprétation, pour s'attirer des engagements et exiger des cachets somptueux, il faut bien sûr être bon, mais aussi célèbre.Ce sont deux choses différentes. La première survient toujours avant la deuxième. Parfois la deuxième, la célébrité, n'est jamais atteinte même par des talents sûrs. (Elle n'est que très rarement accordée à des gens sans talent.)

Parfois, même dans le cas de belles voix, la renommée vient si tard que, lorsque l'artiste commence à être reconnu(e), il ou elle n'est plus très bon(ne), ou pas aussi bon(ne) qu'il (elle) l'était. Je pense que cela s'applique en partie à la grande Maria Callas. Quand enfin elle fut bien connue à New York, c'est-à-dire lorsque les fervents d'opéra à New York eurent entendu parler d'une remarquable cantatrice du nom de Maria Callas — un phénomène dans leur propre domaine qu'ils n'auraient pas dû manquer d'entendre — sa voix s'était déjà altérée par rapport à ce qu'elle avait été pendant ces années où elle avait fait sa marque à La Scala.

Il est possible qu'il faille plus de temps pour devenir célèbre dans le monde de l'opéra que dans d'autres champs d'activité. Et je ne parle pas même de renommée pour les chanteurs hors du monde de l'opéra — ce qui est extrêmement rare et ne survient que dans le cas de quelques artistes par génération. Je veux simplement parler d'une célébrité qui s'impose dans le cercle relativement restreint des amateurs d'opéra. Même à ce niveau, le long et lent cheminement a de quoi décourager l'être le plus décidé.

Dans des champs d'action plus populaires comme le cinéma et la chanson, l'artiste joue dans un film, enregistre un disque ou fait une apparition à la télévision dans une émission populaire diffusée par tout le pays. Le public se voit offrir une opportunité d'évaluer la personne en question et de poser un jugement.

À l'opéra, vous pouvez triompher dans une maison d'importance comme Covent Garden et les gens de New York n'en entendront sans doute pas parler; même si c'est le cas, ils diront : « Mais c'était peut-être sa soirée de veine » ou « Peut-être qu'aux côtés de telle soprano il semblait avoir une bonne voix » ou encore : « Ils attendaient sans doute depuis longtemps un ténor convenable. » Il est si simple pour les gens d'écarter les critiques tant qu'ils n'ont pas eux-mêmes entendu le chanteur.

Cela vaut aussi pour les impresarios la plupart du temps trop occupés pour s'envoler vers un autre pays et y entendre chaque nouveau chanteur dont ils ont reçu des échos favorables. Les chefs d'orchestre et les directeurs musicaux prennent souvent d'importantes décisions qui concernent les distributions. Pourtant ces gens sont plus follement harassés par leur travail que les impresarios. À moins qu'un James Levine ou un Claudio Abbado ne dirige par hasard dans la région où vous remportez un succès et qu'il soit pressé par d'autres de se déplacer pour venir vous entendre, vous serez vraisemblablement ignoré pendant des années par ces gens tout-puissants dans le métier de l'opéra.

Il existe un réseau de personnes qui font connaître les nouveaux chanteurs. Rudolf Bing avait autrefois un représentant en Europe, Roberto Bauer, et il se fiait au jugement de cet homme sur les interprètes; j'ai entendu dire que, sur simple recommandation de sa part, des artistes furent envoyés au Met pour y passer une audition et que certains mêmes signèrent un contrat avec cette maison.

Et Kurt Adler, qui dirige les destinées du San Francisco Opera, accordait grandement foi aux opinions du regretté Otto Guth sur les artistes prometteurs. Je suppose que d'autres impresarios ont des conseillers de ce genre, mais la plupart d'entre eux n'accordent pas de rôle important à un chanteur s'ils ne le connaissent déjà personnellement. Faire connaître votre voix à ces gens qui détiennent tous les leviers essentiels dans le monde de l'opéra peut exiger des années.

Vous ne pouvez toutefois toujours vous en remettre au réseau des dépisteurs. À titre d'exemple, lorsque Joan Ingpen m'invita à chanter à Covent Garden, c'est que par hasard elle m'avait entendu à Dublin et que ma voix lui avait plu. Elle n'avait certainement jamais entendu parler de moi. J'avais pourtant déjà connu des débuts prometteurs en Italie, chanté dans plusieurs maisons italiennes d'opéra et remporté à Palerme un éclatant succès avec Tullio Serafin. Mais Joan, qui était chargée de recruter de nouveaux interprètes pour l'une des maisons d'opéra les plus réputées du monde, n'en avait rien su. Il aurait été exceptionnel qu'il en fût autrement. Comme dans la plupart des professions, il faut que vous soyez découvert non pas une fois mais encore et encore avant de pouvoir vraiment considérer qu'on vous a découvert *une fois pour toutes.*

Et il faut même encore plus de temps pour vous faire connaître par le public de l'opéra. Si vous remportez vos premiers succès en Europe, les Américains par exemple liront peut-être un compte rendu favorable dans *Opera News* ou dans une ou deux publications du même ordre qui traitent de l'opéra à travers le monde. Même si des citoyens d'autres pays lisent par hasard cet article, le plus que vous puissiez en attendre c'est qu'ils s'efforcent de se rappeler votre nom au cas où vous vous produiriez plus tard à la maison d'opéra qu'ils fréquentent.

Par la suite, si par un heureux hasard de circonstances presque incroyable la direction de cette maison d'opéra est persuadée qu'il faut vous donner votre chance et vous engage, vous devez chanter mieux que Caruso et Gigli ensemble pour faire impression. Bien chanter ne suffira pas. Il m'a fallu chanter pendant plusieurs années au Metropolitan avant que le grand public new-yorkais ne prenne conscience que j'existais. Il ne suffisait pas que je donne de beaux contre-do dans *La Bohème* ou *Lucia.* Il a fallu que je chante neuf contre-do successifs dans *La Fille du régiment* pour me gagner leur attention.

En 1962, l'année qui suivit mes débuts, Ziliani m'obtint un bon nombre d'engagements en Italie. Mon répertoire comptait alors trois opéras : *Bohème, Rigoletto* et *Traviata.* Mes rôles, je les avais chantés dans quelques villes comme Genève et Bologne, mais aussi dans un bon nombre de petites villes comme Forlí et Rovigo. Mes débuts sur scène hors d'Italie, je les fis à Amsterdam dans un nouveau rôle pour moi, celui d'Edgardo dans *Lucia di Lammermoor.* C'était au début de 1963.

Ce fut une grande année pour moi, où j'ai commencé à me faire une réputation hors d'Italie. J'ai chanté *Bohème* au Staatsoper de Vienne et *Rigoletto* à Dublin qui me valut d'être invité par Joan Ingpen à doubler di Stefano à Covent Garden. (Avant d'aller à Dublin, j'avais incarné Pinkerton à Belfast.) Tout ça en 1963. Bien sûr, entre ces engagements de grande portée j'en remplissais d'autres plus routiniers, à Palerme, à Reggio Calabria, à Naples —et même une *Traviata* à Barcelone.

Quant à la fièvre particulière qu'auraient pu me causer ces apparitions sur des scènes en pays étrangers, je me concentrais si fort à l'époque sur la musique et mon rôle que j'avais peu le temps de prendre conscience que je me trouvais à Amsterdam, à Belfast ou ailleurs. Je suis encore un peu comme ça aujourd'hui quand je me produis dans une nouvelle ville; je ne prends vraiment conscience de l'endroit où je me trouve qu'*après* le spectacle. De plus, je n'avais guère alors d'argent à dépenser en jouant au touriste pendant quelques jours. Dès que j'avais rempli mon contrat, je fonçais en direction de Modène pour y rejoindre Adua et notre bébé. Très bientôt, ce furent nos deux bébés.

À l'époque où ces rôles que je tenais sur plusieurs scènes européennes me valaient un certain succès, les Britanniques furent les premiers à me considérer comme un chanteur. À mon sens, j'ai vraiment été découvert en Angleterre. Tout a commencé quand Joan Ingpen de Covent Garden m'a engagé pour doubler Giuseppe di Stefano, une de mes idoles, qui devait y chanter *La Bohème*. Il ne se sentait pas très bien et avait souvent dû se décommander. Comme tous le craignaient, il annula son contrat après avoir chanté une représentation et demie et je le remplaçai pour toutes les autres. Le public de Londres fut merveilleux et me fit me sentir comme une nouvelle grande vedette.

Pendant ces premières semaines passées en Angleterre, je logeais à l'hôtel et je me sentais plutôt seul. Quatre années durant, j'avais étudié l'anglais à l'école et je

101

considérais que c'était là la matière que je maîtrisais le mieux. Quelques années plus tôt, quand j'étais allé au pays de Galles avec notre chorale de Modène, j'avais été horrifié de ne pas comprendre un mot. Quelqu'un m'avait expliqué par la suite que les habitants de cette région ne parlaient pas l'anglais mais le gallois. J'avais été soulagé d'apprendre que mes quatre années d'études de cette langue n'avaient pas été une perte de temps.

Lorsque j'arrivai à Londres pour chanter à Covent Garden, tout le monde semblait encore parler gallois. Les gens s'adressaient à moi en anglais et j'en étais toujours à déchiffrer le premier mot quand ils en étaient déjà au troisième. C'était affreux. J'apportais toujours ma grammaire et je travaillais fort mon anglais.

Je passais beaucoup de temps, seul dans ma chambre, à écouter la télévision. Je n'arrivais même pas à comprendre ce qu'on y disait, alors je parlais au poste en italien. Je finis par me fatiguer de ce petit jeu; je me tus et j'écoutai. Je pense que tout ce temps passé devant la télé a amélioré mon anglais. Petit à petit mon oreille s'est faite à cette langue.

J'avais quelques rares amis. Quand je travaille dans une ville étrangère, je peux habituellement communiquer avec quelques personnes — peut-être pas de vrais amis, mais des copains avec qui je dîne et je passe le temps. À cette époque, s'ils parlaient italien, je me précipitais sur eux comme s'il s'était agi de vieilles connaissances dont j'avais perdu la trace.

Sir Georg Solti, le directeur musical de Covent Garden, avait pour secrétaire une femme merveilleuse, Enid Blech. Elle est morte récemment; c'est une lourde perte. Enid avait trois grands enfants, mais elle trouvait le temps d'organiser la vie pourtant bien compliquée de Sir Georg. Elle parlait plusieurs langues et pilotait son propre avion. Cette femme remarquable et moi devînmes bons amis. Elle avait un petit cottage au sud de Londres, dans le Sussex, où elle m'invitait souvent pour le week-end.

Au cours d'un de ces week-ends, à l'époque où je chantais dans cette première *Bohème* que j'ai donnée à

102

Covent Garden, je sortis faire de l'équitation et je crus ne pas pouvoir m'asseoir pendant une semaine. Je projetais donc de rentrer à la maison d'Enid et de m'asseoir dans un bon bain froid pendant plusieurs heures avant d'avaler un bon dîner avec Enid et ses amis. J'avais vraiment besoin d'une soirée douillette pour me remettre de l'équitation.

Quand je rentrai à la maison, tous paraissaient terriblement nerveux. «Dépêche-toi, Luciano», disaient-ils, «tu n'as que quelques minutes pour changer de vêtements et te rendre à la gare. Di Stefano a annulé sa participation à l'émission *Sunday Night at the Palladium* et ils veulent que tu le remplaces.»

Je répondis que ça m'était impossible. Que j'avais le postérieur en compote et que j'étais vidé.

«Non, non», hurlaient-ils, «tu ne comprends pas. *Sunday Night at the Palladium* est le spectacle télévisé le plus populaire en Angleterre. C'est comme *The Ed Sullivan Show* aux États-Unis. Tout le pays regarde cette émission. Il faut te presser.»

Je me dépêchai. Pendant qu'ils me poussaient dans l'automobile qui m'amènerait à la gare, quelqu'un me remit un sandwich au bœuf en me disant que ça me donnerait des forces. J'aurais préféré m'asseoir dessus pour calmer la douleur. J'arrivai à temps au studio pour qu'on puisse répéter avant d'enregistrer.

Je n'ai jamais mieux chanté. Peut-être était-ce toute cette précipitation — j'étais si heureux qu'on ne me demande que de rester debout et de chanter — à moins que l'excitation causée par cette invitation à une émission aussi importante y ait été pour quelque chose... Quelle qu'en fût la raison, j'ai chanté de mon mieux et l'auditoire est devenu comme fou. Je pense que le public de ce studio de télévision avait l'esprit plus ouvert que certains publics d'opéra et sûrement plus que certaines gens du métier. Jamais ces gens n'avaient entendu parler de moi et ils n'étaient pas des fervents d'opéra, mais ils ont raffolé de ma voix. J'ai appris plus tard que telle avait été aussi la réaction de l'ensemble des téléspectateurs.

Cette seule apparition à la télé me fit connaître par

toute l'Angleterre. Aussi en un sens j'ai été découvert deux fois en Angleterre — d'abord à l'opéra, puis à la télévision. Les producteurs de cette émission étaient très satisfaits et ils m'invitèrent à y participer de nouveau, lors de mon prochain voyage à Londres — cette fois, non pas pour remplacer quelqu'un mais à titre d'invité de marque. Ce fut une très heureuse expérience.

D'autres événements heureux résultèrent de ce contrat à Covent Garden. Ma carrière était lancée. Les directeurs du célèbre Glyndebourne Opera Festival eurent vent de mon interprétation dans *La Bohème* qui, leur avait-on assuré, valait le déplacement. Après m'avoir entendu, ils me firent signer un contrat pour le rôle d'Idamante dans *Idomeneo* de Mozart.

Il s'agissait d'une musique très différente de celle que j'étais habitué de chanter. Ce changement de répertoire a compté pour beaucoup dans cette expérience merveilleuse que constitua pour moi ce passage à Glyndebourne. J'y ai appris à chanter dans l'esprit de Mozart : *piano* et *legato*. De plus, les gens de Glyndebourne défendent une conception épurée, presque rationnelle de l'opéra ; cela a agi comme un contrepoids sur certains de mes excès d'Italien. En revoyant le passé, je réalise que j'étais un peu fou lorsque j'ai commencé. J'étais si excité d'avoir de la voix que je m'en servais avec peu de réserve et trop d'exubérance. Les Britanniques sont sincères et ne font pas de cérémonies, à tout le moins en ce qui a trait aux questions d'ordre professionnel. Ils n'ont pas hésité à me signaler mes travers. De cela, je leur suis très reconnaissant.

C'est alors que je fis la connaissance de Joan Sutherland et de son mari, Richard Bonynge — peut-être la plus importante rencontre de toute ma carrière. Ils me demandèrent de passer devant eux une audition, puis me firent signer un contrat pour que je me joigne à eux dans une tournée prévue pour 1965, presque deux ans plus tard.

Depuis mes tout débuts à Reggio Emilia et mon association avec Ziliani, je m'efforçais de séduire les directeurs de

104

La Scala. Peu après mes débuts réussis à Reggio, Ziliani fit des pieds et des mains pour m'obtenir un contrat à La Scala; si on y avait remarqué ma voix, on ne s'y intéressait pas plus qu'il ne fallait, en tout cas pas assez pour me confier un rôle.

Il faut que j'apporte une précision qui pourra sembler amère de ma part et qui concerne l'opéra dans mon pays natal. Les Italiens ne permettent jamais aux artistes, tout particulièrement aux chanteurs, d'être meilleurs qu'à leurs débuts. Je veux dire par là qu'ils ne laissent jamais place à l'amélioration, au perfectionnement du talent. Quand vous faites vos premières armes, si vous n'êtes pas immédiatement reconnu comme le nouveau Caruso, on se désintéresse immédiatement de vous et on vous oublie.

Il existe un autre problème. (Peut-être cela s'explique-t-il par le fait que nous avons été longtemps un peuple dominé.) Les Italiens se méfient de tout ce que produit leur pays, particulièrement des ténors. D'autre part, tout ce qui vient de l'étranger, qu'il s'agisse de pâte dentifrice ou de chanteurs, se gagne rapidement le respect de tous. Il est triste que tant de chanteurs italiens doivent s'expatrier pour connaître le succès et qu'ils soient ignorés dans leur propre pays.

Grâce à Ziliani, La Scala est entrée en pourparlers avec moi, mais rien de précis n'en est sorti avant que j'aie remporté ce succès à Covent Garden. C'était comme si on avait dit: «Ziliani dit qu'il est bon, les critiques d'Emilia écrivent qu'il est bon, Tullio Serafin affirme qu'il est bon — mais ce sont tous des Italiens. Maintenant que *Covent Garden* dit qu'il est bon, c'est qu'il l'est *sûrement*.»

Je ne veux aucunement minimiser l'importance de mon succès à Covent Garden. C'était la première fois qu'une grande maison d'opéra d'envergure internationale retenait mes services. Mais qu'il ne se soit pas agi d'une grande maison de mon pays en dit long.

Des collègues américains m'affirment qu'il en était de même aux États-Unis. Les jeunes Américains devaient remporter un succès en Europe avant d'être reconnus dans leur pays. Ce qui est aussi ridicule, mais tout de même un peu plus compréhensible dans la mesure où l'Europe a été le berceau de l'opéra. Je trouve révoltant que ç'ait été le cas en Italie et que ce le soit encore.

Et pendant que je suis de cette humeur fielleuse, qu'il me soit permis d'ajouter un mot sur mon bien-aimé Modène. Cette ville n'a jamais rien fait pour m'encourager. En fait, j'ai même tenté une fois d'obtenir un rôle dans une production qui devait être montée à Modène. C'était un rôle qui m'aurait convenu à merveille, un rôle que j'avais déjà interprété dans de bien plus importantes maisons d'opéra, tant en Italie qu'en d'autres pays.

En Italie, la coutume veut qu'une maison d'opéra de province emploie d'abord les talents de la région et n'ait recours à des étrangers que si aucun artiste de la région qui pourrait adéquatement tenir le rôle n'est disponible. Quand j'offris mes services aux directeurs de l'Opéra de Modène, ils m'écrivirent une lettre pour m'annoncer qu'ils ne retenaient pas ma candidature parce qu'ils ne me jugeaient pas aussi bon qu'un autre ténor qu'ils désiraient engager.

Quand je me suis lancé dans la carrière, plusieurs jeunes ténors chantaient mieux que moi, et l'homme en question n'était pas du nombre. On n'a pas entendu parler de lui depuis lors. Aussi cette lettre de l'Opéra de Modène me mit-elle en colère. J'essaie autant que possible de ne pas faire de comparaisons, mais quand j'ai reçu cette lettre écœurante, je n'ai pas pu m'en empêcher. Si je m'étais tout le temps demandé qui valait mieux que moi et qui ne m'égalait pas, je pense que j'aurais très tôt abandonné.

Un interviewer a un jour demandé à mon père ce qui l'avait le plus réjoui dans mon succès. Fernando a répliqué sans hésitation : «Qu'il ait prouvé à tous mes amis de Modène qu'ils avaient tort. Ils avaient l'habitude de me répéter que Luciano avait une belle voix, mais pas assez bien pour faire carrière.»

Mes rapports avec Modène ne sont tout de même pas aussi mauvais que ceux qu'entretenait Caruso avec sa Naples natale. Parce qu'une fois on l'avait froidement accueilli, Caruso a ensuite refusé d'y chanter. Il tint parole et déclara que cette ville n'était bonne «qu'à manger du spaghetti». Je n'éprouve pas de tels ressentiments pour ma ville. Je m'y suis déjà produit à plusieurs reprises et j'y chanterais plus souvent si mon calendrier d'engagements m'en laissait l'opportunité. Aujourd'hui encore se manifeste un étrange conflit entre les villes et leurs enfants qui tentent d'acquérir la gloire et la renommée internationales. Et je suis sûr que les deux parties font preuve d'une certaine susceptibilité.

Lorsque j'ai fait mes premières armes dans cette carrière, il n'y avait pas moins de trente ténors qui, à travers le monde, étaient meilleurs que moi. Je pourrais sans doute les nommer tous maintenant s'il le fallait. Les plus grands se nommaient del Monaco, di Stefano, Corelli, Bergonzi, Raimondi, Gedda, Vickers, Tucker. Mais il s'en trouvait encore bien davantage qui, s'ils chantaient encore, connaîtraient une très belle carrière — meilleure que celle qu'ils menaient alors. S'il existe aujourd'hui quelques ténors formidables, ils ne sont pas aussi nombreux qu'autrefois à atteindre au niveau d'excellence.

Étrange situation parce qu'il s'en trouve un grand nombre actuellement qui chantent bellement et qu'on pourrait regrouper dans une classe tout juste inférieure. Quand ma carrière a démarré, les ténors de première classe étaient bien plus nombreux que ceux de deuxième catégorie. Plusieurs ténors de deuxième classe peuvent aujourd'hui participer à une production de première classe sans toutefois y détonner.

Quand j'ai finalement décroché un contrat à La Scala ce ne fut pas, je suis désolé de devoir le dire, parce que les directeurs de cette maison d'opéra s'étaient entichés de ma voix. Même si je ne m'étais jamais produit à La Scala, on m'y connaissait et on connaissait ma voix. À l'époque, La Scala était liée par un accord de réciprocité qu'elle avait signé avec l'Opéra de Vienne : en cas d'urgence, les deux maisons s'engageaient à fournir au cosignataire des chanteurs — des *speranzi* ou de jeunes espoirs. Même s'ils n'étaient pas pressés de me voir monter sur leur scène, les administrateurs de La Scala n'hésitaient pas à m'envoyer chanter à Vienne.

Giuseppe Zampieri, un ténor éminent à l'époque, était populaire à Vienne et auprès du directeur musical de l'opéra, Herbert von Karajan. Zampieri se faisait vieux et il était si riche qu'il n'avait plus besoin de saisir toutes les occasions de chanter qui se présentaient. On lui distribuait des rôles dans plusieurs productions, mais il n'était pas très en forme et il annulait souvent. De cette manière, j'eus la chance de me produire plusieurs fois et de mieux faire connaître ma voix à von Karajan. De la même façon, il me fut donné de chanter à Moscou où je remportai un succès du tonnerre. Mais qu'il était étrange de réussir à Moscou avant même de chanter à Milan.

Deux années de suite La Scala avait monté une production de *La Bohème* sous la baguette de von Karajan. Plusieurs ténors avaient interprété le personnage de Rodolfo au cours des diverses représentations de cette production. En 1965, vers la fin de la deuxième année, on se trouva à court de ténors. Von Karajan me demanda de chanter les deux dernières représentations. C'est donc à von Karajan et non pas aux directeurs de La Scala que je dois mes premières apparitions sur la scène de cette maison d'opéra.

Le public de La Scala, qui n'est pas des plus faciles, fut enthousiasmé par mon interprétation de Rodolfo et les directeurs de La Scala s'en montrèrent satisfaits. Nous entreprîmes des pourparlers pour déterminer quels autres rôles je pourrais tenir. Ils me demandèrent de chanter *Guillaume Tell* de Rossini et ils étaient prêts à me verser un cachet qui me paraissait exorbitant.

On imaginera aisément à quel point je tenais à m'assurer des débuts convenables à La Scala, mais je déclinai l'offre. Je leur répondis que si je m'essayais à ce rôle, je me ruinerais la voix et que je pourrais ainsi me vanter d'avoir connu la plus courte carrière de l'histoire de l'opéra. Ils répliquèrent qu'il leur suffirait bien que je chante *Guillaume Tell.*

Ziliani fit preuve de plus de compréhension et me

demanda ce que je voudrais chanter en lieu et place. Je lui répondis : *La Somnambula*. Il fut étonné et me demanda pourquoi. « Parce que », lui dis-je, « je veux vous prouver et me prouver à moi-même que je n'ai pas peur de relever des défis — dans la mesure où ils n'excèdent pas les possibilités de ma voix. Mais je ne vais pas courir le risque de me ruiner la voix en interprétant un rôle qui ne me convient pas — même pour entrer à La Scala. »

Finalement La Scala me confia le rôle du Duc dans *Rigoletto*. Je l'ai interprété maintes fois. Plus tard, La Scala m'offrit non pas *La Somnambula,* mais un opéra plus tardif de Bellini, *I Capuletti e i Montecchi*. Ainsi est-ce ce dernier opéra, où je jouais Tebaldo, qui fut ma première production complète à La Scala, c'est-à-dire où je tins un rôle principal dans l'une des productions de cette maison.

Je dois donc à une Irlandaise ma première apparition sur la scène d'une grande maison d'opéra de renommée internationale et à un Autrichien, mes débuts à La Scala. C'est uniquement parce que je suis Italien et que je connais nos travers que j'y suis si sensible et que je prends plaisir à les critiquer.

Cependant je considère von Karajan comme mon champion, même s'il ne m'a demandé que de remplacer un autre ténor. Si cela vaut mieux que de n'avoir *jamais* été invité à chanter sous sa direction, il faut tout de même avouer que ce n'est pas comme si j'avais été son premier choix. Mais cela aussi se produisit enfin.

L'année suivante, von Karajan préparait une production du *Requiem* de Verdi pour un concert à la mémoire d'Arturo Toscanini, qui serait donné à La Scala. Le spectacle aurait lieu en janvier 1967, dix ans après la mort de Toscanini. Von Karajan me demanda d'être son ténor. Il faut être européen, peut-être même un chanteur de ce continent, pour comprendre ce que signifiait pour moi d'être choisi par ce grand chef européen pour un événement musical aussi important. Cela me rendit vraiment heureux.

Que de chemin j'avais parcouru dans les six années qui me séparaient alors de mes premières armes! Mes débuts tant à Covent Garden qu'à La Scala avaient été un succès. En 1965, l'année qui suivit ma première présence sur la scène de Covent Garden, j'avais chanté *Somnambula* avec Joan Sutherland ainsi que *Traviata;* dans les deux cas, je remportai un succès personnel retentissant dans cette même maison d'opéra. Et maintenant le musicien le plus en vue d'Europe me choisissait, moi, entre tous les ténors du monde, pour participer à un concert qui allait honorer la mémoire de l'un des plus grands chefs d'orchestre de tous les temps.

Professionnellement parlant, je pouvais maintenant affirmer que j'avais réussi. Mais si je souhaitais être considéré comme un chanteur d'opéra de classe internationale, il me restait encore à faire ma marque dans une autre partie importante du monde: les États-Unis.

À Pesaro, à l'été 1979, avec mes trois filles : Christina à mes côtés,
Lorenza au-dessus de ma tête et Giuliania aux côtés de Lorenza.
Photo : William Wright.

Gildo di Nunzio du Metropolitan Opera est venu à Pesaro pour me
faire répéter *Guillaume Tell* de Rossini. Au lieu de cela, je l'ai amené à
peindre. Photo: William Wright.

J'ai un petit bateau à Pesaro pour aller à la pêche et emmener mes filles faire du ski nautique. Photo: William Wright. (En haut) Une pause quotidienne à Pesaro, après le déjeuner; dans un hamac —croyez-le ou non — tout à fait ordinaire. Photo: William Wright. (En bas)

J'exige toujours un piano dans toute chambre d'hôtel que j'occupe. Avant un concert à Miami, en 1979, je répète les œuvres au programme. Photo: William Wright. (En haut) Le fils du boulanger partage la vedette avec la fille du mineur, Loretta Lynn, et Hal Holbrook, à l'émission *ABC Omnibus Special*, en 1980. Photo: William Wright. (En bas)

Je respire un peu pendant qu'on interrompt une répétition au Temple
Beth Shalom de Miami Beach. Photo: William Wright.

Joan Sutherland et Richard Bonynge

Une interview à Les Avants

BONYNGE : La première fois que j'ai entendu Pavarotti, c'était à une audition que lui accordait Covent Garden, en 1963. J'ai été ébloui par cette voix extraordinaire. Une voix pleine, argentine, qui voguait à l'aise dans l'aigu. Et quelle technique vocale, même alors ! Aussitôt je demandai à Frank Tate, qui organisait une tournée que nous ferions en Australie deux ans plus tard, de lui faire signer un contrat pour cette tournée. Au début de 1965, plusieurs mois avant la tournée en Australie, nous préparions *Lucia* à Miami et notre ténor, Renato Cioni, reçut une offre pour chanter *Tosca* à Paris avec Callas — une opportunité évidemment alléchante pour lui. Il ne restait que quelques semaines avant que ne commencent les représentations; peu de temps donc pour trouver un substitut. À Miami, les fervents d'opéra attachent beaucoup d'importance aux réputations; ils voulaient retenir les services d'un grand nom pour remplacer Cioni. Ils ont appelé tout le monde. Je leur ai dit qu'ils devraient aller chercher ce jeune

Pavarotti. Au début, ils s'y sont refusé mais plus tard ils se sont trouvés si coincés qu'ils ont accepté ma suggestion. C'est ainsi qu'il est venu faire ses débuts aux États-Unis. Bien entendu, il a eu un succès formidable. Le public l'a adoré, il l'adore toujours. Ce fut le point de départ de son histoire d'amour avec les États-Unis — et cette histoire d'amour lui a rapporté énormément.

SUTHERLAND : Son jeu dramatique laissait alors grandement à désirer — mais vraiment. Mais quand on parle d'opéra, le jeu passe au second rang. Quand on a une voix comme Pavarotti, la manière dont on évolue sur scène a bien peu d'importance. Et Luciano était si séduisant. Il était si intensément sincère dans tout ce qu'il faisait. Comme il était sportif, le charme de sa jeunesse plaidait en sa faveur. Lui qui avait pratiqué tant de sports jouissait d'une sûre coordination des mouvements et savait bien bouger. À cela s'ajoute un dernier avantage, à mon sens, pour un ténor : il est incroyablement grand.

BONYNGE : Sa seule faiblesse, c'était son manque d'expérience. La voix était déjà de toute première qualité. C'est le genre de superbe voix innée qui ne se manifeste qu'une fois par siècle. Si on ne force pas une telle voix — et Luciano sait respecter la sienne — elle se développe tout naturellement et Pavarotti veille à ce qu'il en soit ainsi. Avec un résultat remarquable, d'ailleurs. Son père est un merveilleux chanteur. Je me rappelle l'avoir entendu en Italie : nous étions tous ensemble dans un restaurant ; Fernando s'est levé et s'est mis à chanter. Il est doué d'un timbre magnifique — et d'une grande tessiture, avec le contre-do et tout le reste. Luciano a manifestement ce métier dans le sang.

Cette tournée australienne, pour laquelle nous avions retenu les services de Pavarotti, était organisée par la respectable agence J.C. Williamson's. Pendant des années, cette agence a été dirigée par les quatre frères Tate. Trois d'entre eux étaient décédés. Le dernier, Frank, était un homme très âgé. Au début de sa carrière, Frank s'était occupé de la célèbre tournée que l'agence avait organisée pour Melba en 1911 ; cette tournée fut un événement marquant dans l'histoire culturelle de l'Australie. Frank Tate décida de terminer sa carrière en préparant pour Joan une tournée semblable. Bien sûr, ce genre de tournée, où une compagnie d'opéra au grand complet devait parcourir l'Australie avec des décors et des costumes pour présenter sept opéras, serait presque irréalisable de nos jours ; aussi nous fallut-il nous débrouiller avec moins que rien. Tate était un gérant très dur, mais il était merveilleux de transiger avec lui.

SUTHERLAND : Frank voulait que nous montions *La Bohème, Butterfly,* tous les opéras dont les Australiens auraient raffolé. Il était effrayé par les œuvres que nous proposions : *La Somnambula, Semiramide.* Finalement il nous laissa carte blanche.

Nous n'avons pu répéter que pendant trois semaines. La première semaine, nous avons donné trois opéras, puis nous en ajoutions un autre chaque semaine. Ce qui signifie qu'au cours des premières semaines, nous travaillions sans répit : ou nous donnions sur scène un opéra ou nous en répétions un autre. Je doute qu'aucun d'entre nous ait auparavant ou depuis travaillé si dur.

Au début de la tournée, on aurait dit que Frank Tate avait eu raison, quand il nous suggérait de monter des opéras plus populaires. Les premières représentations où Pavarotti et moi tenions les premiers rôles ne firent pas salle comble. Après les deux ou les trois premières représentations, cependant, il ne restait plus un seul billet pour qui que ce soit. Les Australiens n'avaient jamais entendu *Somnambula*, mais avec une voix comme celle de Pavarotti — et moi comme soprano — eh bien, le public a adoré ça et le bouche à oreille a produit son effet. Le même manège s'est répété pour *L'Elisir d'Amore* que Luciano chantait avec une autre soprano. D'abord, on ne joua pas à guichets fermés, mais les gens aimaient Pavarotti et en parlaient à leurs amis. Bientôt, il n'y eut plus de billet disponible pour cet opéra comme pour le précédent.

BONYNGE : En plus de *Somambula* et *L'Elisir*, nous avons aussi monté *Lucia* et *Traviata* avec Luciano, mais également *Sëmiramide, Faust* et *Eugene Oneguin*, sans lui.

Je pense que nous n'oublierons jamais la dernière représentation à Melbourne. On donnait *Somnambula* et Joan ainsi que Luciano étaient en grande forme. Je ne crois pas que l'Australie ait jamais rien vu de pareil. Frank Tate nous a confié que cette tournée avait marqué l'apogée de sa carrière de gérant. Il mourut seulement quelques semaines plus tard.

Sir Frank nous a dit que nous avions été la plus joyeuse troupe qu'il ait connue. D'autres personnes, impliquées d'une manière ou d'une autre dans cette tournée, nous ont dit la même chose. Compte tenu du calendrier éreintant auquel il fallut se plier, on rencontra étonnamment peu de difficultés. Tout d'abord, cette tournée d'opéra en Australie fut la seule à remplir tous les objectifs qu'elle s'était fixés. Nous donnions huit représentations par semaine — pas une ne fut annulée. Tout le monde se comporta remarquablement bien. Quelques-uns abandonnèrent, mais presque tous persévérèrent et s'amusèrent ferme. Même quelques idylles ont pris naissance pendant cette tournée. Et certains des couples en question vivent toujours unis.

SUTHERLAND : Et Luciano a adoré ça. Il y a pris beaucoup de plaisir. Il allait à la plage et s'adonnait à toutes sortes de jeux, marchait sur les mains et jetait des gens à l'eau. Il était si fort.

BONYNGE : À l'origine, nous devions nous rendre dans cinq villes, mais il nous fallut renoncer à Perth pour des questions de budget. C'était une ville trop éloignée des autres. La tournée se limita finalement à Sydney, Melbourne, Adelaide et Brisbane. En plus de l'importance qu'elle eut sur l'évolution de Pavarotti notre tournée eut une autre conséquence intéressante : elle donna naissance au noyau de ce qui allait devenir l'Opéra de Sydney. Tout le chœur et l'orchestre se composaient d'Australiens à qui d'ailleurs nous avions distribué environ un quart des rôles de premier plan. Un bon nombre d'entre eux se produisent maintenant dans cette maison d'opéra australienne. Certains des autres membres de notre tournée connaissent une carrière internationale prestigieuse : Elizabeth Harwood,

Alberto Remedios, Clifford Grant, John Alexander, Joseph Rouleau, Spiro Malas. En fait, cette maison d'opéra en Australie n'en était qu'au stade de la gestation à cette époque et ceux qui s'y consacraient cessèrent temporairement leurs activités pour joindre nos rangs pendant la tournée. Quelques-unes de ces personnes chantèrent dans notre chœur. L'une des membres du chœur chanta plus tard Brunehilde au Coliseum de Londres. Un jeune chanteur alla en Allemagne où il mène une carrière assez remarquable. Luciano s'entendait bien avec eux tous et il était agréable de travailler avec lui : avec le metteur en scène il se montrait soumis et, grâce à son esprit vif, il saisissait rapidement ce qu'on attendait de lui.

Nous pensions tous depuis le début qu'il chantait à merveille, mais comme tous les *vrais* chanteurs Luciano n'était jamais satisfait de lui-même et il travaillait à perfectionner son art. Il admirait grandement la technique de Joan. Chaque fois que mon regard se portait en leur direction, je pouvais le surprendre les mains sur l'estomac de ma femme, cherchant à comprendre par quel mécanisme elle projetait sa voix, comment elle respirait. Pour tout ce qui touche à son art, Luciano fait preuve d'un inébranlable sérieux et il s'efforce sans arrêt de s'améliorer. Toute sa carrière durant, il n'a cessé d'ailleurs de se comporter ainsi.

SUTHERLAND : Mais ce n'étaient que des leçons dans le feu de l'action. Je n'ai jamais donné de cours à quiconque dans ma vie. Ce qu'il a pu apprendre de moi, il l'a appris par l'observation et le contact direct — l'exemple physique est vraiment le meilleur enseignement. Ni Richard ni moi n'avons douté un instant, depuis le premier moment où nous l'avons entendu, qu'il allait à coup sûr connaître une carrière prestigieuse.

BONYNGE : Comme nous tous, Luciano commença à se détendre et même à apprécier l'horaire chargé que nous subissions tous. Il fut électrisé lorsque, après avoir chanté « *Una furtiva lagrima* » dans *L'Elisir*, l'auditoire le lui redemanda une deuxième, puis une *troisième* fois. Bientôt

121

il était bouleversé si on ne lui demandait pas de le chanter à trois reprises.

SUTHERLAND : Aujourd'hui, je ne pense pas qu'il s'inquiéterait s'il ne devait pas le reprendre tant de fois. Le côté de sa voix qui nous avait le plus frappé, c'était sa coloration distinctive. Quand on entend une jolie voix, mais sans savoir qui chante, on n'entend que des sons. Mais dans son cas, on reconnaît immédiatement que c'est Luciano qui chante.

BONYNGE : Cette coloration distinctive s'est même accentuée avec les ans. Et la voix est devenue plus puissante, il n'y a aucun doute à ce sujet. Elle n'a pas perdu de son éclat, mais elle a gagné en volume. Certaines gens s'inquiètent des effets de ce battage publicitaire qui le présente comme le plus grand ténor au monde ; mais cela lui plaît, je pense. Il semble en tirer du plaisir. Et pourquoi pas ? C'est probablement la vérité.

SUTHERLAND : En plus de cette tournée australienne, un autre événement a marqué notre association avec Luciano au cours des années : *La Fille du régiment* que nous avons présenté ensemble à Londres, en 1967, puis à New York, en 1972. Ce fut une expérience inoubliable pour nous deux. Il y aimait son rôle et il s'amusa beaucoup à le jouer. Et puis il y avait ces neuf éblouissants contre-do, dans un même aria, qu'il projetait sans le moindre signe d'effort.

BONYNGE : Lui et Joan là-dedans donnèrent un spectacle assez extraordinaire. Elle était la femme mûre mais volage jouant l'enfant chérie du régiment ; lui, il était le gros garçon italien incarnant un adolescent. Ils ont eu beaucoup de plaisir. Joan et Luciano travaillent à merveille ensemble : ils ont tous deux du volume, s'écoutent l'un l'autre et leurs voix se marient fort bien. De plus, ils ont la taille qu'il faut pour s'accommoder très bien l'un de l'autre.

SUTHERLAND : En plus de *La Fille*, il y a eu d'autres moments excitants avec Luciano. La première fois que nous avons chanté ensemble *Trovatore* à San Francisco, il a été sublime. Son « *Di quella pira* » fut inoubliable.

BONYNGE : Luciano a mené très intelligemment sa

122

carrière. Pendant longtemps il a interprété des rôles où il faut maîtriser un registre très aigu et il s'est ainsi établi une grande réputation. Maintenant qu'il devient plus mûr, il commence graduellement et avec prudence à s'attaquer à des rôles du répertoire dramatique qui sont à sa portée. Il n'entreprend rien sans y avoir mûrement réfléchi. Jusqu'à maintenant il n'a pas fait un faux pas. Il s'est bien tiré de *Gioconda, Turandot* et *Trovatore*. Dans tous les cas, il s'agit d'un rôle difficile. Alors que tant d'autres ténors se sont laissés tenter par *Otello*, Luciano ne s'y est pas frotté. Il pourra certainement chanter plus tard *Otello* — il le pourrait même dès maintenant s'il le voulait, mais je le crois assez sage pour attendre; sa carrière se prolongera ainsi plus longtemps. Sa voix n'a rien perdu de sa fraîcheur, de son bouquet, et il en sera ainsi longtemps. Chanter est pour lui un travail sérieux et il lui importe au plus haut point de bien chanter.

SUTHERLAND: Et il prend seul ses décisions. Il est seul maître de sa carrière. Herbert Breslin, son gérant, l'a bien conseillé et je pense que ses vieux professeurs italiens, Campogalliani et Pola, ont exercé sur lui une grande influence, en particulier en ce qui a trait à la façon de se servir de sa voix et de la préserver.

BONYNGE: Mais Luciano lui-même fait preuve d'une intelligence remarquable à ce sujet. Par exemple, il sait jusqu'où il peut amener les gens et ce qu'il peut tirer d'eux : il joue avec son public — d'une manière positive, cela s'entend. Je pense que sa carrière le comble vraiment. En fait, il songe presque exclusivement à sa carrière. Il adore chanter; il adore les réactions qu'il réussit à susciter dans le public. Il aime bien les avantages financiers qui en découlent; il aime tout ce qui s'y rapporte. Et pourquoi n'en serait-il pas ainsi?

SUTHERLAND: Il a trimé dur pour en arriver là; tout ce qu'il a reçu, il l'avait bien mérité. Il sait jouir de la vie et il s'impose des vacances — ce qui est plus que je ne peux dire de *certaines* personnes, Richard.

BONYNGE: Certains prétendent, je le sais, que nous avons aidé à lancer Luciano. Il n'avait pas besoin de notre aide, pas plus que de celle de quiconque. Nous n'avons rien fait de spécial pour lui, si ce n'est d'avoir suggéré qu'il soit engagé à Miami et en Australie. Il va de soi qu'après la tournée en Australie nous avons fréquemment demandé, par l'entremise de directeurs de théâtre, que Luciano donne la réplique à Joan, mais sa carrière a démarré si rapidement qu'il leur a rarement été possible de travailler ensemble.

J'ai parlé de lui aux gens de la London Records, mais comme la plupart des compagnies de ce genre, ils ne voulaient pas signer un contrat avec un artiste tant qu'il ou qu'elle n'était pas devenu(e) une supervedette. Plus tard, ils se sont assurés les services de Luciano et je suis convaincu qu'ils sont heureux de l'avoir fait.

SUTHERLAND : Je suis très flattée qu'il ait pu chanter avec moi aussi souvent.

BONYNGE : Il y a d'autres aspects que nous admirons dans la façon dont Luciano a mené sa carrière. Il profite de la vie, mais il ne gaspille pas son argent. Ce qui lui assure une grande sécurité. Il n'est pas obligé de courir le monde pour interpréter tous les rôles qu'on lui offre. Il peut se contenter de chanter ce dont il a envie, ce qui lui convient.

SUTHERLAND : Il est très intelligent de ne pas passer son temps à sauter d'un avion à un autre. Dernièrement, nous causions justement de ça, du grand nombre de carrières qui ont été abrégées par cette nouvelle façon de voyager. Les impresarios cherchent toujours à faire valoir qu'il s'agit tout bonnement de prendre l'avion pour tel pays ou tel autre afin d'y donner une ou deux représentations. Ils disent : « Ça n'est qu'une envolée de deux heures » ou « Simplement trois heures » ou encore « Le voyage de New York jusqu'en Europe ne dure que six heures ». Mais ces trajets vous vident littéralement.

Quand j'ai débuté, c'était fort différent. Je restais assez longtemps au même endroit et je m'allouais toujours un moment de repos pour n'avoir pas à chanter dès que je mettais les pieds dans une autre ville. En Australie, il y a quelques années, au cours de tournées dans les cercles musicaux, nous allions d'un endroit à un autre, mais les distances à parcourir étaient minimes — simplement d'une ville à une autre. Ce n'est pas comme chanter un soir au Metropolitan, puis s'embarquer à toute vitesse pour Los Angeles où il faut donner une représentation et revenir ensuite au Metropolitan. Ni comme de Londres voler jusqu'à Vienne pour un jour ou deux. Ce genre de vie est réellement épuisant, terrible à tous points de vue.

Quand j'ai embrassé cette carrière, je voyageais généralement par bateau. Si je venais aux États-Unis en partance de l'Europe, je m'embarquais à Southampton ou à Gênes. À l'époque je voyageais d'ordinaire avec mes costumes. Comme les maisons d'opéra souvent ne s'occupaient pas de me faire tailler un costume pour tel ou tel rôle, j'avais mes propres costumes. J'avais donc beaucoup de bagages; c'était une raison de plus pour prendre le bateau. Alors je profitais d'un repos forcé; depuis Gênes, il fallait compter plus d'une semaine en mer. J'essaie de respecter ce genre d'horaire en cette ère de l'avion à réaction, mais ce n'est pas facile. Je crois que Luciano y arrive.

Il reste un bon moment dans une ville avant de s'envoler pour une autre partie du globe. Et contrairement à ce que font la plupart des chanteurs, il accepte peu d'engagements de courte durée. Bien entendu, les jeunes débutants n'ont guère le choix. Il existe très peu de compagnies d'opéra où les jeunes interprètes peuvent s'installer à demeure et apprendre le métier. Les débutants n'ont d'autre choix que d'accepter tout ce qui se présente. En un sens, les nouveaux venus sont en partie responsables de cet état de fait. Ils veulent tous devenir des vedettes du jour au lendemain. Les gens qui — comme Caballé, Pavarotti et moi — sont aujourd'hui largement reconnus, ont tous travaillé d'arrache-pied pendant longtemps. Des années durant, Caballé a chanté en Allemagne et en Suisse, y a donné — j'en suis certaine — de splendides spectacles, et personne ne s'intéressait vraiment à elle.

J'ai passé sept ans à Covent Garden pour y apprendre mon métier. Pavarotti s'est produit dans des maisons d'opéra européennes de moindre importance et dans des villes comme Miami; il a aussi connu le travail éreintant, comme au cours de notre tournée en Australie. Cette tournée ne lui a pas apporté la célébrité. Mais ce fut pour lui une expérience formidable à cette étape de sa carrière, parce qu'il a pu ainsi approfondir sa connaissance de quatre grands rôles, ce qui lui fut plus tard d'une utilité certaine au Met et dans d'autres grandes maisons.

BONYNGE: Le problème, c'est que les jeunes interprètes n'ont pas la patience voulue et ne savent rien refuser.

SUTHERLAND: Il faut dire aussi, Richard, que les compagnies d'opéra ne fonctionnent plus de la même façon. Un peu partout, on retient les services d'artistes invités. Il n'existe plus de compagnie au sens exact du mot, sauf peut-être en Allemagne. Covent Garden n'est plus ce qu'il était — ni le Met; bien que le Met n'ait jamais vraiment été une compagnie en ce sens, mais plutôt une maison internationale qui engage des artistes invités.

Certains artistes américains sont très mal traités, certains qui auraient pu connaître une carrière d'envergure mais à qui on n'a jamais donné une chance. Il est beaucoup plus difficile, pour les jeunes qui commencent, de se perfectionner comme cela devrait leur être possible...

BONYNGE: Je ne pense pas que ce soit le moins du monde plus difficile, ma chère. Il existe de *bons* artistes, de *mauvais* artistes et d'autres qui sont *médiocres*. Les bons artistes, ceux qui connaissent leur métier et savent organiser leur carrière, ceux-là réussissent.

SUTHERLAND: Ce fut toujours le cas, et ce le sera toujours. Mais je crois que plusieurs veulent trop tôt devenir de grandes vedettes et qu'avant d'arriver à trente ans ils s'attaquent à des rôles bien au-delà de leurs capacités.

BONYNGE: La faute en revient aussi aux impresarios.

SUTHERLAND: Et c'est là que Luciano a fait preuve de grande intelligence parce qu'il a su dire non. Quand des impresarios venaient lui demander: «Ne pensez-vous pas que ce rôle ou cet autre serait pour vous un rôle en or?» Il répondait non. Ensuite il suggérait poliment un autre rôle. Généralement il arrivait à ses fins. Mais s'il n'obtenait rien qui à son sens lui aurait convenu, il laissait passer l'occasion sans le moindre regret.

J'espère que nous pourrons bientôt monter un opéra avec Luciano. Pour l'instant, nous n'avons aucun projet de théâtre avec lui. Bien entendu, il y a ce concert télévisé avec Marilyn Horne.

BONYNGE : On nous a bien demandé de faire avec lui *Lucia* pour la télévision, à Houston, mais nous avions malheureusement contracté un engagement en Hollande et nous ne pouvions nous décommander.

SUTHERLAND : Ce premier concert télévisé que nous avons donné au Lincoln Center à New York, en 1979, a été une soirée si excitante. Nous étions tous les trois terriblement nerveux ; en partie, je pense, parce qu'aucun de nous n'avait rien fait de pareil jusque-là. Nous avons eu quelques gestes nerveux, mais je crois que nous nous en sommes bien tiré. Plus tard, quelqu'un m'a montré une diapositive du spectacle son et lumière présenté peu avant le concert, au Lincoln Center. Il y avait deux gigantesques portraits de Luciano et de moi. Ils étaient *immenses* ; ils recouvraient toute la façade de l'opéra ! Je me suis exclamée : «Oh ! La grandeur nature suffit amplement !» — mais c'était assez spectaculaire.

BONYNGE : En plus d'apprécier sa voix, nous aimons beaucoup nous produire avec lui. C'est un être aimable et gentil avec qui il fait bon travailler. Il sait ce qu'il veut ; il ne fait pas tout ce que vous lui demandez, mais il ne manque pas de modestie. Il sait ce qu'il peut tenter — et il y arrive — et il est aussi très charmeur. Travailler avec lui est un plaisir.

SUTHERLAND : Il peut défendre avec acharnement son point de vue sur sa façon de faire, mais avec Luciano il y a toujours moyen de trouver une solution.

BONYNGE : Je ne lui ai jamais demandé de procéder autrement qu'à sa façon, sauf quand j'avais le sentiment d'avoir une raison très valable pour le lui suggérer. Habituellement ce sera parce que je crois que le changement suggéré lui conviendra mieux, ainsi qu'à sa voix. Il est toujours ouvert aux suggestions et il n'hésite pas à me

les attribuer, s'il les retient. Parfois il me demande :
«Ricky, pourquoi ne vas-tu pas un peu plus lentement
dans ce passage...» Il a souvent raison. Il est né avec un
sens musical remarquable.

Joan et Luciano travaillent peu souvent ensemble en
partie parce que, si ce n'est dans le cas des plus importants
théâtres comme le Met, peu de maisons d'opéra peuvent
ou veulent débourser les sommes nécessaires pour les
mettre tous deux à l'affiche simultanément. Même quand
cela est à la portée de leur bourse, reste la difficile tâche de
concilier leurs calendriers. Si cela ne tenait qu'à eux, ils se
produiraient beaucoup plus souvent ensemble.

Luciano Pavarotti

Le dur apprentissage
à Miami et en Australie

Partout où je me rends pour chanter un opéra, on a une façon différente de concevoir cet art. Les critiques qu'on m'adressa lors de mes premières apparitions sur scène étaient justifiées : je n'accordais que trop peu d'attention à mon jeu et je me concentrais uniquement sur le chant. Glyndebourne et Covent Garden m'avaient aidé à mieux mettre en valeur cet autre aspect d'une production d'opéra, mais j'étais loin d'être brillant comédien.

Bien des faits m'ont amené à améliorer mon jeu. D'abord parce que je me sentais de plus en plus sûr de ma voix. Plus ma technique vocale devenait un automatisme, plus j'avais d'attention à accorder à mon jeu dramatique. Encore aujourd'hui, il me faut me concentrer sérieusement sur la musique, mais simplement pour des questions d'interprétation, beaucoup moins sur la façon de projeter la voix; je peux ainsi consacrer plus de temps à la personnification.

J'ai été influencé par plusieurs directeurs artistiques

éminents avec qui j'ai travaillé et qui m'ont fait progresser. Chaque fois que l'un d'entre eux m'a dirigé dans le rôle de Rodolfo, par exemple, et m'a demandé de procéder d'une telle façon qui faisait vibrer en moi une corde de vérité, cette façon de faire devint partie intégrante de mon interprétation — à la condition, bien entendu, que les directeurs subséquents ne me persuadent pas de la reléguer aux oubliettes.

Quel étrange métier que celui de chanteur d'opéra! Il faut des années et des années du labeur le plus difficile et le plus acharné pour développer votre voix, à supposer que vous en ayez une, et pour atteindre à cet incroyable degré d'efficacité et de forme qui vous permettra de vous attaquer aux partitions de Puccini, de Verdi, de Mozart. Vous faites finalement vos débuts et les gens disent : « Pas mal. Voyons maitenant comment vous vous débrouillerez dans cet opéra, et maintenant dans cet autre... »

Vous parvenez à réussir comme chanteur professionnel sur la scène internationale. Toutes ces années d'efforts seront bientôt récompensées. Vous êtes accepté dans cette profession que vous avez choisie, vous projetez de chanter aussi longtemps que cela vous sera possible et peut-être aussi de perfectionner votre art tout en vous assurant des revenus confortables. Mais on vous lance : « Attendez. Bien chanter ne suffit pas. Il vous faut aussi être versé dans un autre art. Vous devez aussi être un bon comédien. »

Ce n'est pas comme si on exigeait de vous un talent supplémentaire qui entretienne quelque rapport avec la musique : une oreille sûre pour l'harmonie, par exemple, ou un sens remarquable du rythme. On vous demande de vous accomplir dans un art de scène totalement différent et à sa manière aussi exigeant et difficile à maîtriser que le chant. Beaucoup d'Italiens jugent déraisonnable cette exigence et ne font aucun effort en ce sens. D'autres pensent qu'il serait indigne d'eux de s'essayer à un autre art s'ils ne peuvent le maîtriser aussi bien que le chant. Ils préféreront ne pas être comédiens plutôt qu'être mauvais comédiens.

Sur ce point, je pensais un peu comme plusieurs

chanteurs italiens quand j'ai débuté. J'estimais qu'il suffisait que je chante bien et que je trace à grands traits mon personnage. L'idée de jouer avec trop de zèle, et que l'effet soit pire que si je m'étais contenté de peu, m'effrayait. Mais j'ai très tôt changé d'avis. Je n'aime pas faire les choses à moitié, surtout si je peux m'améliorer. De plus je ne peux étudier de près aucun sujet sans vouloir m'y consacrer totalement. Au cours des quinze dernières années, j'ai beaucoup travaillé mon jeu sur scène et je crois avoir progressé. J'accorde maintenant presque autant d'attention à mon jeu qu'à mon chant.

Toutefois, je garde toujours présente à l'esprit une certitude : il n'est pas nécessaire d'être Laurence Olivier pour être bon chanteur d'opéra. Il faut être convaincant et sûrement entrer dans la peau de son personnage, mais pour ce qui est d'émouvoir le public, à l'opéra ce rôle revient plus à la musique et à votre façon de l'interpréter. Laurence Olivier doit y arriver par son seul jeu. Enfin, je considère que les chanteurs qui vivent trop intensément le personnage qu'ils incarnent laissent souvent leur chant en souffrir.

La direction artistique de *Lucia*, le premier opéra que je donnai aux États-Unis, à Miami, aux côtés de Joan Sutherland, était assurée par un aimable Américain d'ascendance italienne, Anthony Stivanello. Nous avions peu de temps pour répéter, comme c'est si souvent le cas. Quand ils montent un opéra comme *Lucia* et qu'ils ne disposent pas d'un budget énorme, les directeurs ont raison de s'attendre à ce que les chanteurs connaissent bien leur rôle et qu'ils réussissent à donner des représentations décentes, presque sans avoir répété.

Je soupçonne que Stivanello ne jugea pas satisfaisante ma personnification d'Egardo. Il m'amena sur le toit de mon hôtel à Miami, le McAllister, et me fit travailler pendant des heures. Nous avons répété tout l'opéra, scène après scène, seuls tous les deux ; nous avons trimé pour améliorer mon jeu. Il me fut d'une aide inestimable et je pense que tout le mal qu'il s'est alors donné produisit ses

131

fruits dans tous les spectacles auxquels j'ai participé depuis.

J'étais loin d'être un comédien consommé. Certains des rôles que j'interprète — Rodolfo et Nemorino, par exemple — sont proches de moi et il m'est alors moins difficile d'entrer dans le personnage. Mais d'autres rôles sont bien loin de moi et il me faut alors travailler plus fort. Je ne m'en tire pas toujours avec brio, il me faut l'avouer. Un jour, un critique a noté à propos de mon jeu : « Monsieur Pavarotti ne s'est jamais éloigné de son personnage. Comment l'aurait-il pu ? Il ne l'a jamais habité. »

On m'avait invité à Miami à la requête du directeur de l'opéra de cette ville, un homme charmant, Arturo di Filippi, qui avait lui-même été ténor. Il ne m'avait jamais entendu chanter ; alors j'imagine qu'il s'est adressé à moi à la suggestion de Ricky Bonynge et Joan Sutherland, mais je lui serai toujours reconnaissant de m'avoir donné ma chance sur la simple recommandation d'autres personnes. Mon rôle dans *Lucia* à Miami, en 1965, me fut distribué à la dernière minute. Immédiatement après m'avoir entendu à Covent Garden en 1962, Ricky Bonynge avait retenu mes services pour un tournée de quatorze semaines en Australie que lui et sa femme projetaient pour l'été 1965 et au cours de laquelle je tiendrais quatre rôles. Notre *Lucia* à Miami se présenta tout juste *avant* notre tournée australienne ; l'offre me parvint longtemps après que j'eus signé le contrat pour chanter avec Joan Sutherland en Australie.

Cette idée de voyage en Australie m'excitait, mais pas autant que Miami ; on assisterait dans cette ville à mes débuts sur une scène américaine et cela me rendait nerveux et soucieux de bien faire. Je suis heureux de pouvoir déclarer que la première fut un grand succès. Les critiques se montrèrent très aimables avec moi et le docteur di Filippi, qui m'avait traité comme un fils pendant toute la période des répétitions, était si satisfait qu'il m'octroya une prime. Comme la plupart des maisons d'opéra ne disposent que d'un budget très limité, de tels gestes ne sont pas courants.

Naturellement le public de Miami raffola de Joan, mais il m'aima bien aussi. Il est tellement plus facile de s'enthousiasmer pour l'interprétation d'un artiste quand on vous a dit auparavant qu'il ou qu'elle n'a rien d'ordinaire. Les amateurs d'opéra à Miami n'avaient pas entendu parler de moi. Malgré tout, ils m'ont fait connaître sans réserve leur satisfaction. Pour cette raison, je garderai toujours dans mon cœur une place de choix pour Miami. (J'y ai déjà plusieurs petits recoins du genre, mais j'aime croire qu'il y reste de l'espace pour bien d'autres encore.)

Parmi les résultats intéressants de cette première présence à Miami, il me faut mentionner la rencontre d'une jeune femme enjouée, Judy Drucker, qui chantait dans le chœur de l'opéra. Judy et moi sommes devenus bons amis. Aujourd'hui, elle organise les Great Artists Series commanditées par le Temple Beth Shalom à Miami Beach. Ces concerts constituent probablement l'événement culturel le plus important de la saison à Miami; elle y présente des artistes tels Vladimir Horowitz, Isaac Stern et — je suis heureux de le dire — Luciano Pavarotti.

Depuis que Judy est devenue un personnage aussi influent et qu'elle retient maintenant mes services, je me suis donné comme règle de conduite de toujours me montrer particulièrement aimable avec les femmes qui chantent dans les chœurs.

Miami est une ville merveilleuse qui connaît une vie culturelle palpitante. Je suis toujours heureux d'y retourner, et pas uniquement parce que j'aime la température clémente et le tennis. J'ai beaucoup, beaucoup d'amis à Miami et c'est toujours avec un pincement au cœur que je songe à cette ville, la première des États-Unis qui m'ait accueilli si chaleureusement. Évidemment les villes américaines les plus en vue pour l'opéra sont San Francisco, Chicago et New York. À Miami j'ai comme l'impression d'avoir établi mes quartiers pour partir à l'assaut des États-Unis. J'ai dû subjuguer ces trois villes avant de pouvoir considérer avoir réussi dans ce pays.

Dans l'intervalle, j'avais un engagement épuisant à respecter, en Australie.

En juin 1965, tout juste quatre mois après notre *Lucia* à Miami, je rejoignais Joan Sutherland et Richard Bonynge en Australie pour commencer à répéter les quatre opéras que je donnerais au cours de cette tournée : *La Traviata, La Somnambula, Lucia di Lammermoor* et *L'Elisir d'Amore* — et chacun de ces opéras comporte un rôle difficile pour ténor. On présenterait aussi au cours de cette tournée (mais sans moi) : *Faust, Eugène Oneguine* et *Semiramide*. En tout, sept opéras. Moi qui avais ardemment désiré du travail, j'avais maintenant de quoi m'occuper.

Dans ce calendrier chargé de représentations, j'ai vu une très belle occasion pour moi. Malgré les succès que j'avais remportés dans des maisons d'opéra européennes, je m'inquiétais encore de ce que peut-être ma voix ne soit pas toujours à la hauteur. Certains soirs, je chantais bien, mais trop souvent je chantais moins bien. Tous les chanteurs éprouvent ce problème dans une certaine mesure et aucun ne peut l'éliminer totalement. La voix est soumise à trop de conditions qui lui sont extérieures en plus de dépendre de l'appareil vocal lui-même. L'humeur, l'état de santé, l'état d'esprit, les inquiétudes, tous ces éléments peuvent affecter les sons qui sortent de la bouche.

J'ai souligné plus tôt à quel point il importait de dominer sa nervosité quand on songe à faire carrière de chanteur. Eh bien, il est aussi important de ne pas laisser tous ces éléments extérieurs agir sur la voix ou à tout le moins de réduire leur action au minimum en sorte que la voix n'en soit pas vraiment altérée. Je ne croyais pas y être arrivé efficacement. Et il est très frustrant de mal chanter quand on sait qu'on peut le faire bien. J'avais de la voix et j'en étais conscient, mais je ne m'en sentais pas encore complètement maître.

Joan Sutherland est douée de l'une des voix les plus remarquables de notre temps, peut-être même de tous les temps. Soir après soir, j'étais renversé de l'écouter interpréter la musique la plus difficile écrite pour sa voix et de ne jamais noter la moindre variation dans sa superbe qualité de voix, malgré le calendrier dément de représentations auquel elle était comme nous soumise. Je me suis dit à moi-même : « Elle a sûrement un secret. »

Je voulais connaître son secret, pouvoir chanter aussi bien et aussi vigoureusement, sans montrer de signes de fatigue. Tant que je n'y serais pas parvenu, je ne me sentirais pas à l'aise dans cette carrière : je passerais la moitié de mon temps à m'inquiéter de ce que je pourrais perdre la voix, l'autre moitié à me tracasser parce que je l'*aurais* perdue.

Je me suis mis à étudier sa manière de chanter et à lui poser des questions. Elle a été merveilleuse et m'a prévenu de ne pas essayer sa technique tant que mon corps n'y serait pas préparé, tant que je n'aurais pas atteint à la forme physique nécessaire. Sa méthode reposait essentiellement sur le support qu'elle assurait à sa voix en se servant de son diaphragme. Joan est une femme imposante et elle est très forte. Quand elle chante, elle met grandement à contribution les muscles du torse. Elle semble tout naturellement forte et n'a pas l'air de faire d'efforts, mais elle est consciente que les autres n'ont pas cette chance et qu'il leur faut d'abord développer les muscles nécessaires pour supporter ainsi la voix.

Si ton corps n'est pas en forme pour chanter de cette manière, m'a-t-elle averti, tu feras des efforts et encore des efforts, mais sans résultat : les sons ne viendront toujours que de la gorge. Et tu te ruineras la voix. C'est pourquoi tu ne devrais pas t'y essayer tant que tu ne seras pas en parfaite forme physique.

Elle me montra un certain nombre d'exercices qui raffermiraient les muscles clés. Je me suis mis sérieusement au travail. Je ne la quittais jamais des yeux et je posais souvent les mains sur sa cage thoracique pour mieux comprendre ce qui se produisait quand elle chantait. (Je ne me permettais ce geste qu'hors de scène ; je doute qu'il aurait pu nourrir la conception qu'avait de *Lucia* notre directeur artistique !)

Tous ceux qui étudient le chant ont entendu parler de l'importance du diaphragme, en tant que support de la voix, et de son usage adéquat. Quand on est jeune, toutefois, et qu'on est doué d'une belle voix puissante, on y accorde bien peu d'attention. Pourquoi travaillerait-on si fort quand les sons qu'on produit plaisent à tous ? La réponse, c'est que sans le support du diaphragme, qui exige un labeur ardu, la voix se fatiguera rapidement et vous manquera peut-être le jour où vous en aurez besoin. Et avec le temps, peut-être ne vous reviendra-t-elle plus.

Pendant notre tournée australienne, il me fallait constamment faire appel à ma voix. Chaque fois que je me retournais, j'avais l'impression que j'allais entrer en scène pour une autre représentation de quatre heures qui mettrait à l'épreuve tout mon organisme. Joan s'en tirait haut-la-main ; j'étais déterminé à y arriver aussi.

Cette tournée en Australie fut pour moi un grand moment : je m'y suis efforcé de parfaire moi-même mon éducation. En plus de travailler ma technique vocale, j'ai continué d'améliorer mon jeu même si notre directeur, à un certain moment, n'a pas semblé d'accord avec moi sur ce point. Comme approchait la première de *L'Elisir*, il me prit à part et me dit : « Vous savez, Luciano, il ne suffit pas de bien chanter le rôle, il faut aussi le jouer. »

Je lui répondis : « Je vous en prie, ne vous inquiétez pas. Pendant les répétitions, j'ai surtout travaillé la musique mais mon jeu, la façon dont j'incarnerai Nemorino sur scène, tout ça a mûri en moi. Tout est écrit dans ma tête. À la représentation, vous verrez ce que je veux dire. »

Et mon exécution me valut un triomphe éblouissant. Les critiques applaudirent autant à mon jeu qu'à mon chant. Le directeur était très satisfait. C'était un homme confiant ; dans ce cas-là, à tout le moins, il n'a pas eu à le regretter.

Durant ces mois passés en Australie, j'ai aussi étudié assidûment l'anglais. L'essentiel de mes efforts fut toutefois consacré à améliorer ma technique vocale. Quand s'acheva la tournée, mon diaphragme avait gagné en force, je m'en servais presque sans devoir y penser et mes cordes vocales étaient en bien meilleure condition.

Quand je suis rentré à la maison, le médecin qui soignait mes cordes vocales fut ravi. Il s'inquiétait toujours parce qu'après un effort pour chanter elles semblaient décolorées, un peu mal en point. Maintenant, il les trouvait roses et en santé. Il conclut : « Vous chantez correctement, vous respirez correctement... c'est votre diaphragme qui fournit tout l'effort, pas votre gorge. Vous ne vous malmenez plus la gorge ; elle est enfin de nouveau en santé. »

Je pense que cette tournée australienne fut la dernière expérience d'importance dans ma formation de chanteur. J'ai beaucoup appris depuis et j'espère que je continuerai, comme Gigli, à étudier et à apprendre jusqu'à ce que je cesse définitivement de chanter. Mais grâce à cette technique de support de la voix par le diaphragme que m'avait enseignée Joan, je pouvais dorénavant donner le meilleur de moi-même, soir après soir, sans le moindre signe de fatigue.

Il arrive encore parfois que je me fatigue la voix et il me faut veiller à ne pas trop chanter (ou trop parler), mais depuis cette tournée j'arrive à chanter bien davantage avant de m'épuiser. Je suis reconnaissant à Joan pour tout ce qu'elle m'a donné, mais par-dessus tout pour cette technique qu'elle m'a apprise.

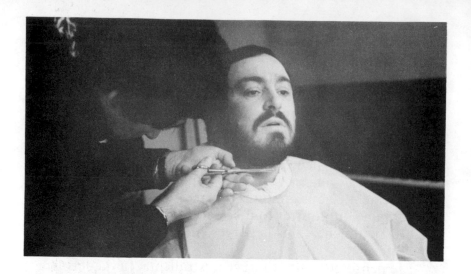

Le maquillage pour la télévision exige encore plus de soins que celui pour l'opéra. Après être passé une première fois à la télévision, j'ai maigri de quatre-vingts livres. Photo : Suzanne Faulkner Stevens. (En haut) Une audition pour le Philadelphia Opera Vocal Competition réserve parfois de très agréables surprises. Photo : Trudy Lee Cohen. (En bas)

Luciano Pavarotti

À l'assaut de New York

Quand, en 1967, je fis mes débuts à San Francisco dans *La Bohème*, il était très important pour moi que j'obtienne un grand succès. Cette ville a une longue tradition de drame lyrique et sa compagnie d'opéra, que dirige Kurt Herbert Adler, est l'une des trois compagnies américaines qui, avec le Chicago's Lyric et le New York's Metropolitan, satisfasse aux plus hauts critères de qualité et soit reconnue sur la scène internationale. Il est presque aussi difficile à un chanteur d'opéra de réussir aux États-Unis qu'à un cheval de remporter les trois plus grandes courses internationales. Un chanteur qui décroche un grand succès tant à San Francisco qu'à Chicago et New York pourrait être comparé à un cheval qui se classerait premier au Derby, au Preakness et au Belmont.

Tout d'abord, il faut avouer que les trois compagnies surveillent soigneusement ce que font les deux autres. Quand une rumeur traverse l'Atlantique et qu'elle affirme qu'un chanteur a fait une apparition remarquée dans l'une des grandes maisons d'Europe, pareille information garde un côté abstrait. Mais si les administrateurs du Metropolitan Opera apprennent qu'un artiste s'est gagné la faveur de San Francisco ou de Chicago, ils peuvent difficilement ignorer la nouvelle.

J'ai chanté cette *Bohème* à San Francisco avec Mirella. Travailler avec elle est toujours pour moi une expérience agréable. Comme aussi chanter *La Bohème*. Et depuis lors, me produire à San Francisco. Je suis tombé amoureux de cette ville où je me suis fait rapidement de nombreux amis et je ne m'y suis jamais senti autrement que chez moi, toutes les fois que j'y suis retourné. Heureusement, lors de ce premier séjour, la voix ne m'a pas fait défaut en sorte que les citoyens de San Francisco m'ont retourné cet amour que je ressentais déjà pour eux.

Il me fallait encore me rendre à Chicago et à New York. Au San Francisco Opera, on me demanda de revenir l'année suivante, en 1968, pour chanter *Lucia* avec Margarita Rinaldi et enfin le directeur du Metropolitan, Sir Rudolf Bing, m'invita à faire mes débuts new-yorkais dans *La Bohème*, une fois de plus avec Mirella, immédiatement après les représentations de *Lucia* à San Francisco.

Cet automne-là, pendant que je chantais à San Francisco, j'ai contracté le virus de Hong Kong dont je n'arrivais pas à me débarrasser. La maladie progressa à tel point qu'il me fallut annuler une représentation de *Lucia*. Je m'envolai malgré tout pour New York, de plus en plus nerveux à mesure qu'approchait la date de mes débuts au Metropolitan Opera et que le mal empirait plutôt que de s'atténuer.

Depuis lors mes relations avec le Metropolitan ne se sont pas toujours maintenues au beau fixe, encore qu'il soit impossible de surestimer l'importance d'un succès au Met dans la carrière de quiconque convoite le plus haut rang dans cette profession. Disons, pour simplifier, qu'un artiste peut difficilement mener une carrière internationale d'importance s'il n'a pas d'abord connu un succès retentissant au Met. Certains y sont parvenus. Beverly Sills, par exemple, était depuis longtemps une vedette reconnue avant qu'elle ne s'y produise. Dans la majorité des cas, il est toutefois extrêmement rare d'être considéré comme un interprète de premier plan par les manitous de la scène musicale américaine, sans porter le sceau d'approbation du Met.

Voilà qui suffit à paralyser de peur n'importe quel chanteur à ses débuts au Met. Dans mon cas, je savais que des comptes rendus de mes succès à San Francisco étaient parvenus jusqu'à New York et que le public mélomane de cette ville attendait impatiemment de pouvoir vérifier par lui-même si ces critiques favorables étaient justifiées. Quand on est précédé par une réputation de succès, on est en partie heureux, mais aussi en partie terrorisé parce qu'on préférerait disparaître furtivement dans la foule et chanter en se faisant le moins possible remarquer.

On se dit que si l'on chante bien, on deviendra rapidement une célébrité, mais que si l'on chante moins bien qu'à l'ordinaire personne ne s'en apercevra. Bien sûr, ça n'est pas tout à fait exact. Rudolf Bing et d'autres personnes du Metropolitan le remarqueront parce que c'est leur travail. Comme aussi les critiques. En tout cas, mon espoir de passer inaperçu dans les rues de New York, aussi irréaliste qu'il pouvait être, n'avait aucun sens étant donné mon triomphe à San Francisco. J'allais bientôt faire mes débuts au Met, en novembre 1968, dans *La Bohème*. New York, toujours aussi sceptique devant les succès obtenus ailleurs que chez elle, m'attendait de pied ferme.

Je savais pertinemment que la chance m'avait jusqu'alors largement choyé dans cette carrière : l'agent Ziliani avait assisté à mes débuts à Reggio Emilio où il venait entendre un autre chanteur; Joan Ingpen s'était rendue à Dublin en vue d'y trouver un ténor pour Covent Garden au moment même où, par hasard, j'y chantais; Joan Sutherland était à la recherche d'un ténor de grande taille pour une tournée. J'allais maintenant payer pour tout cela, pour tous ces hasards heureux, par cette maladie dont je ne pourrais me relever avant la date fatidique.

Je sais bien qu'il existe un tas d'autres professions où

une maladie banale peut être désastreuse : un homme d'affaires mal en point peu rater une importante réunion ; un vendeur, une occasion sans pareille ; un athlète, un match décisif. Mais il serait difficile d'imaginer une situation pire que celle du chanteur d'opéra qui, au moment où il doit faire ses débuts au Metropolitan Opera, souffre d'une mauvaise grippe.

En plus de toutes les inquiétudes qui deviennent accablantes à mesure qu'approche le jour et que malgré tout vous vous sentez toujours en aussi piteux état, vous gardez la certitude que, si vous étiez forcé d'annuler, tous assumeraient que vous l'avez fait par lâcheté. Rien de moins que votre cadavre qu'on porterait hors du Lincoln Center Plaza ne saurait convaincre le public du contraire.

Je toussais sans arrêt, j'avais mal à la gorge et 102° F de fièvre. Mon amie d'enfance à Modène, Mirella Freni, se comportait comme Mimi avec son Rodolfo. Mirella, cette adorable créature, était aussi bouleversée que moi par cette maladie qui si inopinément m'avait frappé. Elle craignait également de contracter ce virus. Un chanteur mal en point sur scène suffirait amplement ; deux interprètes malades auraient forcé la sympathie du public.

Malgré sa crainte, Mirella s'efforça de prendre soin de moi. Elle me prépara une minestrone et d'autres potages. Lorsqu'elle me les apportait, j'entrouvrais à peine et rapidement la porte et j'attrapais les plats sans même apercevoir son visage. Je pouvais entendre Mirella murmurer : « *Povero ragazzo, povero ragazzo.* »

Au lieu de me décommander et de rentrer en Italie, ce que j'aurais sans doute dû faire, je choisis de couper la poire en deux et de reporter d'une semaine mes débuts. La semaine s'écoula et je me sentais toujours mal en point. Le jour de la représentation, le 23 novembre 1968, je téléphonai à Bob Herman, alors l'un des plus influents lieutenants de Sir Rudolf Bing chargés de la direction artistique du Met. Je lui demandai de nous ménager un rendez-vous avec un accompagnateur dans une salle de répétition de l'opéra.

Quand nous nous retrouvâmes, j'interprétai devant lui

les plus importants passages pour ténor de *La Bohème*. Je voulais savoir s'il me croyait capable de les chanter ce jour-là. Il me dit que j'avais l'air en forme. Peut-être était-ce le cas à ce moment précis.

Tant bien que mal je me maquillai, m'habillai et me retrouvai sur la scène du Metropolitan Opera — l'objectif le plus important pour tout chanteur. C'était une matinée du samedi et, heureusement pour moi, peu avant le début de la saison radiodiffusée par tout le pays. Tous les foyers américains ne seraient pas témoins de mon indisposition. S'il chante mal en raison d'une maladie, tout chanteur sera pardonné par un auditoire qui l'a déjà entendu et qui reconnaît que sa voix n'est pas à son meilleur. Mais quand vous vous produisez pour la première fois dans une ville, on ne sait rien de vous. On a tous les droits alors d'assumer, si vous vous amenez sur la scène comme je venais de le faire, que la voix qu'on entend est votre voix normale.

Peu importe, j'y étais — et il y était. Le public de New York. Depuis lors nous vivons une véritable histoire d'amour, l'une des plus gratifiantes de mon existence, mais à l'époque nous étions l'un pour l'autre de purs étrangers.

Ce jour-là, le chef d'orchestre était un Italien dont je préfère oublier le nom et qui ne m'a guère aidé. Un chef peut beaucoup pour prêter secours à un chanteur : il peut entamer un crescendo là où l'interprète éprouve des difficultés, lui donner le temps de reprendre souffle, prévoir les problèmes qui pourraient surgir et anticiper d'autres ennuis d'ordre technique. Mais ce qui importe plus encore, c'est l'impression qu'un chef peut donner à un chanteur d'être de son côté, de penser à son bien-être, de l'assurer de son appui.

Plusieurs chefs d'orchestre agissent ainsi, mais il en existe un autre type : ceux qui ne travaillent que pour eux-mêmes et pour défendre leur seule conception de la musique. C'est à croire que Dieu lui-même leur a donné la baguette qu'ils tiennent et ils considèrent le chanteur comme l'un de ces instruments qui sont à leur service. Qu'il est démoralisant de jeter un œil depuis la scène dans la fosse d'orchestre et de constater que la personne sur laquelle on comptait pour s'en sortir se fiche éperdument que l'on survive ou que l'on meure. Cet état de dépendance du chanteur est indiscutable, particulièrement quand il se sent mal et qu'il n'est pas en voix.

Mirella fut merveilleuse. Elle s'est courageusement colletée aux germes de ma grippe Hong Kong pendant nos scènes d'amour et m'a murmuré des mots d'encouragement tout au long du spectacle. J'ai réussi à terminer la représentation. Le public témoigna chaleureusement sa satisfaction, mais son accueil n'avait rien de comparable à ceux que j'avais reçus ailleurs ou à ceux que me réserverait plus tard New York.

À mon étonnement, les comptes rendus furent plutôt favorables. Ils ne l'auraient pas été si je les avais moi-même rédigés. Dans le *Times* de New York, Peter G. Davis écrivit : « Monsieur Pavarotti a triomphé en raison surtout de la beauté toute naturelle de sa voix : un instrument brillant et souple, doté d'un bel aigu cristallin et éclatant, qui dans le registre médian se fait plus chaud, se teinte d'un lustre satiné et sans faille. Tout ténor qui arrive à projeter des contre-do avec autant d'aisance, à traiter avec tant de succès des effets diminuendo des plus difficiles et à attaquer avec tant de passion les mélodies pucciniennes est assuré de se gagner n'importe quel public de *La Bohème* et Monsieur Pavarotti aurait même fait manger ce public dans sa main. »

C'était très aimable de sa part, mais si les spectateurs étaient alors venus manger dans ma main, ils auraient tous contracté la grippe. Quelles que soient les circonstances de vos débuts — votre état de santé, votre état d'esprit, votre nervosité, même votre talent — vous espérez toujours que tout ira pour le mieux et que vous recevrez cet accueil explosif, historique et légendaire, ce genre de succès dont vous rêviez et qui pendant six ans vous a donné le courage de faire des vocalises. Mes débuts furent honnêtes, peut-être même un peu plus, mais je sais à quel point j'aurais pu faire mieux et je savais alors que j'étais loin d'avoir chanté de mon mieux.

144

Je pus au moins me consoler à l'idée que la critique new-yorkaise m'avait mieux traité que Caruso à *ses* débuts au Met.

J'essayai de donner la représentation subséquente, mais je n'ai pu me rendre jusqu'au bout. J'ai chanté deux actes, puis j'ai été incapable de continuer. Je crois que j'ai été remplacé par Barry Morrell. Je souhaitais désespérément rentrer à Modène et me coucher. Pour cette raison, j'ai dû annuler tous mes engagements à New York, y compris vingt à trente représentations supplémentaires que je m'étais engagé à donner au Met. Sir Rudolf Bing se montra très compréhensif, ce dont je lui suis reconnaissant.

Depuis sept années que je mène une carrière professionnelle de chanteur d'opéra, j'ai connu plusieurs retours heureux à ma maison de Modène. J'aime beaucoup ma famille et elle me manque énormément quand je suis au loin. Ce sentiment que j'éprouve pour ma famille est si fort que je ne peux même pas apporter d'elle une photo dans mes bagages. S'il fallait que je voie une photographie de Adua et de nos filles pendant que je me produis à l'étranger, je laisserais tout tomber et je prendrais le prochain avion pour l'Italie.

Quand j'ai rempli mes engagements et que je reviens à la maison, c'est pour moi un moment très heureux. J'arrive toujours les bras chargés de cadeaux pour ma femme, mes filles, mes parents et ma sœur — et jusqu'à maintenant j'ai toujours été assez chanceux pour rapporter aussi plein de découpures de presse favorables à mon art ou d'autres souvenirs d'un spectacle couronné de succès.

Cette fois-là, j'ai vécu un retour à la maison fort différent. Je paraissais si triste et abattu, quand j'arrivai à la maison, que Adua crut que les New-Yorkais m'avaient lancé des tomates. J'allai droit au lit et je fus malade pendant presque trois mois. Certaines personnes ont prétendu que cette fièvre était la conséquence de ma nervosité à l'idée de faire mes débuts au Met. Pour moi, une maladie est une maladie et il n'y a rien que je puisse y changer. Peut-être d'autres personnes souffrent-elles de fièvre et de maux de gorge quand elles sont nerveuses, mais je ne crois pas que ce soit mon cas. Je crois plutôt qu'un très vilain petit virus de San Francisco ne voulait pas que je subjugue New York.

Une fois déjà, avant mes débuts malchanceux à New York, je m'étais arrêté dans cette ville. Une année ou deux plus tôt, je m'étais trouvé en tournée pour une production de *Capuletti* montée par La Scala dans le cadre de l'Expo' 67, au Canada, et j'avais fait un saut à New York à la fin de notre tournée pour doubler Carlo Bergonzi qui y chantait le *Requiem* de Verdi, sous la direction de von Karajan.

Ma première impression de New York fut horrible. La température y était maussade — il y faisait froid et sombre. Les immeubles tout en hauteur m'ont déprimé. Tout me paraissait sale. Je ne voyais ni ciel ni verdure. Et je détestais mon hôtel: les gens étaient désagréables; personne ne souriait.

Aussitôt que von Karajan eut levé le bras et que je fus assuré que Carlo était sur place et en voix, je me précipitai vers l'aéroport pour fuir New York aussi vite que possible.

Je peux maintenant parler en toute franchise de cette première mauvaise impression, sans crainte d'offenser quiconque puisque New York est depuis devenu l'une de mes villes préférées. Je pense que j'y ai autant d'amis que n'importe où ailleurs, à l'exception sans doute de Modène. Cette ville exerce sur moi une fascination perpétuelle et je suis toujours pris d'une fièvre de joie de vivre quand j'y reviens.

Après cette première apparition désastreuse sur la scène du Metropolitan, je n'étais toutefois pas sûr que j'y remettrais les pieds. Sir Rudolf avait confiance en moi et fut assez aimable pour me réinviter en 1970; j'y ai alors chanté *La Traviata* de Verdi. Tout se passa très bien, mais ce ne fut qu'en 1972, lorsque je revins au Metropolitan avec Joan Sutherland dans *La Fille du régiment*, que je remportai ce succès dont j'avais tant rêvé en 1968.

Luciano Pavarotti

Du chant et de l'interprétation

On ne peut étudier le chant ni chanter depuis aussi longtemps que je le fais sans développer de profondes convictions sur la manière dont cet art devrait être pratiqué. Comme d'autres l'ont déjà signalé, il existe autant de théories que de professeurs de chant. Plus encore, chaque voix diffère quelque peu des autres —comme une signature ou une empreinte digitale — et confronte le professeur à des problèmes spécifiques. Mais certaines règles fondamentales s'appliquent à toutes les voix.

Le soutien de la voix et la respiration sont les premiers principes fondamentaux. Je connaissais depuis plusieurs années ces deux principes avant que je ne les maîtrise ou que je saisisse à quel point ils étaient essentiels à qui veut faire carrière et qui pour cela doit chanter régulièrement; je ne pris conscience de ce fait qu'au cours de cette tournée en Australie avec Joan Sutherland, en 1965.

À mon sens, Joan Sutherland est l'interprète rêvée

parce qu'elle jouit d'une forte constitution. Son corps imposant est proportionné et bien charpenté. Un autre chanteur a le physique requis : Franco Corelli ; il n'est pas maigre et il est de grande taille. Ces deux personnes sont douées d'une voix extraordinaire et d'un incroyable diaphragme pour la supporter. Un violon, pourtant petit et menu, peut produire un son puissant. Une voix qui a du volume va généralement de pair avec un corps imposant (j'éviterai le mot obèse).

Le support assuré par un torse puissant est à ce point important parce que la tension ne porte plus alors sur les cordes vocales, ces petites membranes très fragiles, mais sur le diaphragme où se concentrent tant de muscles qui, si vous les exercez correctement, gagneront en force. Si vous soutenez adéquatement la voix depuis le ventre, vous pourrez chanter beaucoup plus longtemps — au cours d'une soirée et tout au long de votre carrière — sans ressentir de fatigue.

Un bébé qui crie fournit la meilleure illustration de ce phénomène. Un bébé peut en effet crier toute la nuit sans s'arrêter ni diminuer d'intensité parce que son cri vient du diaphragme et non pas de la gorge. Il est vrai que le bébé a un avantage sur le chanteur : il s'en tient à une seule note. Pourtant, il nous rappelle une règle fondamentale du chant.

Le son doit venir de la zone de l'estomac — en fait, de la poitrine — et non pas de la gorge. Il faut travailler et répéter des exercices, jusqu'à développer un réflexe naturel, pour que le diaphragme supporte bien la voix. Il faut aussi veiller à éliminer tout obstacle qui pourrait entraver la progression de cette colonne d'air que l'on doit pousser depuis le fond du diaphragme jusqu'aux cordes vocales. Il existe bien entendu des différences énormes entre un système de cordes vocales et un autre. Voilà pourquoi certaines personnes ont de belles voix et d'autres, de moins belles. Mais sous les cordes vocales, nous sommes à peu de choses près constitués de la même façon. Chacun, s'il s'y consacre, peut développer son diaphragme et en tirer le support nécessaire pour exercer le métier de chanteur.

Mais même l'organe vocal le plus enchanteur ne pourra donner le meilleur de lui-même à moins de pouvoir compter sur une respiration et un diaphragme parfaitement maîtrisés et qui permettront, chaque fois que son propriétaire chantera, à la colonne d'air — qui est le carburant pour le son produit — de se diriger automatiquement vers le haut avec la puissance nécessaire et sans rencontrer d'entrave.

Ce qui importe ensuite le plus pour un chanteur, c'est la concentration. Il faut atteindre à une concentration totale, non seulement sur la façon de chanter mais aussi sur ce que l'on chante. Quand il m'arrive d'être touché et ému par un artiste, je l'étudie et immanquablement je constate qu'il est totalement absorbé par ce qu'il chante. L'interprète qui me trouble n'est pas celui qui pense à cette dernière note aiguë qu'il vient de si bien donner ni celui qui se demande si l'auditoire est attentif; c'est celui qui ne pense qu'à ce qu'il chante et à le vivre. Alors et seulement alors il parviendra à émouvoir les gens. Sans concentration parfaite, la plus belle voix du monde nous laissera toujours insatisfaits.

L'articulation est aussi de première importance pour tout chanteur. Après tout, nous chantons toujours des mots et s'ils sont incompréhensibles non seulement leur poésie en est-elle perdue mais le public, en raison de ce défaut de clarté, gardera une mauvaise impression du chanteur en question. Les chanteurs sont facilement portés à négliger cet aspect parce qu'ils doivent se concentrer très étroitement sur les difficultés que soulève la musique.

Voilà pourquoi on devrait travailler et travailler encore l'articulation — vraiment s'y échiner — jusqu'à ce qu'elle devienne un automatisme et qu'on n'ait plus du tout à y songer. Il faut y voir dès le début toutefois; il est très difficile en effet de corriger plus tard une mauvaise diction.

Selon moi, Giuseppe di Stefano donne un exemple d'articulation superbe. Bien des qualités de ce grand interprète me plaisent, mais par-dessus tout son extraordinaire diction. On entend chaque syllabe qu'il prononce. Les gens me demandent constamment quel chanteur fut mon modèle. En fait, aucun. Mais j'admire différentes qualités de plusieurs chanteurs. Pour la diction toutefois, mon maître a été di Stefano.

Le *passaggio* reste l'une des techniques les plus difficiles à maîtriser pour un chanteur. Presque tous les chanteurs ont en fait non pas une, mais trois voix : une grave, une médiane et une aiguë. Lorsqu'on chante et que l'on passe de l'une de ces voix à une autre, un changement de timbre est souvent perceptible. On peut percevoir le moment où la voix quitte l'un des ces plateaux — que l'on appelle les registres — pour entrer dans un autre.

Tout chanteur doit d'abord déceler ces zones de démarcation sur son étendue de voix et veiller à les contrôler avec un soin méticuleux de sorte qu'elles soient le moins perceptibles possible. L'idéal consiste à maîtriser ces *passaggios* à un tel point que l'auditeur ne puisse les noter et que la voix garde le même timbre depuis le grave jusqu'à l'aigu de la tessiture.

De ce point de vue les chanteurs diffèrent. Certains n'ont que deux registres et ils n'ont à surveiller qu'un *passaggio*. Je me suis laissé dire que l'un des aspects qui rend si remarquable la voix de Ethel Merman tient à ce qu'elle n'a pas de *passaggio* ; elle n'a qu'un registre. Elle n'est jamais obligée de changer de timbre et la coloration de sa voix reste la même tant dans l'extrême aigu que dans les notes intermédiaires ou plus graves.

Le *passaggio* est également très important quand il s'agit de donner les plus hautes notes. Si le point de démarcation entre le registre médian et l'aigu est bien maîtrisé, les aiguës seront plus sûres, plus faciles et plus nettes ; de cette manière la voix aura de meilleures chances d'attaquer les contre-si et les contre-do et de les projeter avec fermeté.

Je ne suis pas sûr de comprendre pourquoi il en est ainsi, mais l'important c'est que ça marche. C'est un peu comme briser le mur du son. Si on s'y prend de la bonne façon, ce qui surviendra de l'autre côté en sera affecté. Outre son importance pour les aiguës, le *passaggio* constitue aussi un point critique dans la mesure où la voix risque d'y craquer ou de produire un autre son tout aussi déplaisant. Pour cette raison également, il faut contrôler très étroitement ces notes de démarcation. Il faut même refermer un peu la gorge. Puis, quand on a franchi en toute sûreté le *passaggio*, on peut réouvrir et donner plus de volume pour obtenir des aiguës plus éclatantes, tout en éprouvant moins de crainte de flancher.

En travaillant très fort sur le *passaggio* d'élèves auxquels j'ai enseigné, j'ai mis à leur portée des notes aiguës qu'ils n'auraient jamais cru pouvoir donner.

Tout ça paraît-il trop technique? J'ai pensé qu'il serait intéressant, même pour ceux qui ne chantent pas, d'expliquer toutes les techniques qu'un interprète doit maîtriser avant de pouvoir affirmer qu'il ou qu'elle a vraiment perfectionné son art. Bien sûr, si nous devions penser à toutes ces questions et à bien d'autres pendant que nous nous produisons en public, ce que nous chantons ne ressemblerait jamais à de la musique. Nous devons y travailler assez longtemps et assez intensément pour créer des automatismes et ne plus avoir à y penser.

Des gens m'ont souvent demandé comment on pouvait étudier le chant pendant des années sans être vraiment prêt à monter sur scène. Ils ont maintenant leur réponse.

Un chanteur dispose d'autres moyens pour améliorer ses aiguës. Il ne m'est pas impossible de donner ces neuf contre-do dans *La Fille du régiment* si je ménage ma voix pendant le reste de la pièce. C'est une question de phrasé soigneux et de contrôle pour éviter de forcer la voix dans l'aigu. Si vous utilisez une technique adéquate dans tous les registres, l'aigu ne sera sans doute pas aisé, mais à votre portée. Si vous tentez de projeter un son plus puissant que ne l'est votre voix, vous aurez un problème. Plusieurs ténors éprouvent des difficultés justement parce qu'ils agissent ainsi.

Je mentirais si je laissais entendre que, si vous utilisez la technique adéquate, vous pourrez donner sans difficulté ces neuf contre-do dans *La Fille du régiment*.

La première fois que le les ai chantés à Covent

Garden, j'ai été tellement effrayé que j'ai eu l'impression de me servir moins de mes cordes vocales que d'autres muscles de mon corps. On m'a dit que, depuis l'époque de Donizetti, aucun ténor n'avait interprété cet aria dans sa tonalité originelle — c'est-à-dire sans le transposer dans le grave. Ce n'est pas avant la générale que j'ai décidé de m'y essayer dans la tonalité d'origine. Et quand je le fis, à cette dernière répétition, l'orchestre s'arrêta pour m'applaudir. Ce fut pour moi un instant inoubliable et, pour cette raison, j'ai décidé de toujours chanter cet aria tel que l'avait écrit Donizetti.

Cette importance qu'on accorde aux aiguës d'un ténor me semble attristante et ridicule. Vous pouvez mal chanter toute la soirée, mais si vous réussissez un contre-do, le public vous pardonnera tout le reste. Au contraire, vous pouvez chanter comme un dieu pendant trois heures, mais une seule aiguë ratée ruinera toute cette soirée d'efforts. Quelqu'un a dit : « Une soirée ne se remet jamais d'une aiguë manquée. » C'est exactement comme une corrida. Vous ne pouvez vous permettre une seule erreur.

J'ignore comment le public d'opéra en est venu là. Je présume qu'il y a quelque chose d'indéniablement excitant dans le seul fait d'entendre un homme mûr chanter à pleine voix ces contre-do difficiles et contre-nature. Cela produit une excitation sauvage, presque animale. Et il y a en plus cette fièvre causée par le danger que court le matador, par la possibilité toujours présente d'une mort soudaine.

Ces contre-notes données de la voix de poitrine ne sont apparues qu'assez tardivement à l'opéra. Au début, on chantait ces aiguës d'une voix de tête. En 1820, un ténor nommé Domenico Donzelli donna un la de sa voix de masque. Le public en redemanda. Peu après, un autre ténor, Louis-Gilbert Duprez, attaqua le contre-do dans *Guillaume Tell* de sa voix naturelle, ce qui fit dire à Rossini que cette note de Duprez lui rappelait le cri que pousse un chapon qu'on égorge.

Les fervents d'opéra donnèrent tort à Rossini et depuis lors les ténors se sont essayés au contre-do. Je ne sais s'il faut en remercier Duprez ou l'en maudire.

Accorder tant d'importance au contre-do est stupide. Caruso n'y est jamais arrivé. Ni Tito Schipa. En fait, Schipa n'avait même pas une grande voix mais ce fut un grand artiste. Il était doué d'un phrasé remarquable. Et quand on fait de la musique, c'est dix fois plus important que le reste.

Le phrasé, c'est la façon dont on interprète une pièce de musique en respectant le rythme imposé par le chef d'orchestre. En grande partie, je crois que c'est une question d'intuition : on l'a ou on ne l'a pas. Dans mon cas, je pense qu'entre dans ma façon de chanter une part égale de raison et d'intuition. Mais un chanteur peut beaucoup pour rendre plus vivante une phrase musicale. Par exemple, en certains passages, il peut produire un bel effet en attaquant un peu plus tôt la note, une seconde ou une fraction de seconde avant le moment exact, en fonction du rythme. En d'autres moments, l'opposé vaudra mieux et il touchera la note après avoir laissé l'orchestre le devancer un peu.

Tout chanteur doit se montrer très prudent quand il se permet de telles libertés, même aussi insignifiantes que celles-ci. Un *portamento* mal venu constitue le meilleur exemple d'une petite audace qui peut ruiner une pièce musicale. Le *portamento* consiste à laisser glisser la voix jusqu'à une note plutôt que de l'attaquer. Cela se produit quand un artiste passe d'une note intermédiaire à une aiguë, mais en touchant n'importe quelle note dans le voisinage immédiat de celle qu'il désire atteindre avant de laisser la voix se placer à la hauteur requise. Je trouve incroyable que des chanteurs se prêtent délibérément au *portamento* pour obtenir un effet. Le résultat est affreux. Si le compositeur demande de passer du do au la supérieur, alors c'est là qu'il faut aller, en attaquant les notes avec exactitude, sans s'arrêter entre les deux.

Une raison explique ce défaut si courant chez les chanteurs. On leur répète constamment de travailler à s'assurer un *legato* mélodieux. En tentant d'atteindre ce but, ils tombent dans le piège qui consiste à lier les notes et à glisser de l'une à l'autre. Quel bel exemple de plus de tous ces détails qui rendent difficile le beau chant, le chant qui semble sans effort. Oui, il faut arriver à un *legato* coulant, non, on ne doit pas se permettre de traîner la voix d'une note à une autre.

Mon premier professeur de chant, maître Arrigo Pola, m'a enfoncé dans le crâne cette haine du *portamento* dès la leçon initiale. Il ne pouvait supporter qu'un chanteur se permette un détour avant de donner une note. Cette règle, il me l'a enfoncée dans le crâne jusqu'à ce que je me trouve devant le choix ou de prendre l'habitude d'attaquer franchement chaque note ou de devenir fou à force de semonces. Maintenant, je pense avoir bien appris la leçon et je suis tout autant que lui résolu à inculquer ce principe à mes élèves.

Le phrasé ne s'enseigne presque pas. On peut faire répéter une phrase à un élève jusqu'à ce qu'il donne ce qu'on croit bon et approprié, mais s'il ne la ressent pas vraiment en lui, il ne pourra probablement pas la répéter à la leçon suivante. De plus, il faudrait des années de travail pour répéter ainsi ligne après ligne un opéra entier. Le phrasé doit venir naturellement et naître de ce qu'éprouve le chanteur en interprétant une pièce. Le phrasé doit naître de ce que la musique inspire au chanteur et de ce qu'elle lui suggère. À cette fin, la concentration dont je parlais tantôt est essentielle, mais la seule concentration ne donnera aucun résultat si la tête et le cœur ne la nourrissent pas.

Pour s'assurer le succès et la longévité, un ténor doit savoir choisir ses rôles. J'ai expliqué plus tôt que j'avais refusé l'offre de chanter *Guillaume Tell* de Rossini même si j'étais surexcité à l'idée qu'on me donnait ainsi la chance de faire mes débuts à La Scala. Ce rôle m'aurait ruiné la voix. Il y a peu de temps, j'ai terminé un enregistrement de *Guillaume Tell* sur disque London, mais l'enregistrement s'est étiré sur deux années et de plus ma voix était plus résistante après ces dix-huit ans de chant. Je n'accepterais toujours pas aujourd'hui de chanter sur scène *Guillaume Tell*.

Une autre fois, j'ai annulé un engagement pour donner *Così Fan Tutte* à Covent Garden, sous la direction de Sir Georg Solti, parce que je considérais que ma voix n'était plus assez légère pour interpréter cette musique. (De plus, je n'arrivais pas à m'imaginer avec une perruque blanche.)

Je ne me rappelle pas combien de fois j'ai refusé de chanter *Aïda*. Les imprésarios essaient toujours de vous influencer dans un sens ou dans l'autre. Pas seulement eux. Un de mes amis est venu à l'arrière-scène après que j'eus chanté *Tosca* pour me demander : « Quand donc vas-tu jouer *Aïda* ou Wagner ? » Cet ami est un fanatique de Wagner, mais Dieu me garde de me frotter à Wagner !

Wagner appelle un type de voix tout particulier et une façon différente de chanter. Quelques personnes ont réussi à chanter Wagner et d'autres compositeurs, mais bien peu. Joan Sutherland a d'abord étudié pour devenir une soprano wagnérienne. Toutefois, dès qu'elle a jugé que sa voix défendait mieux une musique plus lyrique — heureusement d'ailleurs pour moi qu'elle en ait décidé ainsi — elle ne s'y est plus essayée. Jean de Reszke, le meilleur ténor au monde au cours des décennies qui précédèrent la venue de Caruso, décida très tard dans sa carrière de s'attaquer au rôle de Siegfried. Ce ne fut pas un succès; mais plus important encore, il dut mettre fin à sa carrière deux ans plus tard. Plusieurs sont convaincus que l'effort exigé pour chanter Wagner a précipité la fin de sa carrière et qu'il a dû se retirer plusieurs années plus tôt que ç'aurait été le cas s'il s'en était tenu à son répertoire habituel.

Un ténor peut endommager son registre aigu s'il force sa voix dans une musique trop dramatique pour lui. Je suis doué d'une voix lyrique, pas très dramatique, dotée d'un aigu naturel. Pareille voix s'accommode d'un vaste répertoire d'opéra, et d'abord des ouvrages de *bel canto* écrits par Bellini et Donizetti. Les interviewers me demandent souvent quelle musique j'aime et je leur réponds : « Ma voix aime Donizetti. »

Je suis aussi parvenu à chanter quelques rôles de Puccini et de Verdi sans trop me fatiguer la voix. Mais certains rôles de ténor, même parmi le répertoire de musique italienne, seront toujours hors de ma portée :

Otello de Verdi, par exemple, et *Andrea Chénier* de Giordano. J'aime bien l'image qu'utilise mon ami Umberto Boeri pour parler de la voix. Il dit que la voix est comme une feuille de caoutchouc : si vous l'étirez dans un sens, sa dimension dans l'autre sens s'en trouve réduite. Si je m'aventurais à chanter des rôles puissants et dramatiques, je risquerais d'y perdre la beauté de mon registre aigu.

Avec l'âge, la voix du ténor devient plus ténébreuse tout naturellement et tend à se rapprocher de la coloration d'une voix de baryton. Ce qui ne signifie pas nécessairement que le ténor perd peu à peu son aigu, mais que sa voix prendra une coloration naturelle plus sombre — et j'insiste sur le mot *naturelle,* puisque ce phénomène n'a rien à voir avec celui qui consiste à épuiser la voix pour obtenir le même type de résultat. Ce changement se produit généralement vers l'âge de quarante ans. Aussi ai-je attendu d'avoir quarante ans avant de m'attaquer au rôle de Manrico, le rôle *bravura* de ténor dans *Il Trovatore* de Verdi. J'avais quarante-quatre ans quand j'ai chanté *Enzo* dans *La Gioconda.*

Verdi a composé un large éventail de rôles pour ténor et il semble l'avoir fait selon une progression logique, depuis les plus légers jusqu'aux plus sombres. Le dernier acte de *Luisa Miller*, par exemple, est aussi dramatique que son *Otello.* Quand j'ai chanté *Luisa Miller* une première fois, en 1974, cela m'a fait penser que le moment approchait peut-être où je pourrais interpréter Radamès dans *Aïda.* J'ai accepté de jouer dans *Aïda* à San Francisco, en 1981. Le public me laissera savoir si ma voix peut maintenant défendre un tel rôle.

Il n'y a pas que la coloration de ma voix qui se soit modifiée au cours des ans. Ma femme tient à me répéter qu'elle n'a rien perdu de son beau timbre et je me plais à penser comme elle. (Comment puis-je parler de ma voix aussi franchement ? Après tout, c'est un don de Dieu et il n'y a pas là de quoi me montrer vaniteux, mais reconnaissant.) Avec les années la qualité du timbre n'a que peu changé, Dieu merci. Toutefois ma voix a gagné en volume et en assurance, surtout grâce au support du diaphragme. Au début, ma voix était un peu plus «emballée» — elle venait trop de la gorge et je ne la contrôlais pas complètement. Je pense l'avoir maintenant «apprivoisée».

Je n'ai pas forcé ma voix à cette époque en m'attaquant à des rôles au-delà de mes possibilités. Grâce à cette précaution, ma voix est restée celle d'un ténor lyrique, peut-être un peu sombre, mais fondamentalement lyrique. Je peux chanter *Turandot*, mais aussi *L'Elisir d'Amore* et *La Somnambula*. Le personnage de Manrico dans *Il Trovatore* en est un très dramatique, très sombre. Quand je l'ai interprété au Met, j'ai prouvé que je pouvais le tenir, mais il reste aux limites de ma tessiture.

Il m'arrive parfois de regretter que ma voix ne soit pas assez «chaude» ni assez riche, bien que je n'aie pas vraiment envie d'une voix brune et dramatique. Je préfère vraiment une voix claire, au timbre métallique puissant, mais qui ne ressemble en rien à celle d'un castrat.

Depuis que ma voix s'assombrit tout naturellement, je m'oriente davantage vers des opéras comme *Un ballo in Maschera, Luisa Miller* et *Tosca*. Et un jour j'aimerais bien incarner Don José dans *Carmen*. Un de mes rêves les plus chers serait de chanter *Werther,* mais je ne jouerai pas ce rôle romantique sur scène tant que je n'aurai pas maigri.

Certains rôles que j'interprète causent une grande fatigue à mes cordes vocales. Chanter *I Puritani*, c'est comme marcher sur la corde raide. Presque tout l'opéra doit êre chanté à voix forte par le ténor, dans le registre aigu. Il y a deux ré et un fa. *Il Trovatore, La Favorita* et d'autres opéras provoquent aussi une tension même chez un chanteur qui se sert correctement du support du diaphragme. Après que vous avez interprété l'un de ces rôles, vos cordes vocales ont besoin d'un bon repos pour se remettre. Elles ne retrouveront la force et la santé que lorsque les muscles environnants qui les soutiennent et les vaisseaux sanguins qui les irriguent se seront remis; ce qui exige deux jours, parfois davantage, selon votre âge.

Les concerts causent encore plus de dommages à la voix. Après avoir chanté vingt pièces de styles fort différents, ma voix éprouve le besoin d'un repos de plusieurs jours.

La Somnambula a toujours représenté à mes yeux un opéra important. Je l'ai travaillé dès le début de ma carrière pour maîtriser ce qui à mon sens constitue l'un des rôles les plus difficiles de *bel canto* et prouver à mon agent que je n'avais pas peur de relever des défis et que je n'étais pas paresseux. Dans le choix des rôles, je me suis toujours montré prudent, mais jamais par crainte du travail ardu. Je n'ai jamais choisi la voie facile.

Dans *La Somnambula*, le ténor ne peut bluffer. En un sens, cette œuvre est plus difficile que *Puritani*. Si un ténor est doué d'un aigu dont il peut aisément tirer parti, il n'a pas besoin d'être un grand interprète pour réussir un *Puritani* remarquable. Mais dans *Somnambula*, il doit faire preuve d'un phrasé sûr, très sûr, tant dans le registre naturel que le registre aigu. Je savais que si je parvenais à chanter *Somnambula* tel que cet opéra a été conçu, je connaîtrais tous les secrets du *bel canto*.

Du point de vue dramatique, il existe deux personnages auxquels je m'identifie assez : Rodolfo dans *La Bohème* et Nemorino dans *L'Elisir d'Amore*. Rodolfo est intensément romantique ; je crois l'être aussi. Je donne une interprétation romantique de presque tous les rôles que j'aborde. J'éprouve peut-être une prédilection pour Rodolfo parce que c'est dans ce rôle que j'ai fait mes premières armes en Italie et tant de débuts subséquents dans d'autres pays.

J'adore *L'Elisir* de Donizetti. Je crois que c'est un chef-d'œuvre. Le libretto est inspiré et la musique lui rend parfaitement justice. Nemorino est mi-comique mi-tragique, comme la vie elle-même. C'est aussi un simple garçon de la campagne ; mais il n'est pas stupide. Il surmonte tous les obstacles et à la fin obtient ce qu'il désirait. J'aime m'imaginer ainsi. Quant à cet ami qui m'accusait de chanter des opérettes, il avait peut-être raison en ce qui concerne *Tosca* — le personnage de Cavaradossi n'exige pas trop du ténor — mais il a certes tort s'il pensait à

L'Elisir. Nemorino est toujours en scène et doit chanter de nombreux passages difficiles.

J'affectionne tout particulièrement un certain nombre de rôles — ceux de Rodolfo et de Nemorino pour lesquels je me juge bien armé tant par la voix que par tempérament — mais si on me disait que je ne pourrais plus interpréter qu'un rôle jusqu'à la fin de ma carrière, j'opterais pour celui de Riccardo dans *Un Ballo in Maschera.* J'adore cette partition. Sans l'ombre d'un doute cet opéra fait valoir le ténor et la musique fantastique que lui confie Verdi lui donne l'opportunité de faire ses preuves dans divers types de chant.

La première fois que j'assistai à une représentation de *Ballo,* j'ai connu une vive déception. Non pas à cause de l'opéra lui-même — certes pas — ni d'ailleurs de la production en question. J'étais allé à La Scala pour y entendre chanter dans cette œuvre mon idole, Giuseppe di Stefano, mais il avait dû se décommander. Le ténor qui le remplaça — et dont j'ai oublié le nom — chantait fort bien; pourtant cette soirée en reste une de déception dans ma mémoire.

J'ai vraiment compris cet opéra pour la première fois à Dublin, en 1963, alors que je me produisais dans un autre opéra. La même compagnie préparait une production de *Ballo.* J'ai assisté à toutes les répétitions et, il me semble aussi, à toutes les représentations. J'ai étudié méticuleusement toute la partition et j'ai commencé à apprécier cette œuvre. Je savais alors qu'il s'écoulerait plusieurs années avant que je puisse interpréter le rôle de Riccardo; ce rôle me paraissait alors trop dramatique pour ma voix. Malgré cela, j'ai étudié attentivement le rôle, tant le personnage de Riccardo que la musique qui lui revient. Je savais que j'allais un jour le jouer, mais je m'imaginais que cela surviendrait vers la fin de ma carrière.

Vers 1969, ma voix s'était toutefois suffisamment transformée pour que je puisse me risquer à interpréter ce rôle. (J'espère que ça ne veut pas dire que ma carrière tire presque à sa fin.) Je ne dirais pas que ce rôle était facile pour moi, parce qu'il n'y a vraiment rien de facile dans le monde de l'opéra. Mais la partie de Riccardo me sied fort bien et j'espère l'avoir chantée de manière à satisfaire les gens qui aiment autant que moi cet opéra. La critique se montra très enthousiaste — même un journaliste qui trouve toujours à redire sur tout ce que je fais — et cela me rendit très heureux.

Pour bien évaluer ce qu'exige du ténor le rôle de Riccardo, pensez à la deuxième scène du premier acte, qui se déroule dans le repaire d'Ulrica, la diseuse de bonne aventure. Dans cette scène, Riccardo a trois longs monologues et un trio difficile — chacun de ces passages est écrit dans un style musical différent. Chacun appelle une sonorité, un phrasé et une atmosphère dramatique différents. Tout ça dans une seule scène.

Le duo d'amour au deuxième acte est indescriptible. Le seul duo qui à mon sens l'égale en intensité est celui de *Tristan und Isolde*. Le duo d'amour dans *Otello* de Verdi est certes un chef-d'œuvre, mais il peint un amour différent. Pour exprimer une passion fougueuse et immédiate, je ne connais rien comme ce duo de *Ballo* dans toute la musique italienne.

Le ténor termine cet aria sur un contre-do. Généralement, quand j'arrive à un contre-do je pense peu à autre chose, mais dans le duo de *Ballo* la musique est si sensuelle et excitante qu'habituellement je me sens transporté et que j'en oublie le contre-do jusqu'au moment où je dois le donner. Peut-être Verdi avait-il prévu cette distraction parce qu'il a inscrit dans la musique même une pause qui permet au ténor et à la soprano quelques secondes pour se recueillir avant d'attaquer cette note finale.

Et il y a un autre détail intéressant au sujet de ce duo. Certaines gens critiquent l'opéra parce que selon elles le héros, Riccardo, est trop irresponsable, parce qu'il se montre irréfléchi même en ne renonçant pas à son amour et qu'il cause ainsi bien des souffrances. Ici Verdi, dans sa musique, par cette folle passion qu'il met dans le duo d'amour, fait preuve de plus de cohérence qu'on en trouve dans le libretto. Verdi nous fait ressentir à quel point est

160

incontrôlable et irraisonnable l'amour que Riccardo voue à Amelia.

À la fin de la scène d'amour du deuxième acte, il est heureux que Verdi fasse entrer le mari, sans quoi je doute que Riccardo nous paraîtrait aussi noble.

J'ai participé une fois à une production fascinante de *Ballo* dirigée par John Dexter, à Hambourg. Il avait eu l'idée géniale de situer l'action aux États-Unis, à la fin de la guerre de Sécession : Riccardo était un Nordiste et Renato, un Sudiste. Oscar, le page, était un Nègre. C'était cohérent parce que Riccardo, qui était du parti de ceux qui voulaient affranchir les esclaves noirs, acceptait Oscar pour ami. Les conspirateurs étaient membres du Ku-Klux Klan. L'idée était fort ingénieuse.

La scène de bal qui clôt l'opéra prenait place à la Nouvelle-Orléans avec toutes ces dames dans d'incroyables jupes à panier. L'effet était sensationnel. Vous pouvez imaginer les applaudissements du public de Hambourg quand le rideau se leva sur cette dernière scène.

Le *Ballo* que nous avons monté au Met en 1980 s'inspirait beaucoup de la production de Hambourg, mais sans retenir l'idée essentielle qui consistait à situer l'action pendant la guerre de Sécession. Le Boston d'avant la Révolution lui fut préféré. Parce que cette production du Met était préparée pour la télévision, le metteur en scène insista davantage sur le jeu de chacun des interprètes que sur l'ensemble ; la plus grande partie du public découvrait cet opéra à travers des gros plans.

Lorsque je choisis un rôle, je veille d'abord à ce qu'il convienne à ma voix, à ce que je puisse le chanter sans endommager mes cordes vocales. Ensuite je me demande si ce rôle m'intéresse tant du point de vue musical que dramatique. Je pense que les rôles les plus difficiles sont ceux où le caractère du personnage n'est pas clairement dessiné.

Par exemple, l'un des plus grands rôles pour ténor est *Otello* de Verdi. Mais ce personnage a de la consistance ; tant la musique que le drame ne nous laissent jamais le

161

moindre doute à son sujet, sur ce qu'il a à l'esprit. Voilà qui, me semble-t-il, facilite la tâche de l'exécutant, ce qui n'est pas le cas quand il doit incarner un personnage moins bien défini. Il est difficile en effet de rendre intéressant et vraisemblable un personnage nébuleux.

Otello est le jouet de quelque-unes de ses passions et Iago le mène inéluctablement à la mort. De même, dans *L'Elisir*, le personnage de Nemorino est précis, très net —le chanteur ne peut se permettre de s'éloigner de la partition et du texte. Par contre, dans *La Bohème*, Rodolfo est un personnage subtil. Il peut exprimer une grande variété de sentiments, mais dans ce cas précis tout dépend du ténor qui interprète le rôle. Une soprano doit chanter de manière exceptionnelle ou un ténor se montrer en deçà de tout pour que Mimi vole la vedette à Rodolfo. J'ai interprété d'autres rôles qui constituent un défi pour le ténor parce qu'ils manquent de netteté; ce sont Rodolfo dans *Luisa Miller* de Verdi et Fernando dans *La Favorita* de Donizetti. En plus des lacunes des librettos, dans les deux cas la partie du ténor ajoute à la confusion du personnage. Comme ces deux œuvres offrent une musique éclatante, il importe que le ténor déploie un effort tout particulier pour donner quelque vraisemblance à ces personnages.

Quand vous chantez plusieurs fois un rôle au cours des années, votre interprétation se modifie inévitablement. Parfois cela se fait graduellement, à mesure que change votre perception du personnage et de sa situation. Parfois cela se produit subitement, par exemple si vous vous trouvez en présence d'un directeur artistique dont la conception est radicalement différente de la vôtre.

Je ne parle pas de la mise en scène qui, elle, diffère toujours d'un directeur à l'autre, mais de l'expression, de la façon dont le drame est perçu. Par exemple, la *Bohème* que j'ai chantée à Milan sous la direction de Carlos Kleiber, en 1979, était totalement différente de celle que j'ai faite avec von Karajan. Quand j'ai travaillé avec Kleiber, j'ai adopté plusieurs de ses idées qui me plaisaient beaucoup. C'est un musicien incroyable, sensible, et il a

162

suggéré des nuances d'interprétation que j'ai trouvées fort pertinentes.

Parfois j'y vais de mon crû et je découvre de nouvelles façons d'interpréter un aria ou une phrase, qui me paraissent plus intéressantes. Je travaille ensuite à les intégrer à mon interprétation d'un rôle particulier. Il peut s'agir d'une transformation aussi mineure qu'un pianissimo plus prononcé dans un certain passage. Ou au contraire d'un apport d'importance : par exemple l'atmosphère entière d'un aria ou l'émotion exprimée dans une scène. Ces possibilités d'améliorer votre façon d'interpréter un rôle que vous avez déjà tenu maintes fois peuvent vous rendre aussi intéressant votre quatre-vingt-quinzième Rodolfo que votre premier.

Quand un artiste arrive à un point dans sa carrière où il peut choisir parmi un large éventail de rôles, des considérations autres que musicales guideront son choix. Il est beaucoup plus agréable de chanter un rôle où l'on se trouve au centre de l'action qu'un autre personnage qui reste un peu en retrait de l'action dramatique. Le superbe opéra bouffe de Donizetti, *Don Pasquale*, illustre à merveille mon propos. L'action y tourne autour de Don Pasquale, du docteur Malatesta et de Norina. Le compositeur leur a ménagé plusieurs trios éblouissants et les scènes les plus comiques. Au contraire, et en dépit de quelques pages de musique indiscutablement charmante qui conviennent bien à ma voix, Ernesto semble être laissé à lui-même et à sa mélancolie, même un peu déséquilibré. C'est un rôle de soutien, mais pas comme celui de Nemorino qui, dans *L'Elisir,* a toujours part à l'action.

Le personnage d'Alfredo dans *La Traviata* m'inspire à peu près la même réflexion. Verdi a certes écrit pour ce rôle quelques passages inoubliables, mais même si le ténor devait les chanter avec brio, cet opéra n'en resterait pas moins celui de Violetta et de Germont. Au début de ma carrière, j'ai plusieurs fois chanté Alfredo, mais à cette époque je ne voulais rater aucune opportunité d'être entendu.

Il faut aussi tenir compte d'un autre élément quand on choisit un rôle. À mesure que vous progressez dans cette carrière, certaines gens exercent sur vous des pressions pour que vous interprétiez tous les rôles classiques pour ténor. Ces gens s'imaginent mal qu'il s'agit là de véritables travaux d'Hercule. Admirateurs et critiques disent : « Bon, vous pouvez faire *Ballo*. Mais *Trovatore?* » Ils vous font parfois sentir qu'il vous reste bien des obstacles encore à surmonter avant que vous ne franchissiez quelque ligne d'arrivée imginaire.

Ils peuvent n'être mus que par le désir de vous entendre dans leurs rôles préférés. Quelle qu'en soit la raison, une pression constante s'exerce sur vous pour que vous interprétiez de nouveaux rôles. Dans la mesure où un rôle s'adresse à mon type de voix, je m'y essaie. Je pense qu'il serait un peu mesquin et paresseux de ma part de ne pas faire d'effort.

Cette volonté de m'imposer dans tous les rôles importants pour ténor qui n'excèdent pas mes capacités m'incita, en 1979, à jouer Enzo dans *La Gioconda* au San Francisco Opera. Dans cet opéra, le ténor incarne un personnage guère intrigant et en fait plutôt décevant. Et toute la trame de l'histoire n'est pas du meilleur crû. Même comparée aux librettos courants d'opéra italien, cette histoire paraît tirée par les cheveux.

Vocalement, je trouve par ailleurs ce rôle assez intéressant. Comme dans le cas de Rodolfo, le ténor a ici la possibilité de faire de ce personnage invraisemblable un être vivant et réel, s'il sait arriver à une interprétation musicale expressive. J'aime relever ce genre de défi. Wagner a eu un mot fantastique à ce propos, quand un ami lui fit remarquer quelques illogismes dans la conclusion de *L'Anneau*. Certains éléments de cette histoire n'avaient aucun sens selon cet ami. Au lieu de se porter à la défense de son drame, Wagner admit que son ami avait raison — en un sens. Mais, ajouta Wagner, la musique lui assure une cohérence.

Je pense avoir compris ce qu'il voulait dire. Un

chanteur peut lui aussi ajouter à un libretto des éléments essentiels qui n'y apparaissent pas en noir sur blanc.

Le Duc, dans *Rigoletto*, reste à mon sens l'un des rôles les plus difficiles pour ténor. Il est difficile parce que Verdi y demande au ténor de chanter dans bien des styles différents : lyrique, dramatique, *leggiero*. Tous ces styles sont mis à contribution à un moment ou à un autre.

J'insiste beaucoup sur l'importance pour un ténor — ou toute autre voix — de ne pas s'essayer à des rôles qui excèdent ses capacités. En même temps, je crois fermement à la nécessité de se lancer à soi-même des défis. Je ne crois pas qu'il y ait là contradiction. Même à l'intérieur d'un éventail de rôles qui conviennent à la voix d'un artiste, il s'en trouve qui sont parfois très difficiles pour lui à un moment précis de sa carrière. Ils peuvent exiger d'un chanteur plus qu'il ne pourrait donner à tel moment, que ce soit en ce qui a trait à la technique vocale, au phrasé, à l'interprétation ou plus simplement à la résistance physique. C'est là que je suis plus téméraire. Je crois fermement à la nécessité de se jeter à l'eau pour voir si l'on surnagera ou si l'on coulera. On fait parfois plus de progrès en quelques heures en relevant un défi qu'en des années de dur labeur passées dans ce sacro-saint sanctuaire qu'est la salle de répétition.

Par conséquent, j'affirme la nécessité de relever des défis, mais sans renoncer à cette autre nécessité de respecter les limites naturelles de sa voix. Aux ténors lyriques comme moi, qui débutent, je veux rappeler que *Rigoletto* et *Somnambula* proposent un défi pour lequel on n'a pas trop d'une vie ; vous n'avez pas à enfourcher *Otello* ni *Siegfried* pour faire vos preuves.

On me demande souvent comment j'en suis venu à tenir le rôle du chanteur italien sur l'enregistrement de *Der Rosenkavalier* produit par London. Sir Georg Solti insistait pour que je l'interprète. C'est un rôle si mineur — un seul aria — que pour le refuser en quelque sorte j'ai exigé mon cachet habituel. Ils devaient être mal pris, parce qu'ils ont agréé à ma demande. Je n'étais pas aussi déraisonnable qu'il peut sembler. Il fallut six heures — deux séances complètes — pour enregistrer ce seul aria. Richard Strauss a jadis demandé à Caruso d'interpréter ce rôle, mais à ce que j'en sache Caruso s'y est toujours refusé.

Je chanterai bientôt un opéra qui illustre le genre de défi qui m'aide à me surpasser, même s'il s'agit d'un rôle qui n'excède pas les limites naturelles de ma tessiture. Je suis très ému que le Met m'ait demandé de tenir le rôle titre d'*Idomeneo* pour sa saison de 1983. Si j'ai chanté Idamante à Glyndebourne en 1964, je n'ai jamais donné du Mozart aux États-Unis et cette nouvelle aventure m'exalte. Il est toujours merveilleux de pouvoir prouver au public, même à un public qui vous adore, que vous pouvez plus qu'il n'a jamais espéré de vous.

Je pense avoir maintenant touché l'éventail des rôles qui me sont accessibles, pas tous ces rôles, mais un éventail représentatif de l'ensemble de ces rôles. Je crois avoir le droit de choisir parfois des rôles plus faciles pour moi que certains autres. Auparavant, à mes débuts, je ne recherchais que les défis. Je veux toujours relever des défis, je désire toujours m'attaquer à des ouvrages qui ne sont pas de tout repos — pour garder la forme. Mais je refuse maintenant de n'emprunter que les voies les plus difficiles, chaque fois que je choisis un opéra, comme j'ai pu le faire aux premiers jours de ma carrière.

Luciano Pavarotti

Les dédales de l'opéra

Maintenant que j'ai remonté le cours de ma vie jusqu'à mes débuts au Met et que je chante dans les maisons d'opéra du monde entier, je me permettrai certaines réflexions sur cette étrange carrière que j'ai choisie et où il m'a fallu si durement lutter pour me faire un nom. Il est incompréhensible que l'opéra, en tant qu'art du spectacle, ait survécu. L'opéra qui fut d'abord une expérience purement esthétique destinée à un public averti d'intellectuels est rapidement devenu un divertissement à grand déploiement et dispendieux que seules les cours royales purent se payer.

Nous vivons à une époque où les spécialistes affirment que le spectacle sur scène est presque un anachronisme. Il est tellement plus commode de regarder la télévision; de plus, les coûts de production d'un spectacle et le public relativement restreint que desservent les théâtres font du spectacle sur scène une espèce en voie de disparition. Même le théâtre populaire pratiqué à Broadway reflète cette tendance: on y propose en effet des productions de plus en plus réduites (un seul comédien, sans décor) ou des spectacles imposants qui s'adressent à un large public. Les vedettes du spectacle les plus populaires, lorsqu'elles se produisent en public, le font dans des salles si vastes — Madison Square Garden, le Hollywood Bowl — qu'elles ne sont « sur scène » qu'au sens formel du mot.

Qu'en dépit de ces tristes réalités, des divertissements aussi encombrants et spécialisés que l'opéra survivent encore, voilà qui tient du miracle. Songez à tout ce que pareil spectacle nécessite : un grand orchestre dirigé par un chef prestigieux, des décors et des costumes recherchés, très souvent une compagnie de ballet, un chœur de haute qualité et des chanteurs doués de voix non seulement belles, mais anormalement puissantes, qui pendant des années ont appris à se servir de leur instrument et à interpréter la musique. Il faut ajouter encore les coûts exorbitants encourus et les difficultés qu'on rencontre en préparant une production. Sans compter d'ailleurs que les plus populaires et les plus grands opéras ont été composés il y a cinquante à deux cents ans et que, immanquablement, ils ont peu à voir avec la réalité contemporaine.

Encore faut-il comparer tout cela à un chanteur, qui se tient devant un micro et quelques musiciens, et qui divertit cinq fois plus d'auditeurs que n'en peut contenir une salle d'opéra. Pourquoi alors se donner tant de problèmes pour monter un opéra?

Je me compte bien chanceux d'encaisser les plus importants cachets que l'on verse de nos jours à un chanteur d'opéra. Toutes les maisons d'opéra ne peuvent supporter de tels frais ; pourtant il faudrait que je me divise en cinq personnes pour pouvoir accepter toutes les propositions valables qu'on me fait. Quelqu'un m'a dit qu'aux États-Unis seulement plus de mille cinq cents groupes montent un opéra. Bien entendu, dans plusieurs de ces cas, il s'agit de petits ateliers, mais un nombre étonnant d'entre eux montent des productions convenables avec un grand orchestre et des artistes professionnels.

L'opéra en tant que genre artistique prospère comme jamais auparavant, non seulement en ce qui a trait au nombre et à la qualité des productions, mais aussi au public toujours plus vaste qu'il rejoint. Maintenant on peut voir beaucoup de jeunes gens à l'opéra, particulièrement aux États-Unis. L'opéra n'est certes plus la propriété exclusive des gens riches ou cultivés. Depuis des années, la transmission chaque samedi après-midi d'une émission d'opéra commanditée par Texaco a donné l'occasion à tous les habitants de l'Amérique d'entendre de l'opéra de première qualité. Et maintenant la télédiffusion de représentations est en voie de créer pour l'opéra un nouveau public innombrable. À l'idée de participer à cette évolution historique, je me sens exalté.

Pourtant, malgré l'intérêt croissant de la population pour l'opéra et la prolifération des productions, je n'ignore pas qu'une faible proportion de la population apprécie l'opéra et s'y intéresse — peut-être dix pour cent, ou même moins. Peut-être est-ce parce que l'avenir de l'opéra est incertain ou l'a été jusqu'à tout récemment, que les fervents de cet art lui sont si foncièrement fidèles et que les gens qui y œuvrent s'y consacrent corps et âme.

Les États-Unis sont peut-être à l'heure actuelle l'endroit idéal et le plus favorable à l'évolution d'un musicien d'expression classique. Il y a en ce pays tant d'activités et on attend de tous qu'ils atteignent à un niveau d'excellence. Nous autres Italiens, par exemple, recevons une moins bonne formation musicale. On ne rencontre pas tant de jeunes gens qui aient reçu en Italie un enseignement musical aussi soigné. Par ailleurs, la musique nous rejoint me semble-t-il plus naturellement; nous l'avons dans le sang.

Pour ce qui a trait à l'administration des maisons d'opéra les plus importantes au monde, j'en reparlerai quand j'aurai cessé de chanter. Je pense que ça vaut mieux. Mais je peux tout de même en dire quelques mots. Aux États-Unis, il existe deux impresarios hors-pair : Carol Fox du Chicago Lyric Opera et Kurt Herbert Adler du San Francisco Opera. On m'avait prévenu que Adler pouvait se montrer difficile, mais je n'ai jamais eu à me plaindre de lui et j'ai plusieurs fois travaillé avec lui. Il est vrai que toute personne qui réussit dans le monde artistique est à coup sûr jugée «difficile» par quelqu'un, mais pareil jugement révèle bien plus de celui qui le porte.

Adler a un sens de l'humour sémillant et nous nous amusons toujours quand je chante à San Francisco. Quand je suis arrivé à San Francisco pour y donner *La Gioconda*, en 1979, Adler m'a demandé d'interpréter «*Celeste Aïda*» à un concert qu'il organisait. Je lui ai répondu que j'allais y réfléchir. Il rétorqua : «N'essaie pas d'y réfléchir. Les ténors n'ont pas de cervelle. Tout le monde sait ça.»

Voilà une repartie typique de nos conversations. Une fois, je chantais *La Bohème* à San Francisco, le soir même de mon anniversaire de naissance, le 12 octobre. Pendant la scène du Café Momus au deuxième acte, Adler nous fit servir du vrai champagne par les garçons. Il est même venu sur scène costumé en garçon de table. Mais cet aspect du personnage diffère grandement de l'homme à qui l'on doit certaines des plus belles productions d'opéra produites à travers le monde sans sacrifier aux plus hauts niveaux de qualité.

Quant à Carol Fox, s'il nous arrive parfois de différer d'opinion, elle n'en a pas moins une forte personnalité ; elle sait ce qu'elle fait, elle connaît l'opéra et le chant. J'admire Carol Fox et Kurt Adler parce qu'ils visent l'excellence et exigent un haut niveau de qualité. Ils ont tous deux l'énergie et la personnalité nécessaires pour diriger un théâtre. Ils entretiennent de bons rapports avec les artistes.

Quand on connaît aussi bien l'opéra que je le connais, on ne peut supporter de voir des gens le pratiquer sans souci de perfection. Voilà pourquoi je vais si peu souvent à l'opéra. Les excellentes productions se font rares. Si elles ne sont pas excellentes, j'en souffre terriblement. Fox et Adler s'efforcent toujours de monter des productions très léchées et, pour cela, je les admire.

Bien d'autres gens impliqués dans le monde de l'opera aux États-Unis sont aussi très bons, mais je ne veux pas être plus explicite. Certains d'entre eux sont de bons amis et si j'allais en oublier un, on ne me le pardonnerait pas.

La préparation de nouvelles productions est cause d'une guerre perpétuelle entre chanteurs et directeurs. Un théâtre ne devrait jamais s'imaginer faire une faveur à des artistes comme Joan Sutherland, Marylin Horne et Placido Domingo quand il leur propose une nouvelle production. C'est plutôt à lui-même et à l'opéra qu'un théâtre fait alors une faveur.

Je suis convaincu que cette discussion continuera tant qu'existeront les chanteurs et les maisons d'opéra. Bien entendu, une nouvelle production ne garantit en rien un triomphe artistique — il n'est pas rare de nos jours de trouver un directeur qui a anéanti un grand opéra ou un interprète qui en a réduit un à néant — mais il faut tenter la chance.

Il me serait si facile de chanter Rodolfo et le Duc comme je les ai interprétés des années durant dans les mêmes productions démodées. Je resterais tout aussi célèbre et je gagnerais beaucoup d'argent, mais j'ai beaucoup trop à cœur la carrière que j'ai choisie pour me contenter de si peu.

Le moyen le plus sûr d'assurer, au XXe siècle, la survie de l'opéra en tant qu'art consiste à préparer de nouvelles versions des grands chefs-d'œuvre du drame lyrique et à monter des productions qui proposent de nouveaux aperçus et témoignent d'une conception renouvelée de cet art pour ainsi rapprocher du public contemporain pareille œuvre d'art. Il est naturel que je veuille, même seulement à l'occasion, participer à ce noble dessein.

L'opéra ne fleurit guère en Italie de nos jours. Quelle situation déplorable, en effet, que plusieurs des plus grands chanteurs préfèrent ne pas s'y produire, sauf à La Scala. Mais même La Scala est déchirée par des questions politiques — de politique artistique, cela s'entend. Je suis Italien et fier de La Scala. C'est encore l'un des meilleurs théâtres au monde, doté de l'un des meilleurs orchestres et chœurs d'opéra. Mais il lui faudra en finir avec ses tiraillements ou alors elle ne figurera plus longtemps parmi les meilleures maisons d'opéra.

171

Un événement survenu en Italie il y a peu de temps montre à quel point, nous Italiens, nous sommes stupides. Le gouvernement a proscrit le métier d'agent, ce métier d'hommes qui, comme Ziliani, sont d'une aide précieuse pour faire démarrer une carrière. C'est lui qui m'a lancé. Sans lui, je n'aurais jamais chanté à Palerme avec Serafin; La Scala n'aurait jamais entendu parler de moi et ne m'aurait pas envoyé à Vienne. Tant de choses se sont produites parce qu'il s'occupait de ma carrière, en y portant un intérêt commercial tout légitime. Quel tort des agents tels que lui ont-ils causé? Les interdire était idiot.

Et La Scala aurait dû se montrer plus prévoyante. De nos jours, aucun pays n'a le monopole du meilleur opéra, pas plus d'ailleurs qu'aucune des plus grandes maisons. L'ère de l'avion à réaction a tout chambardé. Les meilleurs artistes vont ici et là en avion. Ce n'est plus comme autrefois, lorsqu'un Caruso chantait au Met et à La Scala, peut-être aussi à Buenos Aires et à Covent Garden, mais nulle part ailleurs. Aujourd'hui, on peut assister à une représentation de première classe, où se produisent les plus belles voix, tant à Hambourg, à Helsinki qu'à Miami.

À travailler ainsi dans des maisons d'opéra à travers le monde, je diffère parfois d'opinion avec les directeurs et les chefs d'orchestre. C'est inévitable. L'interprétation de la musique est affaire de sensibilité. Il peut facilement arriver qu'un chef et un chanteur aient un point de vue différent sur une phrase ou une ligne mélodique — une interprétation qu'ils jugent tous deux la plus juste et qui, dans un cas comme dans l'autre, paraisse aussi valable. Pareil différend peut aussi survenir à propos du jeu dramatique. Ce n'est qu'à ce niveau que se manifestent des désaccords entre professionnels. Si nous, chanteurs, ne nous comportons pas en professionnels, des conflits surgiront pour toutes sortes de questions inimaginables.

Mais si nous travaillons ensemble dans le même but — offrir le meilleur spectacle possible — les conflits pourront toujours être résolus. Les gens parlent de chefs d'orchestre et de directeurs «difficiles»; il veulent dire par là « exigeants ». À mon sens, cela n'est pas un défaut dans le monde du spectacle.

Des conflits de personnalité éclatent à l'occasion. Il y a quelques années, je chantais *L'Elisir* pour une compagnie américaine d'envergure. Pendant que nous répétions, le directeur accepta une interview avec les journalistes. On lui demanda s'il était satisfait du déroulement des répétitions et si la mise en scène progressait bien. Il répondit : « Nous faisons de notre mieux, compte tenu du jeu de Monsieur Pavarotti. »

Cela me rendit furieux. J'avais chanté ce rôle dans le monde entier et la critique avait loué mon jeu dramatique. En un sens, il indiquait avant le temps aux critiques ce qu'ils devaient penser de mon jeu. C'était une trahison, un geste malhonnête. Je protestai auprès de la direction. Je me calmai, nous nous remîmes au travail, mais pendant un certain temps, j'ai voulu ne plus participer aux représentations.

Il existe aujourd'hui de nombreux directeurs artistiques très talentueux qui se consacrent à l'opéra — Ponnelle compte certainement parmi eux —, des gens qui ont une vision intéressante de ce que devrait être l'opéra, une conception des moyens à utiliser pour modifier notre façon de concevoir l'opéra. Sur ce sujet toutefois, j'incline au conservatisme. Parfois les transformations et les additions éloignent tant l'ouvrage de l'original qu'il ne s'agit plus en fait d'interprétation, mais bien plutôt de remaniement total. Un peu comme si le directeur artistique était gêné qu'un opéra ait été écrit en 1905 et qu'il cherchait à le travestir en sorte qu'on ne le reconnaisse pas. Parfois aussi ces productions avant-gardistes ne sont au fond que le reflet d'une vanité : certains directeurs ne tiennent pas à présenter du Verdi ou du Puccini, mais semblent plutôt se donner eux-mêmes en spectacle.

Pour l'instant, je n'éprouve pas le besoin pressant de diriger un opéra, mais si je le fais un jour je m'en tiendrai à une interprétation littérale, qui collera à ce que je crois être les intentions originelles du compositeur. Vous ne me verrez pas transformer *Pelléas et Mélisande* en *Hair*, ou *Rigoletto* en *Homme-Éléphant*.

De plus, je pense que les gens qui montent ces productions d'avant-garde devraient veiller à ne pas récolter les vivats avant le spectacle. Si souvent, à New York ou ailleurs, on voit de ces créateurs — le directeur artistique ou le chef d'orchestre, peut-être même quelques-uns des chanteurs — qui se présentent à la télé pour se féliciter de leur nouvelle idée. Ils expliquent interminable-ment comment ils ont décelé des valeurs cachées et l'ombre d'un sens voilé dans un opéra très connu. Tout le monde devient aussi excité qu'*ils* semblent l'être. Puis c'est la première et qu'est-ce qu'ils offrent? Tout bonnement une autre *Traviata* ou un autre *Rigoletto* — peut-être même pas une bonne production.

Je chantais à l'opéra depuis peu quand j'ai compris que bien des gens que j'y rencontrais ne me voulaient pas toujours du bien. J'ai vécu cette expérience avec mon premier chef d'orchestre et immédiatement après, avec la soprano, à Lucca, là où pour la première fois on me versait un cachet. Je suppose que plusieurs raisons expliquent de pareils comportements. Tout d'abord, les chanteurs ont une forte personnalité, ce qui signifie souvent une per-sonnalité irritable. Tant de détails peuvent nous énerver. Il est malheureux toutefois que notre rage se retourne trop souvent contre nos collègues; nous connaissons tous les mêmes difficultés et aucun d'entre nous n'a de profit à tirer de ce que la personne à ses côtés chante piètrement.

Il n'y a pas que les administrateurs, mais aussi les gens qui travaillent à l'opéra qui se montrent souvent d'ardents partisans d'un interprète. On n'aime pas la soprano numéro Un, Deux ou Trois en ordre décroissant, ou on adore la soprano Un et on déteste toutes les autres qui ont le culot de se dire sopranos. Il y a tant de comportements étranges dans ce milieu. Et ils peuvent ajouter grandement aux tensions que l'on subit à l'arrière-scène.

Cette partisanerie, je l'ai souvent vue s'exercer contre mes collègues ou contre moi. Sur scène, je fais de mon mieux et j'aide mes confrères à faire de même. Je crois sincèrement que nous y gagnons tous quand l'ensemble de la production, plutôt qu'un seul de ses membres, est exceptionnelle.

Mais assez de plaintes et de jérémiades! Je pourrais fort bien être aujourd'hui agent d'assurances et ne pas connaître ces problèmes.

Adua adore cette photo aux contours indécis, prise au sommet de l'Empire State Building.

Avec toute l'équipe, Terry McEwen et moi revoyons le vidéo de l'interview que je lui accordais pendant l'intermission du concert télédiffusé, en 1978, dans le cadre de l'émission *Live from Lincoln Center*. Photo: Suzanne Faulkner Stevens. (En haut) On me dit qu'une seule apparition à la télé rejoint un public plus nombreux que n'en a connu Caruso dans toute sa carrière. Incroyable! Photo: Suzanne Faulkner Stevens. (En bas)

En 1979, dans le cadre d'un concert au Lincoln Center avec Joan Sutherland et Richard Bonynge, mon élève et secrétaire Madelyn Renee interprète avec nous une scène de *Rigoletto*. Photo: Suzanne Faulkner Stevens.

Joan Sutherland et moi travaillons très souvent ensemble et il nous faut parfois attendre longuement pour une raison ou une autre. Nous nous amusons alors de notre mieux. Photo: Suzanne Faulkner Stevens.

Des musiciens au travail. Le premier violoncelle, Lorne Monroe, surveille Zubin Mehta pendant que ce dernier me fait donner une note au cours d'une répétition pour le concert télédiffusé, *Live from Lincoln Center*, en 1980. Photo: Suzanne Faulkner Stevens.

Herbert Breslin

Gérer la carrière de Pavarotti

En 1968, Terry McEwen, alors responsable de la section classique chez London Records, me présenta Pavarotti. Je m'étais occupé de la publicité d'autres artistes de London — Joan Sutherland, Marilyn Horne — aussi McEwen et moi travaillions-nous ensemble depuis un bon moment.

Cette même année, Luciano fit ses débuts au Met. Terry pressentit que Luciano avait atteint un point dans sa carrière où il lui fallait quelqu'un pour orchestrer sa publicité. À l'époque, personne ne s'occupait de la carrière de Luciano aux États-Unis, que ce soit pour veiller à sa publicité ou gérer ses affaires. Il chantait dans les plus grandes maisons d'opéra américaines et européennes, mais il n'était pas une vedette, pas au sens exact du mot.

McEwen s'était douté que Luciano et moi nous entendrions bien et il avait vu juste. Luciano est né un 12 octobre et moi, le premier jour du même mois. Nous sommes tous deux Balance. Nous avons beaucoup en commun : nous aimons tous deux rire et blaguer, mais

181

quand il s'agit du boulot, nous sommes tous deux sérieux comme un pape. Nous sommes tous les deux débordants d'énergie et nous détestons l'un comme l'autre nous contenter de ce que nous avont fait la veille si nous jugeons pouvoir faire mieux. Dès le début, j'ai cru qu'avec pareil talent il pourrait connaître une carrière plus importante. Il le croyait aussi.

D'abord, je ne me suis occupé que de sa publicité. (À une certaine époque, ce fut ma seule tâche auprès de tous les artistes que je représentais.) Après environ un an, j'acceptai aussi de gérer sa carrière. Quand j'ai commencé à travailler avec lui, il se produisait depuis déjà trois ans aux États-Unis, mais il n'avait jamais chanté au Lyric Opera de Chicago. Voilà qui montre à quel point la planification comptait pour peu, alors, dans sa carrière. Il me parut absurde qu'un aussi extraordinaire talent se manifeste ainsi au hasard, sans le moindre plan de carrière. Personne n'avait entendu parler de lui, si ce n'est les connaisseurs d'opéra.

Nous n'avons jamais signé de contrat. Après toutes ces années, aucune entente officielle ne nous lie. Notre association repose sur la seule compréhension mutuelle. Sol Hurok n'a jamais été lié à Artur Rubinstein par contrat. Combien de temps furent-ils associés? Cinquante ans, je pense.

Je conseillais Luciano sur ce qu'il devait faire : quels engagements il devait accepter, quels autres il devait tenter de décrocher. Nous discutions et rediscutions de cette question. Nous nous y prenons toujours ainsi. J'essaie de le convaincre d'adopter la marche à suivre qui à mon sens le servira le mieux. La décision finale lui appartient toujours.

Quand j'ai pris en charge sa carrière, il avait chanté à Miami, à San Francisco et une fois au Met. Il était malade au moment de ses débuts au Met, aussi n'avait-il pas fait sensation comme ç'aurait dû être le cas. Il n'avait donné ni récital ni concert aux États-Unis, en sorte que ses apparitions sur les scènes américaines se faisaient rares. Il n'était pas le Pavarotti que nous connaissons tous aujourd'hui.

Sa participation à *La Fille du régiment* donnée au Met en 1972 fut l'amorce de la célébrité de Pavarotti. Ce fut un triomphe incomparable qui eut un effet monstre sur sa carrière. Grâce à ces représentations, le public new-yorkais fut forcé de reconnaître qu'il se trouvait en présencc d'un phénomène artistique de toute première valeur. La presse, tant new-yorkaise que nationale, dut lui consacrer de nombreux articles. Mais il importe de rappeler qu'il doit son émergence en tant que supervedette d'opéra à la seule virtuosité de sa voix. Depuis, le public a découvert d'autres facettes de Luciano, mais au départ son art seul l'a imposé.

Il est difficile d'épater le public new-yorkais. Je défie toutefois tout auditoire d'assister sans réagir à une représentation de *La Fille du régiment* à laquelle participerait Luciano. Le rôle du ténor dans cet opéra est extrêmement périlleux et Luciano s'en est tiré haut-la-main. À chaque représentation, ses neuf contre-do en un seul aria ont interrompu la représentation. Pourtant il ne comptait pas que sur sa voix. Il interprétait aussi à merveille son personnage et se lançait entièrement dans une personnification drôle et piquante.

À la suite de cette interprétation renversante, tous les regards se braquèrent sur lui — les interviews et tout le reste à la télévision comme dans les journaux — et le public commença à découvrir que Luciano, dans la vie de tous les jours, avait aussi une charmante personnalité. Une histoire d'amour est née entre lui et le public; jusqu'à ce jour, elle ne s'est pas démentie.

Bien des artistes sont adorés du public, mais dans le cas de Luciano, c'est différent. Il émane de lui une bonté et une sincérité que les gens perçoivent immédiatement et auxquelles ils réagissent fortement. Je ne saurais expliquer ce phénomène. Peut-être cela tient-il à son sourire — il a un sourire magnifique.

Avec les gens, il se comporte aussi de manière directe et très humaine. Il est ainsi avec tout le monde, sans distinction, qu'il s'agisse de son public, de Johnny Carson ou du chauffeur de taxi qui le conduit à l'aéroport. Il ne craint pas de montrer au public que son enthousiasme le rend très heureux. Quand Johnny Carson ou toute autre personne l'interviewe, il écoute son interlocuteur et répond tout naturellement aux questions. Il n'essaie pas de poser, d'être spirituel ou d'impressionner. Ses réponses se veulent toujours naturelles, sans affectation, et personnelles — il reste un être humain échangeant avec d'autres. Je pense que le public a saisi cela très vite — et qu'il a adoré ça. Je soupçonne que ce fut un grand soulagement après toute cette prétention qui polluait et qui pollue toujours les ondes.

Avec un chauffeur de taxi, Luciano sait s'y prendre pour faire tomber les murs qui les séparent parce qu'il ne croit pas qu'il y *ait* entre eux la moindre différence. Il éprouve cette sympathie et ce respect pour tous ses congénères — certes un trait italien, mais particulièrement manifeste chez Luciano. Pavarotti a été pauvre, il s'est demandé s'il allait ou non pouvoir subvenir aux besoins de sa famille; il connaît bien l'envers du décor. Et il sait que tout ce qu'il a à offrir en tant que personne — je ne parle pas de sa voix, mais de ses qualités humaines comme son humour, son intelligence, son sens de l'humanité — il le possédait déjà quand il était pauvre et inconnu. Alors pourquoi ne pas reconnaître de telles possibilités au chauffeur, au barbier ou au machiniste? Son affection pour ses semblables est très réelle et elle se reflète dans tout ce qu'il fait.

Ce trait de sa personnalité transparaît nettement et immédiatement lorsqu'il est sur scène. Peu importe qu'il s'agisse d'un spectacle en une occasion solennelle — un récital de gala très chic, par exemple — ou qu'un public lui soit totalement inconnu, il entre en scène et on sent aussitôt entre lui et la salle un échange amoureux. Il chante pour elle, il la caresse. Il est vraiment renversant d'être témoin de cette interaction. Ce qui survient alors ne s'explique pas par le chant seul.

D'autres ténors sont admirés pour une raison ou pour une autre. Tous savent quel remarquable artiste est John Vickers, par exemple. Mais ce n'est pas la même chose.

Quand j'entrepris de gérer la carrière de Luciano, j'ai senti que le plus important était de le faire connaître, de faire circuler son nom parmi le grand public. Pour y arriver, il me suffisait de faire prendre conscience au public de l'existence de Luciano. Pour le reste, son grand talent et sa personnalité y pourvoiraient — il n'avait pas besoin de moi pour *les* faire reconnaître.

On m'adresse maintenant toutes les offres qu'on lui fait — pour des opéras, des concerts, des émissions de télé, des soirées de bienfaisance. Elles passent toutes par moi. Comme d'ailleurs toutes les autres requêtes qui affluent toujours plus nombreuses — pour des apparitions à *The Today Show* ou à l'émission de Tom Snyder au réseau NBC, pour des interviews demandées par des périodiques, comme cela s'est produit dernièrement et qui a valu à Pavarotti une photo sur la couverture du *Time*, ou pour un reportage à l'émission *Sixty Minutes* de CBS. De quelle durée fut le plus récent? Huit à dix minutes sur les ondes? Pourtant Morley Safer et toute l'équipe avaient suivi Luciano dans un véritable tour du monde, pendant des semaines et des semaines. Ils s'étaient rendus avec lui en Israël, à Miami, au Texas. En de pareilles occasions, il nous faut — à l'agence — déployer plus d'efforts d'organisation et de coordination du travail.

Et puis je reçois toutes ces demandes d'hommes d'affaires qui veulent que Luciano associe son nom au produit qu'ils distribuent. Je suppose qu'il s'agit là d'un constat attristant pour notre culture, mais il faut avouer que cette publicité télévisée à laquelle s'est prêté Luciano pour la carte de crédit American Express l'a fait connaître par plus de gens que les dix-huit années qu'il avait passées à chanter merveilleusement dans des maisons d'opéra à travers le monde. Ces petites besognes servent donc sa popularité.

Certaines gens prétendent que j'ai exercé une grande influence sur Luciano, que je l'ai transformé comme un Svengali qui aurait été le maître-d'œuvre de toute sa carrière. Je suppose que j'ai eu une certaine influence sur lui.

J'ai bien insisté sur un point, lorsque Luciano a décidé de s'associer à moi : la nécessité qu'il respecte à la lettre ses engagements. Tu peux changer d'idée une centaine de fois avant de donner ta réponse finale, lui ai-je dit, mais dès que tu as accepté une offre, il te faut remplir ton engagement — à moins, bien entendu, que ne se présente un imprévu qui t'en empêche.

Je n'ai rien à voir avec l'amélioration de son jeu dramatique. Rappelez-vous que Luciano, à ses débuts, s'est produit surtout hors d'Italie — en des endroits comme Glyndebourne et Covent Garden où la discipline est plus stricte que dans les maisons d'opéra italiennes. La première fois qu'il y a travaillé, Luciano a détesté Glyndebourne — il trouvait les gens trop sérieux, trop rigides, trop voués au seul chant et pas le moins du monde amusants. De plus, on lui faisait alors chanter *Idomeneo* et non pas un opéra exubérant de Verdi. Mais la conception qu'ont de l'opéra les gens de Glyndebourne le convainquit et, à la fin de son séjour, il comprit que cette expérience avait été pour lui importante et qu'elle lui avait beaucoup appris sur sa profession.

Au début de sa carrière, il a pu chanter un peu pour la galerie et se permettre certains écarts pour se gagner des applaudissements nourris, mais aujourd'hui il ne songerait même pas à se comporter ainsi; de plus, il n'a pas à le faire. Dès qu'ils l'*aperçoivent*, les spectateurs deviennent fous.

Après que Luciano eut remporté ce fabuleux succès avec *La Fille du régiment* au Met, j'ai voulu l'amener à donner des concerts. Ainsi plus de gens pourraient le voir et l'entendre, ce qui assoirait sa renommée sans négliger d'ailleurs que les concerts solo rapportent beaucoup d'argent. Les vedettes d'opéra, même les plus grandes, ne font pas tant d'argent dans les maisons d'opéra. Par rapport à ce qu'empochent les chanteurs de deuxième ordre, c'est beaucoup, mais pas si énorme si on compare leurs cachets à ceux qu'on verse aux plus grands artistes des autres arts de la scène.

Le passage de l'opéra à la salle de concert peut être risqué pour les vedettes d'opéra. Leurs admirateurs peuvent les adorer en costume, dans le cadre d'une intrigue et de situations dramatiques, mais perdre tout intérêt pour eux lorsque ne restent sur scène que l'interprète et sa voix. Seules quelques rares vedettes d'opéra peuvent faire salle comble — Joan Sutherland, Leontyne Price, Marilyn Horne et Beverly Sills — peut-être quelques autres parviendraient-elles à remplir les salles de spectacle de New York, mais c'est tout.

On ne peut jamais prévoir comment un chanteur se tirera d'un concert. La voix y est mise à plus rude épreuve qu'à l'opéra. L'artiste n'a pas un moment de répit pour sortir de scène pendant qu'une soprano donne son aria. Au lieu de deux ou trois arias importants dans toute la soirée, le concertiste doit faire de quinze à vingt pièces de styles différents. Plusieurs interprètes fantastiques n'ont pas les qualités requises pour maintenir en haleine le public toute une soirée quand ils se retrouvent privés du soutien de tous les atouts d'une production lyrique.

En 1973, l'année qui suivit *La Fille du régiment* au Met, je décidai de lancer Luciano dans la carrière de concertiste à Liberty, au Missouri, dans une petite école baptiste : William Jewell College. Un philantrope de la région a créé une fondation pour que cette petite communauté puisse entendre dans ce collège des artistes de grande renommée. N'est-ce pas admirable ? Liberty accueille ainsi des artistes qu'on ne voit généralement sur scène que dans les grandes villes.

Luciano établit un programme de concert fort difficile, comme s'il avait fait ça toute sa vie. Et bien entendu l'auditoire en redemanda. Nous avons donné un autre concert à Dallas qui connut autant de succès — tant Luciano que le public y trouvèrent leur compte. En fait, ces premiers concerts se déroulèrent si bien que je nous savais prêts pour Carnegie Hall.

Pour annoncer le premier récital de Luciano à New York, je plaçai un entrefilet dans le *Sunday New York Times*. Dès le mercredi, il ne restait plus de billets.

Aujourd'hui, Luciano encaisse les cachets les plus élevés dans le monde du concert — ce qui fait de lui le chanteur le mieux payé de toute l'histoire. Il a récemment fait salle comble au Robin Hood Dell West où avaient pris place, à l'abri du toit, cinq mille personnes assises ainsi qu'environ deux mille autres qui s'étaient installées sur la pelouse. Et il a réussi ce coup de maître sans orchestre, avec un seul piano pour l'accompagner. Le Medina Temple de Chicago, qu'il a facilement rempli, compte pas moins de quatre mille places.

Les cachets varient, mais l'argent n'est jamais la seule considération dont tienne compte Luciano quand il décide de donner un spectacle. Luciano sait qu'il a quelque chose à offrir et il est désireux d'en faire profiter le plus grand nombre de gens possible, dans les endroits les plus divers. Dernièrement, il a donné un concert à Rio de Janeiro ; son désir de s'y produire s'explique aisément : il n'avait jamais chanté auparavant en Amérique du Sud. Et quand il se rendit en Israël, à l'été 1979, pour y donner le concert à la mémoire de Richard Tucker, on lui versa beaucoup moins qu'il aurait pu gagner ailleurs.

Ses disques s'enlèvent aussi à un rythme impressionnant. Son enregistrement d'airs napolitains, *O Sole Mio*, a fracassé tous les records de vente pour un disque produit par un chanteur classique. Même pour un chanteur populaire, le nombre de ses disques écoulés pourrait être jugé respectable. *Pavarotti's Greatest Hits* surclassera sûrement tous ces succès. Pendant une longue période l'année dernière, huit disques de Luciano figuraient parmi les quarante meilleurs disques classiques dans le *Billboard*. Ce qui signifie vingt pour cent de tous les disques classiques qui comptent parmi les meilleurs vendeurs — qu'il s'agisse d'orchestres symphoniques, de pianistes, de chanteurs, etc.

Quand Luciano et moi nous sommes attelés à la tâche, ces dernières années, je pouvais déjà prévoir qu'en faire un personnage célèbre était tout à fait faisable. D'abord en raison de sa voix et de son art, mais aussi en raison de sa personnalité exceptionnelle. Cela tenait à sa franchise et à sa capacité de communiquer, et ce qu'il communiquait était à la fois agréable et précieux.

Ce qui transparaît de lui, c'est lui-même, tel qu'il est. Permettez-moi de vous donner un exemple. Quand Luciano a chanté *La Gioconda* retransmise par la télé américaine, il fut interviewé à l'entracte par Pia Lindström. Comme chacun sait, Pia est la fille d'Ingrid Bergman et une fort jolie femme. Elle fit allusion à un article du critique musical du *New York Times*, Harold Schoenberg, qui aurait écrit que Dieu avait dû embrasser les cordes vocales de Luciano.

Sans hésiter, Luciano repartit : «Je pense qu'il a dû vous embrasser tout le corps. »

Tout homme aux États-Unis aurait souhaité avoir eu ce mot. C'était aussi un moyen habile de détourner l'attention du compliment qu'on venait de lui adresser. Je sais que de tels compliments l'embarrassent. Je tire une vérité de cet incident : j'aurais pu rester éveillé toute la nuit à me torturer les méninges pour trouver une réplique qui aurait rendu Luciano sympathique à tous les téléspectateurs, mais je n'aurais pu trouver rien d'aussi bon. C'était certes spirituel, mais surtout sincère et un peu risqué — mais tel est Luciano.

Au cours de toutes les interviews qu'il donne, il réussit à intéresser la personne qui l'interroge, quelle qu'elle soit. Il s'intéresse lui-même à tant de sujets — en fait, à tout. Il est remarquablement versatile et il a le don de communiquer son enthousiasme. Si ce n'est pas pour son métier, c'est pour la peinture ; sinon, le tennis ou encore la cuisine, la marche, ses réflexions, ce qu'il voit... Il y a toujours un sujet dont il désire passionnément s'entretenir et il parle de n'importe quoi avec le même enthousiasme. Il est l'une des personnes les plus intelligentes avec qui j'aie traité, mais il y a plus. Par-dessus tout, je pense à son affection pour les gens. Il désire ardemment échanger avec tous. Quand il ne se sert pas à cette fin de sa voix, il le fera en conversant. Mais tout ça relève du même désir de tendre la main, de rejoindre les autres.

Actuellement, il y a ce qu'on pourrait appeler un

phénomène Pavarotti. Un fait sans précédent dans l'histoire de l'opéra. À ce propos, je ne peux que souligner un fait : quand Luciano participe à un spectacle télédiffusé par toute l'Amérique, un seul, il rejoint un public plus nombreux que n'en a atteint Caruso dans toute sa carrière.

Cette comparaison ne tient compte que des opéras et concerts télévisés. Mais lorsqu'il fait une apparition à *The Tonight Show* de Johnny Carson, les statistiques sont encore plus renversantes. Évidemment, Caruso et les grands artistes d'hier n'avaient pas à leur disposition cette magie électronique. Aussi mon propos n'est pas ici de minimiser ce qu'ils ont pu accomplir. Il me semble toutefois singulier et intéressant de noter que, même si ce moyen de communication existe depuis plusieurs années, Luciano est le premier artiste de grande qualité à tirer parti de son potentiel pour le mieux-être de l'opéra et de la grande musique.

Donc le phénomène Pavarotti tient en partie à l'apparition de la télévision, mais pour une large part à Luciano lui-même. Considérez l'incroyable impact qu'il exerce sur ces vastes auditoires. Après son concert *Live from Lincoln Center* avec Zubin Mehta, le télédiffuseur a reçu plus de cent mille lettres. Fait sans précédent. Le Public Broadcast avait déjà suggéré à ses abonnés de lui écrire (habituellement il proposait à ses auditeurs de leur faire parvenir un programme du concert s'ils en faisaient par écrit la demande), mais le spectacle de Luciano a provoqué une avalanche de lettres plusieurs fois plus nombreuses que n'en avait jamais reçues ce réseau de télévision.

Moins de trois semaines après ce concert avec Mehta, j'ai reçu six offres de films pour Luciano. Quelqu'un a même voulu écrire pour lui une pièce — un auteur dramatique à grands succès sur Broadway. Il y eut aussi des tas de projets pour la télévision.

J'ai entendu dire que certaines gens du milieu expliquent la popularité phénoménale de Luciano en affirmant que j'ai imaginé pour lui un plan hors pair de mise en marché et qu'une pareille commercialisation dégrade sa profession.

Ces prétentions sont totalement fausses. Elles sont le fruit de l'envie et de gens qui — généralement des rivaux de Luciano ou leurs fidèles admirateurs — refusent d'admettre à quel point Luciano est un être spécial, quel artiste remarquable il est et quelle personnalité attachante, par surcroît, est la sienne.

Il est aisé de réfuter cet argument qui veut que je sois responsable de ce phénomène Pavarotti; il suffit de rappeler que je m'occupe d'autres artistes éminents. Si j'avais fait preuve de favoritisme pour Luciano en lui réservant mes meilleures idées et en établissant pour lui le meilleur plan de carrière, je n'aurais pas longtemps gardé mes autres clients. On ne peut créer ni fabriquer de toutes pièces le genre de réaction que Luciano provoque dans le public. Pour y arriver, il me faudrait dix fois plus de génie que je crois en avoir.

Luciano a aussi une autre qualité qui le démarque de la plupart des artistes. Il est déterminé à foncer. Pendant plusieurs années je me suis occupé de la carrière de Placido Domingo. C'est un ténor de première classe, mais il refusait mon idée de concerts et d'autres projets que je lui suggérais pour rejoindre un public plus nombreux. La plupart des artistes ont tendance à se montrer très prudents en ce qui concerne leur carrière, mais Luciano n'hésite pas à essayer tout ce qu'il juge raisonnable. Il n'accepte jamais d'opter pour la voie facile, d'emprunter des voies où il sait pouvoir bien réussir.

Il accepte de se servir des moyens de communication parce qu'il sait que cela n'est pas seulement bon pour sa carrière, mais aussi pour l'opéra s'il peut ainsi exposer et prouver à plus de gens qu'un chanteur d'opéra est un être humain sympathique et non pas un artiste hautain et solitaire.

Bien sûr, la publicité et la renommée qu'il en tire font grossir ses cachets. Luciano veut gagner beaucoup. Nommez-moi un artiste qui n'est pas ainsi. Heifetz avait l'habitude de se négocier pour lui-même des cachets fabuleux. Pourquoi ces artistes incomparables n'auraient-ils pas le droit de gagner autant qu'il leur est possible? Aucun d'entre eux ne pratique sa profession pour le seul art. Ils sont tous là à lancer leurs contre-do parmi les convoitises et les cupidités du marché.

Quant aux apparitions à la télé où Luciano ne chante pas — les interviews et autres activités du même genre — nommez-moi un artiste qui refuserait de participer à l'émission de Johnny Carson, *The Tonight Show*. Et il est faux de prétendre que de cette manière Luciano avilit sa profession. Vous ne l'entendrez jamais chanter une pièce qui ne soit totalement à la hauteur de son art.

Sa participation à l'émission *Omnibus*, aux côtés de Loretta Lynn, sur la chaîne ABC, en est un excellent exemple. Dans son badinage avec elle, il n'a jamais perdu sa dignité pas plus d'ailleurs qu'il ne s'est montré condescendant. Les musiques Country et Western sont intéressantes, mais en tant qu'art elles ne peuvent être comparées à l'opéra, riche d'une tradition de quelques siècles, de certains des plus grands chefs-d'œuvre créés par l'homme et d'un nombre impressionnant d'interprètes géniaux.

Luciano se montre humain, se rend accessible et, ce faisant, il rend humains et accessibles son art et l'opéra. Il se consacre à cette tâche. Il ne fait pas intrusion dans le monde de la culture populaire pour s'y installer à demeure. Il s'y immisce dans l'espoir de gagner à sa cause — l'opéra — de nouveaux fidèles.

Dans tout ça, si j'ai fait quelque chose, c'est d'avoir adopté la philosophie de Luciano. Il adore l'opéra. Il serait plus juste de dire qu'il est *amoureux* de l'opéra et pas seulement parce que l'opéra l'a bien servi — ce qui est le cas. Il sait qu'il a le talent d'amener les gens à apprécier l'opéra. Il aimerait bien jouer le rôle d'un catalyseur entre l'opéra et un nouveau public de plus en plus nombreux pour cette forme d'art. Il accepte bien des engagements — ces représentations en plein air à Central Park, par exemple — même s'ils ne le rendront pas plus célèbre à New York. Quel peut être alors son motif?

Trop de gérants et d'agences se limitent à la planification du calendrier d'un artiste et à lui trouver des engagements. Vous le voulez pour deux semaines en juin? Y mettrez-vous le prix? D'accord, vous l'aurez. On y vend le talent de la même manière que la plupart des supermarchés écoulent des aliments — de deuxième catégorie. Un bon gérant devrait pousser un artiste à donner sa pleine mesure — tant sur le plan artistique que sur celui de la popularité.

Je n'ai guère à pousser Luciano. Il arrive que je le presse d'agir de telle manière et d'autres fois qu'il me retienne, mais c'est lui qui fixe les objectifs et c'est lui qui les atteint.

William Wright

Une semaine dans la vie de Pavarotti

21 février 1980

Dîner au restaurant Romco Salta de New York avec le capitaine de la Marine américaine Jay Coupe qui, dans le cadre de la campagne de souscription pour la Washington Opera Society, a offert la somme de huit cents dollars pour manger en compagnie de Pavarotti. Coupe et ses invités se présentent assez en retard, ce qui n'a pas l'air de choquer Pavarotti, toujours à l'heure, et qui d'ordinaire déteste attendre. Après une heure et quarante-cinq minutes passées à table, on n'a toujours rien avalé. Pavarotti explique à l'un des invités qu'en raison de ces attentes interminables il évite les restaurants — la tentation est alors trop forte de se gaver de pain. Ce soir, Pavarotti reste impassible. Quand on apporte enfin les plats, Pavarotti goûte le spaghetti de chacun et Coupe entonne un air napolitain. Pavarotti repousse une invitation à chanter; il soutient qu'il refuse toujours de chanter sans préparation. Les autres chantonnent et bientôt tous les clients du restaurant se joignent à la fête.

22 février

Pavarotti passe la journée dans son appartement de l'Hôtel Navarro ; il se repose en vue de la représentation de *Ballo in Maschera*. Il peint un peu, fait un somme, regarde la télévision.

18h : Il quitte son appartement pour se rendre au Metropolitan Opera House.

18h30 : Il fait remarquer à ses amis qui attendent dans sa loge comme on a bien nettoyé la pièce. Il raconte qu'il lui est déjà arrivé de revenir au Met après une absence de neuf mois et de trouver un de ses ongles d'orteil sur le tapis. Une femme se présente pour une audition que Pavarotti avait promis de lui accorder lorsqu'elle est venue le saluer dans le Salon vert, après la dernière représentation. La jeune femme chante : « *Un bel di* ». Pavarotti dit qu'elle a de la voix, mais lui conseille d'apprendre d'abord à respirer correctement.

19h : Avec l'aide de sa secrétaire, il se maquille. Il revêt son costume de scène.

20h : Représentation.

23h à minuit : Exubérant parce qu'il a donné une bonne représentation, Pavarotti accueille une centaine d'admirateurs au Salon vert du Met.

23 février

Pavarotti prépare le déjeuner (un spaghetti *alla* Pavarotti) dans son appartement du Navarro pour des amis de San Francisco et leurs deux enfants qu'il recevra à déjeuner.

16h : L'accompagnateur se présente pour répéter « *Celeste Aïda* » que Pavarotti interprétera le lendemain dans le cadre du *Public Broadcast Gala*.

18h : Un bon ami depuis quelques années, Richard Thomas, vedette des Waltons, lui rend visite.

Soirée : Travaille à une préface qu'il a promis d'écrire pour les mémoires de Rosa Ponselle. S'entretient longuement au téléphone avec les membres de sa famille à Modène et dresse des plans pour son retour imminent en Italie.

24 février

13h30 : Déjeuner en compagnie de Terry McEwen de la London Records.

15h30 : Conférence avec James Levine à l'appartement du Navarro pour mettre la dernière main aux préparatifs pour le gala télévisé par le réseau PBS que Levine dirigera, ce soir-là, depuis la scène du Metropolitan Opera.

17h : Pavarotti répète sur la scène du Met avec l'orchestre.

18h à 21h : Dans sa loge du Met, Pavarotti attend que vienne son tour de monter sur scène. En raison du grand nombre de vedettes présentes, on a resserré les dispositifs de sécurité à l'arrière-scène ; malgré tout, un admirateur est parvenu jusqu'à la loge et demande à Pavarotti la permission de prendre une photo. Pavarotti s'entretenait avec son gérant, mais il accepte. L'homme entre dans la loge et prend une photo, puis une autre. Après un cinquième éclair de magnésium, Pavarotti dit à l'homme qu'il n'a pas choisi le bon angle. Il devrait plutôt se tenir là-bas. Finalement l'homme n'a plus de pellicule et dit à Pavarotti qu'il lui enverra une carte de bons vœux d'anniversaire, en octobre. Pavarotti le remercie.

21h : Pavarotti danse sur la scène du Metropolitan Opera House avec la maîtresse de cérémonie, Beverly Sills, aux accents de la « Valse » de l'opérette *La Veuve joyeuse* qu'interprète l'orchestre, sous la direction de Levine. L'auditoire est électrisé par son « *Celeste Aïda* » ; Pavarotti semble assez satisfait.

21h30 : Pavarotti quitte le Met avant la fin du gala pour se rendre à un dîner donné en son honneur par George Lang, expert en restauration.

25 février

Midi : On apporte à Pavarotti des échantillons de vin ; des producteurs tentent d'obtenir de Pavarotti le droit de se servir de son nom pour mettre en marché leur vin. Il ne prise guère ce vin et refusera l'offre.

13h : Déjeuner à l'appartement du Navarro avec sa

secrétaire et Hans Boon de l'agence de Breslin, pour discuter d'affaires.

15h : Conférence à l'appartement du Navarro avec des gens de la Philadelphia Opera Company pour discuter d'un concours de chant qui serait créé et qui porterait le nom de Pavarotti.

18h15 : Pavarotti quitte l'hôtel pour la représentation de 20h de *Un Ballo in Maschera*, au Metropolitan. Il reçoit des amis dans sa loge et lit le courrier envoyé par des admirateurs jusqu'au moment de revêtir son costume de scène.

Minuit : Après avoir salué ses admirateurs dans le Salon vert du Met, Pavarotti se rend à un souper donné en son honneur par l'adjoint du *Konzertmeister* de l'orchestre, Edmund Jacobsen et sa femme, Ivey Bernhardt, qui joue aussi dans l'orchestre. Pavarotti s'amène en compagnie de six personnes parmi lesquelles se trouvent deux de ses amis, des journalistes italiens qui s'étaient arrêtés au Met pour le saluer; ils revenaient des Jeux Olympiques du Lac Placid et s'apprêtaient à rentrer en Italie. Pavarotti est charmé par le fils de deux ans des Jacobsen qui, dit-il, est le premier Américain à prononcer correctement son nom. Il joue avec lui un duo au piano.

26 février

Déjeuner au Navarro avec son vieil ami Umberto Boeri ainsi que Max et Julia Prola. Julia qui a rencontré Pavarotti pour la première fois en Angleterre, il y a de cela plusieurs années, lui rappelle le jour où elle l'amena en visite chez ses parents, dans le Nord de l'Angleterre. Elle l'avait laissé seul dans le compartiment pendant qu'elle était allée acheter des revues à la gare de Londres. Au kiosque du marchand de journaux, elle entendit soudain résonner dans la vaste gare une voix familière qui appelait : «Julia, Julia!» Il avait eu peur que le train ne démarre en l'emportant sans elle. Pavarotti lui rappelle le jour où elle l'a emmené dans une mercerie très chic de Saville Row et qu'il a abordé le commis en lui demandant : «N'auriez-vous rien qui m'irait?» De manière arrogante, le commis lui avait répondu : «Un mouchoir, peut-être?»

16h: Double de tennis au River Club. La soirée s'écoule à écouter la télévision et à se reposer pour le concert du lendemain à Brooklyn.

27 février

Midi: Confère avec son gérant Herbert Breslin pour passer en revue des projets, particulièrement six sujets de films qu'on a offerts à Pavarotti depuis que le périodique *Times* lui a consacré sa page couverture.

17h: Une limousine conduit Pavarotti, sa secrétaire et son accompagnateur, John Wustman, au Brooklyn College. Pavarotti s'assoit à l'avant, aux côtés du chauffeur. Madelyn tourne le bouton de la radio où on joue l'*Ouverture* du *Barbier de Séville* de Rossini. Pavarotti demande qu'on hausse le volume, puis se met à battre la mesure. À la fin, il demande qui dirigeait. Neville Mariner; beau travail. Quand la voiture entre sur le Campus de Brooklyn, le chauffeur avoue ne pas savoir où se trouve Whitman Hall. Pavarotti suggère au chauffeur d'interpeller un étudiant qui passait par là. Pavarotti demande son chemin. L'étudiant lui demande s'il est Pavarotti. L'étudiant ne cache pas son admiration pour Pavarotti non plus qu'il sait que Pavarotti chantera cc soir-là au Brooklyn College. Pavarotti remercie l'étudiant pour ses mots aimables et redemande où est situé l'auditorium. L'étudiant lui explique le chemin. Pavarotti aperçoit une pharmacie et dit au chauffeur de s'arrêter. Il y envoie sa secrétaire chercher des Petites Pilules Carter; il insiste pour qu'elle achète tout le stock afin qu'il puisse en rapporter en Italie. Deux femmes attendent Pavarotti à l'entrée des artistes, avec des fleurs. Elles disent être venues de Détroit pour assister à ce concert. Pavarotti les embrasse toutes deux.

18h: En manteau de cuir, Pavarotti répète sur scène tout le spectacle avec Wustman; il chante chaque pièce *mezzo voce*. Les techniciens revoient leurs éclairages. Pour éprouver l'acoustique de la salle, Pavarotti demande à sa secrétaire de chanter un air. « Quoi? » « *Casta Diva* ». « Vous voulez rire? » « Non, chante-le. Je me tiendrai en retrait. » Pavarotti est satisfait de son interprétation, puis va se changer. Deux détectives montent la garde près de sa loge. Pavarotti éclate de rire quand il s'aperçoit qu'on a préparé une loge tout à côté de la sienne pour son impresario, Herbert Breslin. Quand Pavarotti quitte sa loge pour se rendre en coulisses, il s'arrête chemin faisant et raconte une longue blague à Breslin, aux détectives et à d'autres personnes qui se trouvent à la porte de sa loge.

20h : Pavarotti donne son concert devant un auditoire de plus de deux mille personnes ; il a même fallu ajouter des chaises sur scène. Il s'agit d'un concert de bienfaisance et de très nombreuses places ont été vendues cinquante dollars pièce. Tous les billets se sont rapidement enlevés.

22h30 : Après trois rappels, Pavarotti met fin au concert et s'installe à une table, sur la scène, où il dédicacera le programme de tous ceux qui se présenteront.

23h30 : Pavarotti se rend à la réception donnée dans un autre immeuble du Brooklyn Center réservé aux arts de la scène ; seuls y prendront part les dignitaires du collège et d'autres invités de marque.

Minuit : Pavarotti revient enfin à sa loge pour se débarrasser de son habit de gala. Il demande à son ami Umberto Boeri de lui apporter un plat de ces amuse-gueule exceptionnels servis à la réception.

28 février

1 h : Pendant le retour qui s'effectue par la zone ouest de Manhattan, Pavarotti fait remarquer à ceux qui sont avec lui dans la limousine une boutique qui donne sur le fleuve et où, dit-il, on trouve des aubaines fantastiques. Il a entendu dire que des gens viennent d'Italie en avion pour y faire des achats et rentrent le même jour.

13h15 : La limousine dépose Pavarotti à l'Hôtel Navarro, puis ramène les autres chez eux.

11h à 13h30 : Une conférence délicate se tient dans le bureau de Anthony Bliss, administrateur en chef du Métropolitan Opera ; y prennent part Pavarotti, Joan Ingpen, James Levine et Herbert Breslin ; on y discutera de projets qui concernent l'avenir de Pavarotti au Met.

15h : Arrive aux studios de télévision à Manhattan pour y enregistrer une interview à l'émission *Omnibus* du réseau ABC, en compagnie de la chanteuse country western Loretta Lynn dont la biographie au cinéma, *Coal Miner's Daughter*, vient tout juste d'être lancée. Le maquilleur est furieux quand Pavarotti insiste pour que sa secrétaire le maquille. Après avoir répété son échange avec Lynn, Pavarotti tient à ajouter une phrase. Il disait à Lynn que l'aria « *La donna è mobile* » raconte l'histoire d'un homme incapable de se fier à une femme et elle lui répliquait qu'elle interpréterait une chanson où il est dit que les femmes n'arrivent pas à se fier aux femmes. Pavarotti veut ajouter : « Ça revient au-même : on ne peut pas faire confiance aux femmes. » Le producteur apprécie cette nouvelle repartie; la secrétaire doit donc remanier le carton de la réplique. Pavarotti demande également qu'on écrive phonétiquement le mot « *hatred* » parce qu'il éprouve des difficultés avec le phonème « h ».

16h à 19h : Enregistrement des quinze minutes d'entretien entre Pavarotti et Lynn. Il faut recommencer à plusieurs reprises. Pendant une pause, Lynn confie à Pavarotti qu'elle se sent idiote dans son pantalon et sa veste de coutil, alors que Luciano, lui, a revêtu un habit de gala. « J'ai des tas de robes », dit-elle, « mais elles sont toutes dans la roulotte ».

19h15 : Après avoir quitté le studio, Pavarotti s'installe sur la banquette arrière de la limousine. Une femme d'âge moyen, qui se trouvait parmi un groupe d'admirateurs qui attendaient le chanteur, se jette dans les bras de Pavarotti après qu'il lui a signé une autographe. On la retire de la voiture sans difficulté.

19h30 : Partie de tennis au Rivers Club avec le professionnel Billy Talbot.

22h : Commande un dîner chinois pour environ douze personnes, à son appartement de l'Hôtel Navarro.
29 février

12h30 : Déjeuner avec le consul italien, au consulat, sur Park Avenue.

14h30 : Rencontre un comptable à son appartement du Navarro.

15h30 : Rencontre des délégués de la R.A.I., la radio

et la télé d'État italiennes, pour discuter de projets.

17h : Conférence avec Herbert Breslin dans un sauna.

19h : Dîne à l'hôtel. Pendant la soirée, boucle ses bagages et téléphone à des amis pour leur dire au revoir.

1er mars

11h : Déjeuner avec son amie de toujours, Mirella Freni, qui est arrivée à temps à New York pour assister à la dernière représentation de *Un Ballo in Maschera.*

12h45 : Quitte l'hôtel pour le Met.

13h à 14h : Reçoit des amis dans sa loge, tout en dédicaçant une bonne pile de photographies format huit sur dix en sorte que sa secrétaire en ait une réserve et puisse en faire parvenir aux admirateurs qui lui écriront pendant que Luciano séjournera en Italie. Sa secrétaire ouvre des lettres qu'elle tire d'un sac de poste énorme et lui en lit quelques-unes. Un admirateur lui envoie une jambe de femme grandeur nature en chocolat. Il y a aussi dans le courrier deux cravates et un gilet tricoté à la main que Pavarotti essaie. Il est suffisamment ample, mais trop court, et s'arrête au milieu de la poitrine du chanteur. Un ami dit à Pavarotti que ça ressemble à une brassière de bébé, sans manches. Les autres s'esclaffent. Pavarotti leur lance à tous d'aller au diable. Un autre admirateur est venu porter une boîte de biscuits aux pacanes faits maison que Pavarotti proclame délicieux. Sa secrétaire cache la boîte.

14h : Représentation de *Un Ballo in Maschera,* radiodiffusée par tout le pays grâce aux bons soins de Texaco.

17h15 : Contrairement à son habitude, Pavarotti ne reçoit pas ses admirateurs au Salon vert. On ne laisse entrer personne à l'arrière-scène et Pavarotti peut rapidement se débarrasser de son costume de scène et monter dans la limousine qui l'attend pour le conduire à l'aéroport Kennedy. Pavarotti est déçu d'apprendre que le ténor Giuseppe di Stefano ait décidé de rester plus longtemps à New York et qu'il ne prendra pas le même avion que lui, comme ils l'avaient projeté ensemble. Pavarotti passe en revue les nombreuses tâches dont il a demandé à sa secrétaire de s'acquitter après son départ.

19h: Pavarotti monte dans l'avion et s'envole pour Milan.

Un moment de repos pendant une répétition pour un concert. Photo :
Suzanne Faulkner Stevens.

Luciano Pavarotti

Quelques mots sur la nourriture

Je voudrais ici faire une pause et parler de quelque chose qui m'est cher : la nourriture. L'un des plaisirs de la vie, c'est qu'il faut nous arrêter régulièrement, peu importe ce que nous faisons, pour consacrer toute notre attention à nous nourrir. Pourquoi ne pas alors en parler dans une autobiographie?

Il est sûrement évident que j'aime manger. Je n'aime pas souffrir d'obésité et je lutte âprement d'ailleurs contre ce mal — parfois avec succès. Je sais que mon poids a joué un grand rôle dans la reconnaissance que je me suis gagnée. Peut-être mon poids m'a-t-il distingué des autres interprètes et a-t-il fait en sorte que les gens se souviennent de moi.

Par ailleurs, je pense que ce mal a tout autant nui à ma carrière qu'il l'a aidée. Ce dont on a l'air en scène importe beaucoup, même pour un chanteur d'opéra. De plus, l'une des conséquences de la célébrité de nos jours, c'est qu'il faut faire des apparitions à la télévision et en concert, accorder des interviews ou participer à des émissions à caractère d'information comme ces reportages de *Sixty Minutes* au réseau CBS où on a fait état de mon voyage en Israël. Il vaut tellement mieux bien paraître en ces occasions et je sais que l'obésité en pareils cas n'aide pas.

Je ne sais pas quand ni comment tout cela a commencé. Je me suis mis à engraisser au début de ma carrière, quand je chantais dans des maisons européennes d'opéra et à Covent Garden. Je sais que cela tient aussi au fait que je pratiquais beaucoup de sports lorsque j'étais enfant. Je m'adonnais toujours à un sport ou à un autre et je ne restais tranquille qu'au moment des repas. Quand, en raison de ma carrière, je dus cesser de faire du sport, je pense que mon corps s'était habitué à emmagasiner une énorme quantité d'aliments nécessaires d'ailleurs jusque-là, en raison des efforts physiques constants que je déployais alors.

Un autre élément a pu aggraver ce problème. Ma profession est fort exigeante et requiert une grande discipline. Je pense que je réponds adéquatement aux exigences de ma profession, mais quand je me mets à table je réagis contre ces contraintes perpétuelles. De plus, cette carrière provoque tant de tension et met à l'épreuve les nerfs. Certains interprètes réagissent à cette pression par des sautes d'humeur. Moi, je mange.

J'ai combattu ce mal et je continuerai à le combattre. Dans tout ce processus (de maigrir comme d'engraisser), j'ai beaucoup appris sur les aliments et j'aimerais partager avec vous certaines de mes découvertes. Par exemple, je connais la valeur calorique de tous les aliments que l'on peut trouver dans notre monde civilisé. De ce point de vue, j'en sais autant qu'un médecin, mais je ne vais pas vous ennuyer avec ces questions puisque vous pouvez obtenir tous ces renseignements dans plusieurs livres pratiques.

D'abord, quelques réflexions d'ordre général sur la manière de surveiller son poids. Je crois fermement que boire du vin en mangeant a un effet désastreux. J'adore le vin. Toutefois la façon dont les calories qu'il contient réagissent en présence d'autres calories semble provoquer des effets pires encore. J'aime boire, mais si un médecin m'informait qu'il me faudrait à tout jamais éviter les eaux-de-vie, je crois que je pourrais le supporter. S'il me demandait toutefois de me passer de vin, j'en mourrais. Pourtant, lorsque je suis une diète sévère, je m'en passe. Je me contente d'eaux gazeuses sans sucre.

Il existe des trucs pour réussir une diète. L'un d'entre eux consiste à attendre le plus longtemps possible avant de se mettre à table ou, après qu'on a commencé, entre les services. L'estomac est alors déjà un peu plus heureux parce qu'il sait qu'il mangera bientôt.

Et si vous attendez un peu avant d'avaler d'autres aliments, après avoir entamé votre repas — un bol de soupe, par exemple — cette fringale qui peut-être vous tourmentait se sera calmée à la seule pensée de ce qui suivra. Quand vous attaquerez enfin le plat de résistance, vous ne serez plus aussi affamé.

Vous pouvez aussi utiliser un autre truc et il est très utile : il s'agit de savoir comment vous arrêter de manger avant de vous être empiffré. L'appétit, même lorsqu'on ingurgite suffisamment de nourriture, ne s'apaise qu'environ quinze minutes après absorption des aliments. Attendez quinze minutes et vous verrez si la faim ne disparaît pas. Ça marche souvent.

Si vous avez *toujours* faim après ces quinze minutes d'attente, faites comme bon vous semble. Sachez simplement que toute ma sympathie vous est acquise.

Avant de vous moquer de mes conseils sur la manière de maigrir, arrêtez-vous et réfléchissez. Vous ignorez quel serait mon poids si je ne mettais en pratique ces secrets.

Un autre truc consiste à établir la liste de vos faiblesses et de vos forces. Certaines personnes peuvent se contenter d'une demi-portion de gâteau au chocolat, d'autres n'en sont pas capables. Celles qui n'y arrivent pas ne devraient pas se placer dans une situation où elles pourraient se trouver devant un gâteau au chocolat. Si elles en aperçoivent un, il leur faut fuir à toutes jambes. Elles devraient éviter aussi les maisons où il s'en trouve sur le comptoir de la cuisine. Elles devraient éviter les restaurants qui en font leur spécialité.

Moi, par exemple, j'adore les pâtes et la vie me serait pénible si je ne pouvais chaque jour manger des pâtes et du riz. Un ami médecin a élaboré pour moi une diète qui me permet chaque jour d'avaler une petite portion de pâtes. C'est une diète merveilleuse et pas difficile à respecter parce qu'elle tient compte de mes faiblesses. Elle m'interdit les eaux-de-vie et les gras, mais me laisse la possibilité d'ingurgiter des portions généreuses d'autres aliments. Elle tient compte de ce que je suis habitué aux grosses portions. Aussi m'est-il permis d'avaler de bonnes quantités de viandes et de certains légumes. La quantité de pâtes et de féculents y est limitée à environ cinq onces par jour. Cela me convient à merveille puisque j'aime tout, y compris les viandes et les légumes.

Plusieurs années durant, j'ai eu pour secrétaire une merveilleuse Américaine d'origine italienne, Annamarie Verde. Elle s'occupait de tout pour moi, veillait à ce que je respecte mon horaire et à ce que je sois là où il le fallait au moment voulu. L'une des nombreuses tâches dont elle s'acquittait, mais qui n'entrait pas dans le cadre de son travail, était d'inventer de splendides recettes à partir des aliments que me permettait ma diète. Annamarie est une cuisinière inspirée. Comme moi, elle adore manger et souffre d'obésité. Elle se lança le défi de varier le menu en respectant ma diète; ce qui donna parfois des résultats très heureux. Un de ces jours, j'espère pouvoir écrire un livre de ces recettes qu'Annamarie et moi avons réussies en observant ma diète, en plus d'autres recettes que j'ai inventées pour le seul plaisir du palais.

Essentiellement, ma diète se compose de quantités limitées de sources de protéines relativement pauvres en calories — le veau, le poulet, le poisson — cuites avec des légumes sans féculents — le zuchette, les oignons, les haricots verts, le céleri et les carottes, entre autres — que je laisse ensuite refroidir au réfrigérateur.

Je mange cette mixture avec une ration quotidienne de trois onces et demie de riz. M'habituer à manger froid s'est avéré important dans mon cas. De cette manière, je n'ai qu'à me servir dans le réfrigérateur et à manger sans autre apprêt. J'élimine ainsi la période d'attente pendant que le repas mijote et où sévit la tentation de grignoter tout ce qui nous tombe sous la main. Évidemment je modifie les assaisonnements en sorte que le plat ait meilleur goût s'il est froid que s'il est chaud.

S'il vous faut comme moi surveiller votre poids, certaines réalités sont vite devenues pour vous une évidence. Par exemple, vous savez que le veau contient moins de calories que le poulet, qui en compte moins que la dinde. Je me délecte de jeune veau tendre, mais on a du mal à en trouver aux États-Unis; et quand c'est possible, il faut le payer très cher. Mais les aliments que je préfère dans ma diète — les viandes rouges, le poulet et le poisson — sont disponibles partout aux États-Unis et fort bons.

Je n'ai guère le talent d'expliquer les détails de cuisson et les autres questions techniques. Je peux cuisiner un plat, mais j'ai du mal à expliquer comment je m'y prends. C'est à goûter des plats apprêtés et à analyser ce qui leur manque pour les améliorer que je réussis le mieux.

En ce qui concerne certains aspects de la préparation des aliments, je suis très méticuleux. Par exemple, j'ai la conviction que le persil haché très fin ajoute un parfum tout à fait différent à un plat — et une saveur de loin plus intéressante que le persil grossièrement déchiqueté. Anna-marie ne manque jamais de me taquiner en me rappelant ce jour où elle était entrée dans la cuisine et y avait trouvé un énorme écriteau que j'y avais accroché et sur lequel on pouvait lire : S'IL TE PLAÎT, HACHE FIN LE PERSIL !

Les séminaires télédiffusés de la Julliard School, que j'ai donnés en 1979, furent pour moi une merveilleuse occasion de repasser tout ce que je sais du chant et du travail sur scène. Ici, John Wustman et moi travaillons avec la soprano colorature Roseann Del George. Photo : Suzanne Faulkner Stevens.

Mirella Freni

Deux enfants de Modène

Maintenant que Luciano et moi chantons ensemble dans diverses maisons d'opéra à travers le monde, je m'émerveille de ce que nos destinées soient depuis si longtemps liées. Même avant notre naissance, nos familles étaient amies. Nous avons vécu dans le même voisinage et sa mère ainsi que la mienne travaillaient à la même manufacture de cigares. Quelque chose dans le tabac doit faire sûrir le lait parce que chacun de nous a tété une nourrice. Nous avons eu la *même* nourrice, Luciano et moi, et je n'ai pas besoin de dire qui buvait tout le lait.

Nos familles se côtoyaient beaucoup — nous ne mangions pas ensemble; d'ailleurs, nous autres Italiens n'agissons pas tous de la même manière — mais nous nous voyions chaque jour et nous savions tout de la vie de l'autre. Puis ma famille déménagea et s'installa dans un autre quartier de Modène; aussi, pendant plusieurs années, n'ai-je pas vu Luciano. Je n'ai pas vraiment beaucoup de souvenirs de l'époque où nous habitions le

211

même voisinage puisque nous étions trop jeunes, mais nos familles n'ont pas cessé de se voir et nous avons grandi conscients l'un et l'autre de l'existence de chacun d'entre nous.

J'ai commencé très jeune à chanter et l'une des premières fois que je me rappelle avoir vu Luciano, alors que nous étions déjà plus âgés, remonte au jour où j'ai interprété Liù dans une production de *Turandot* au Teatro Communale de Modène. Luciano chantait dans le chœur —comme son père. Luciano ne songeait guère alors à embrasser la carrière de chanteur, mais tous les gens de la maison d'opéra disaient qu'avec une voix si belle il devait s'y essayer. Aussi entreprit-il des études de chant.

Très tôt, nous nous sommes tous les deux retrouvés chez le même professeur, maître Ettore Campogalliani, à Mantoue. Et souvent nous faisions ensemble le trajet de Modène à Mantoue dans la voiture de son père ou dans celle de mon mari. Parfois, nous prenions ensemble le train. Nous discutions souvent de travail, échangions des réflexions sur le chant, la technique — ce que nous étudiions. Nous apprenions tant tous les deux à cette époque.

C'est étrange que nous nous soyons retrouvés tous les deux de cette manière parce que j'avais fréquenté le même collège que Adua Veroni, à qui il était alors fiancé et qui depuis est devenue son épouse. Nous n'étions pas dans la même classe mais nous nous connaissions et nous nous rencontrions fréquemment.

Pour moi, Luciano est vraiment comme un frère. Et une telle relation d'amitié est très belle dans une profession comme la nôtre où il n'est pas facile de se faire des amis. Il y a tant de jalousie, tant d'intrigues. Mais Luciano ne m'a jamais semblé le moindrement ainsi — il n'a jamais fait preuve de rivalité, d'envie ou de quoi que ce soit d'autre. Et chaque fois que nous chantons ensemble un opéra, nous entretenons de merveilleux rapports, sans la moindre anicroche.

En ce qui concerne notre art et notre jeu dramatique, nous comprenons très tôt les difficultés qu'éprouve l'autre.

212

Je demande souvent des conseils ou son opinion à Luciano et il en fait autant avec moi. Quand vous vous retrouvez au loin dans une ville inconnue, il est réconfortant de pouvoir compter sur un ami dont vous savez qu'il vous comprend, qu'il connaît votre métier et tous les détails de votre vie, qu'il ne se montrera ni envieux ni jaloux. Quand nous nous retrouvons dans la même ville, Luciano et moi dînons souvent ensemble. Il nous paraît hilarant que nous nous voyions plus souvent quand nous sommes à l'étranger que lorsque nous sommes à Modène. Il arrive que nous nous trouvions tous les deux à Modène en même temps. Quand cela se produit, nous nous arrangeons pour que nos familles dînent ensemble. Mais plus souvent qu'autrement, lorsqu'il y est je suis quelque part au loin et vice versa. Il m'est toujours agréable d'apprendre que Luciano et moi chanterons ensemble.

Je ne peux vraiment pas comparer Luciano aux autres ténors avec qui j'ai travaillé, parce qu'il existe entre nous une amitié toute spéciale, une amitié comme je n'en connais pas avec d'autres chanteurs. Son succès monstre ne m'a jamais étonnée. J'ai toujours pensé qu'il mènerait une carrière éblouissante. Je sais qu'on n'a jamais demandé à Luciano, alors qu'il débutait, de chanter à Modène et qu'il a l'impression qu'on n'y encourage pas les artistes de la région, qu'on y favorise les chanteurs de l'extérieur. À mon sens, il a tort parce que c'est à Modène qu'on m'a offert mon premier rôle — j'y ai incarné Micaëla en 1955 — et j'y ai tenu plusieurs rôles quand je faisais mes premières armes.

Mais pour ce qui est arrivé à Luciano, je ne comprends pas vraiment. Peut-être y entretient-on des préjugés contre les ténors — il y a tant de choses étranges qui se produisent. Maintenant on y aime certainement Luciano. Quand lui et moi y avons donné un concert avec l'orchestre, en 1979, l'auditoire s'est montré aussi chaleureux pour l'un que pour l'autre.

Le seul changement que j'ai remarqué en Luciano depuis qu'il connaît un succès toujours grandissant, c'est son embonpoint. Tant lui que d'autres ont tenté de me donner toutes sortes de raisons pour expliquer cet embonpoint, mais je pense que la réponse est simple : il aime manger.

Le succès ne l'a pas changé le moins du monde. Notre amitié est restée la même, telle qu'elle était à l'époque où nous prenions ensemble le train pour aller étudier à Mantoue. Luciano est toujours Luciano.

J'ignore si toute cette publicité, qui le présente comme un talent exceptionnel, lui causera des ennuis. Cela dépend de sa force de caractère. Moi, j'en serais terrifiée. Chaque fois que vous chantez, il vous faut alors vous surpasser. Je n'en voudrais pas. Mais s'il peut supporter cette pression, alors je pense que c'est merveilleux pour lui.

Luciano Pavarotti

Chanter un opéra

Les jours de représentation, je dors aussi longtemps que possible et je me donne beaucoup de mal pour éviter de me réveiller avant que mon corps ait emmagasiné tout le sommeil qui pourrait lui être profitable. Comme d'habitude, je commence la journée en buvant une tasse d'espresso que je sucre avec un succédané; je n'avale rien d'autre. Naturellement, ce qui me préoccupe c'est de savoir si je suis en voix. Il m'arrive de chantonner sous la douche comme le font tous les hommes, mais dans mon cas il ne s'agit pas d'une expression d'exubérance parce que je vis et que je sens l'eau me fouetter tout le corps. Parfois je chantonne pour cette raison, mais jamais le jour d'une représentation où il importe par-dessus tout que ma voix soit à son meilleur.

Pourquoi tout le monde s'intéresse-t-il tant à la sexualité et à ses effets sur la voix? Peut-être parce que les chanteurs ont toujours cherché des excuses pour expliquer qu'ils ne soient pas en voix et que trop d'emportements amoureux sont une noble excuse. Ou peut-être plus simplement parce que tout le monde s'intéresse à la sexualité et saisit tous les prétextes imaginables pour en parler.

Bien des chanteurs, en particulier les ténors, croient qu'avoir des relations sexuelles avant de chanter affecte la voix. Terry McEwen, qui vient de prendre la direction du San Francisco Opera, affirme pouvoir déceler dans la voix d'un ténor s'il a eu des relations sexuelles la veille d'une représentation. Et un ténor était si convaincu qu'elles embellissaient sa voix qu'il s'offrait toujours ce petit plaisir dans sa loge, avant le spectacle.

Mon ami José Carreras a là-dessus le point de vue le plus juste. Il dit : « Les relations sexuelles ont un effet positif sur ma voix, mais je ne peux pas parler pour tous les ténors. Je n'ai jamais couché avec un ténor. »

C'est tellement idiot. Comme José, je ne peux m'empêcher de blaguer quand des interviewers me posent une question sur ce sujet — et ils n'y manquent jamais. Quand le *Newsweek* m'a consacré sa page couverture, le journaliste qui m'interviewait m'a demandé ce que j'en pensais et je lui ai répondu : « Je pense que les relations sexuelles sont au corps ce que les vocalises sont à la voix : elles le mettent en forme. Je fais chaque jour des vocalises. »

Soyons sérieux : je soupçonne qu'il vaut mieux ne pas donner libre cours à ses passions avant une représentation ou le jour précédent, mais je crois qu'il est préférable de ne pas s'imposer d'efforts de quelque genre que ce soit pendant ces deux journées. Vous pouvez chanter mal cinq minutes après vous être accordé ce plaisir ou cinq jours plus tard. Je ne vois pas de lien évident entre la voix et la sexualité, comme tant d'autres voudraient nous le faire croire.

Il vaut mieux qu'un chanteur ne laisse pas de telles questions lui dicter sa conduite. Un de mes collègues au Met est inflexible à ce sujet. Sa femme s'est plainte publiquement qu'il ne lui faisait pas l'amour la veille d'une représentation ni le lendemain. «Et», ajoutait-elle, «il chante deux fois la semaine.»

Permettez-moi, pour cet exemple d'un jour de représentation que je vais vous décrire, de ne pas traiter de ce sujet.

Après que je me suis complètement réveillé et rafraîchi, je pratique sérieusement mes vocalises pendant deux minutes. Si la voix est en forme, je m'arrête et me détends jusqu'au déjeuner. Si ce n'est pas le cas, je m'arrête malgré tout après deux minutes, je me détends, puis je mange. Je passe le temps en peignant, parfois en lisant. J'évite de recevoir des gens; parler fatigue la voix.

Après avoir mangé, je me repose quelques heures, puis je fais encore des vocalises. Si la voix ne se manifeste toujours pas, je la force, même en hurlant si cela s'avère nécessaire. Je poursuis les vocalises jusqu'à ce que je sois assuré que la voix m'est revenue. Enfin, je me rends au théâtre. Quand j'y arrive, je fais encore des vocalises pour vérifier si, chemin faisant, je n'ai pas perdu la voix.

Supposons que je donne une représentation de *L'Elisir d'Amore* à La Scala. Je conduis jusqu'au théâtre ma vieille Mercédès que je laisse au garage de mon hôtel, La Residenza Maria Terasa où je loue un appartement quand je chante à La Scala. C'est un hôtel particulier, très calme, très confortable; là, je dispose d'assez d'espace pour m'adonner à la peinture et d'une cuisine où je peux préparer à l'occasion un repas pour moi-même et mes amis.

Le centre-ville de Milan est un labyrinthe de rues à sens unique qui vont dans toutes les directions imaginables. Je ne connais pas très bien la ville, mais je pourrais faire les yeux fermés le trajet de l'hôtel à La Scala. J'adore conduire et je préfère tenir le volant plutôt qu'être véhiculé. Tous mes amis le savent et ils me laissent souvent conduire leur voiture quand nous nous rendons ensemble quelque part, si je me trouve à l'étranger, sans ma voiture.

Après une représentation ou n'importe quel événement enthousiasmant, rien ne me plaît davantage que de m'asseoir derrière le volant d'une cylindrée rapide et de conduire à toute vitesse sur une autoroute déserte — ou parfois même dans la circulation dense, *all'italiano*. C'est un excellent moyen de relâcher la tension, mais n'allez pas répéter à la police que je vous l'ai recommandé. La direction de La Scala me permet de garer ma voiture dans la cour, derrière la scène, ce qui est très pratique. J'arrive environ une heure et demie avant le lever du rideau.

Le soir de la première de *L'Elisir* à La Scala, je me sens plus qu'un peu nerveux. J'ai toujours le trac avant un spectacle. Tout chanteur qui prétend ne rien ressentir en pareil moment est un menteur. Certaines circonstances vous rendent plus nerveux. Par exemple, quand j'ai donné mon premier concert télévisé aux États-Unis, j'étais si terrifié que je savais à peine ce que je faisais.

Les critiques de Milan peuvent se montrer sadiques. Vous ne pouvez jamais prévoir quand ils se retourneront contre vous ou ce qui pourra déclencher leur hargne. Je soupçonne qu'il s'agit souvent d'une raison qui n'a rien à voir avec le rendement d'un artiste. La rumeur de mes succès aux États-Unis et ailleurs leur était parvenue et cela m'effrayait. Ils détestent se faire dire par des étrangers quels ténors italiens ils doivent apprécier ou dénigrer.

Le jour de cette première, un petit rien me chatouille la gorge. Ce n'est pas exactement un mal de gorge. Quelque chose toutefois ne tourne pas rond, juste assez pour que je ne me sente pas en parfaite condition et voilà qui ajoute à ma nervosité.

J'entre dans la loge sombre, lambrissée de boiseries. J'entends mes collègues qui font des vocalises, ce qui me rappelle que je suis à l'arrière-scène d'une maison d'opéra, avant une représentation. Je vérifie si mon Adina, Mirella Freni, est dans sa loge et si elle se porte bien. Elle sourit et m'envoie un baiser depuis sa coiffeuse.

Ma loge est parmi celles des hommes; les femmes sont installées à l'étage au-dessous. Mon habilleuse me salue; c'est une femme d'âge moyen qui travaille à La Scala depuis des années. Elle a préparé mon costume, mais d'abord je dois me dévêtir, faire quelques vocalises au petit piano qui se trouve dans la pièce, me laver puis me rendre à la salle de maquillage, à l'extrémité du couloir, où on m'appliquera le maquillage de Nemorino, le personnage que j'incarne.

Dans cette pièce éclairée crûment m'attend le maquilleur professionnel avec qui j'ai mis au point un maquillage, à la générale. Je m'intéresse vivement au maquillage et j'en applique d'ailleurs moi-même l'essentiel. Je m'assois dos à la porte de cette pièce éclairée. La porte reste ouverte sur le corridor et, pendant que se déroule la séance de maquillage, j'échange des saluts dans le miroir avec des confrères qui s'arrêtent pour assister à ma transformation en Nemorino. Même lorsque je me sens très angoissé, comme maintenant, je trouve toujours le moyen de rire et de plaisanter avec les copains.

Le directeur artistique, Jean-Pierre Ponnelle, s'arrête aussi un moment pour me rappeler deux petits changements que nous avons d'un commun accord décidé d'apporter, après la générale. Ponnelle a d'abord dirigé cette production pour le compte de l'Opéra de Hambourg.

Mon maquillage est complété. J'ai maintenant le teint d'un garçon de la campagne qui passe ses journées sous le soleil, à veiller sur ses brebis. (Ponnelle a eu l'idée de faire de Nemorino un pâtre.) Une perruque de cheveux sombres bouclés et courts est fixée sur ma tête et j'ai plutôt bel air. Je ne me sens pas toujours ainsi lorsque je me retrouve costumé et maquillé. Je retourne à ma loge et on m'aide à endosser mon costume, essentiellement un sarrau ample et très confortable.

Maintenant je suis prêt et il ne me reste plus qu'à attendre. C'est alors qu'on commence à se sentir furieusement nerveux. Je m'assois au piano et j'essaie ma voix. Elle sonne bien, mais il y a toujours ce petit quelque chose dans la gorge. C'est extrêmement ennuyeux. Peu importe de quoi il s'agit, cela peut ne pas affecter ma voix présentement, mais que se passera-t-il après une heure de chant épuisant sur scène? Et il me faudra alors chanter pendant encore deux longues heures.

Le maître de chœur de La Scala entre dans ma loge,

comme il le fait avant chacune des représentations. Il lance un « *Buena sera!* », s'assoit au piano et appuie sur une touche. Je donne l'arpège de l'accord majeur. Nous continuons. Quand il touche le do, il s'arrête et se tourne vers moi.

« *Va bene?* », demande-t-il.

Je lui parle de ce malaise que je ressens à la gorge. Il m'assure que tout va bien. Il sort.

Maintenant vient le pire moment. Vous avez fait tout ce qu'il fallait et il reste encore vingt minutes avant le lever du rideau. Vous n'avez d'autre choix que de vous asseoir et vous vous demandez comment vous vous êtes lancé dans une carrière pareille, comment vous, un homme d'âge mur, vous revêtez un costume grotesque, vous vous produisez sur scène devant des milliers de gens qui peuvent ne pas être bien disposés à votre égard et risquez de faire un fou de vous ou de provoquer un scandale artistique.

Parce qu'il a tant de facettes, l'opéra est un art fascinant. Pourtant, une seule d'entre elles peut ruiner la carrière d'un interprète, même s'il fait bonne figure dans toutes les autres. À mesure qu'approche le moment du lever du rideau, l'opéra lyrique cesse d'être un lieu de grand art incroyablement riche, un trésor lourd de traditions, pour devenir une véritable mine de désastres potentiels.

Finalement, il est temps pour moi de prendre place sur scène et j'entreprends ma marche à la mort. Mon habilleuse me suit en transportant une bouteille d'eau minérale, des épingles et différents autres objets dont je pourrais avoir besoin en cas d'urgence. Quand nous arrivons sur scène, je cherche un clou tordu. C'est une superstition que je traîne depuis des années. Je n'aime pas chanter tant que je n'ai pas trouvé un clou tordu sur le plancher de la scène. Habituellement, c'est chose facile étant donné toute cette charpenterie qui se fait à l'arrière-scène. Cette croyance est le fruit de deux superstitions italiennes ; le métal pour porter chance et la pièce tordue pour rappeler les cornes qui repoussent les mauvais esprits.

Tout le monde se moque de moi à cause de cette superstition et en certaines occasions un bon nombre de gens qui travaillent à l'arrière-scène se sont précipités autour de moi pour m'aider à trouver un clou tordu. Il est faux de prétendre que j'envoie ma femme au-devant de moi pour me trouver un clou, comme je l'ai lu quelque part. Celui qui a écrit cela ne connaît pas ma femme. D'ailleurs cette habitude enrage Adua parce que plus tard je mets le clou dans ma poche, ce qui souvent perce le vêtement et Adua doit ensuite le repriser. Plusieurs personnes connaissent maintenant ma manie des clous tordus et des admirateurs d'un peu partout m'en ont envoyé d'assez inusités — des clous en argent, même certains en or pur. Tout ce que je désire, c'est un vrai clou, tout juste avant la représentation, pour conjurer le mauvais sort.

J'arrive à ma place. Pour le premier acte de *L'Elisir*, Ponnelle a imaginé comme décor les environs d'un petit village, avec une maisonnette pour Nemorino qu'il a installée dans la loge gauche de l'avant-scène; cette loge donne directement accès à l'avant-scène, devant le rideau. Il y a une autre maisonnette du côté opposé de la scène pour Adina, la flamme de Nemorino. Ces loges sont généralement réservées aux directeurs du théâtre, mais pour cette production, l'une d'elles est ma petite maison. Je reviens peu souvent dans cette minuscule habitation puisque je suis presque toujours sur scène en train de chanter.

Dans cette maison, je m'assois sur une petite chaise droite. Je peux entendre les murmures du public semblables à ceux d'un océan capable de caresser ou de tuer. Je m'accroche à l'accessoire que je dois traîner avec moi pour mon premier aria; il s'agit d'un mouton empaillé, un petit jouet stupide qui n'a pas la prétention de paraître réel. Le chef d'orchestre monte sur le podium et recueille des applaudissements. L'auditoire fait silence.

Ce sont là les pires moments. Il est impossible maintenant de reculer. La représentation débute. Je suis assis là, la sueur dégouline sur mon cou et il reste encore trois heures de travail. Je préférerais exercer une tout autre profession. Je préférerais retourner enseigner à mes petits monstres — n'importe quoi. Je prie. Je ne connais qu'un bon Dieu, mais un seul ne suffira pas pour m'aider à traverser cette épreuve. Je ne crois pas avoir d'ennemi, mais si j'en avais un je ne lui souhaiterais même pas de vivre des moments aussi terribles.

Quand l'orchestre attaque l'ouverture, le rideau se lève et je sais qu'il me faudra bientôt entrer en scène pour interpréter une petite pantomime avec Adina qui justement émerge de sa maisonnette, de l'autre côté de la scène. À la suite de mes nombreuses expériences passées, je me sais doué d'une qualité d'un grand secours qui, au moment critique, me débarrasse de cet état de stupeur. Quand arrive le moment où je dois faire mon entrée, un mécanisme s'enclenche dans ma tête et je deviens le personnage que j'incarne; tout le reste disparaît.

C'est comme de l'auto-hypnose. C'est difficile à expliquer. Cela tient en partie à la concentration que je juge essentielle pour donner le meilleur de soi-même, que ce soit à l'opéra ou au concert. Mais cela tient aussi, je pense, à une capacité de faire table rase de toutes les préoccupations qui nous assaillent. Si vous vous laissez aller à songer à tout ce qui pourrait survenir au cours des heures qui viennent — tous les imprévus, tout ce qu'il vous faut vous rappeler, les détails techniques, les questions artistiques en rapport avec la musique, la manière dont le chef et vous avez résolu une centaine de désaccords dans votre façon d'interpréter la partition, sans compter le public, toujours le public, ce géant capricieux et rétif — si vous laissez votre esprit se pencher sur une seule de ces préoccupations, vous serez victime d'un choc nerveux.

Cette totale concentration qui vous fait tout oublier, sauf ce que vous êtes en train de faire présentement, ne sert pas qu'à atteindre à l'excellence, elle vous protège aussi contre vous-même. Vous êtes un garçon de la campagne amoureux d'une jeune fille qui vous repousse. C'est tout. J'ai déjà passé de longs moments sur scène sans être le moins du monde conscient de la présence du public. Au delà de l'univers qu'ont créé Donizetti et Felice Romani, je

222

n'ai conscience que de l'existence du chef d'orchestre et de sa baguette qui s'agite dans la pénombre.

Dans *L'Elisir*, j'ouvre l'opéra avec un grand aria. Seul devant ma petite maison, sous un projecteur, j'étreins mon mouton empaillé et je chante « *Quanto è bella, quanto è cara* ». C'est un aria charmant, une touchante déclaration d'amour de Nemorino à son Adina. Cet aria n'est pas sans présenter de danger pour un ténor qui n'a pas même la chance de se réchauffer la voix.

L'aria s'achève et l'auditoire se rappelle à moi par ses applaudissements — ce n'est pas le délire mais c'est cordial, presque chaleureux. C'est étrange comme vous pouvez ressentir comment le public réagit à votre art, même avant les applaudissements. C'est une perception presque extra-sensorielle. Je n'ai que rarement été pris au dépourvu par la réaction d'une salle, à la fin d'un aria — par sa froideur, son indifférence ou son enthousiasme effréné. Je peux pressentir l'accueil avant qu'il ne se manifeste.

Maintenant je peux sentir que les spectateurs se laissent davantage séduire pendant que Mirella entonne le simple aria de Adina où elle lit à ses amies l'histoire de Tristan et Iseult. Comment un auditoire pourrait-il rester froid en entendant Mirella ? Elle le gagnerait par sa seule beauté fragile et séduisante. Qu'elle soit aussi une artiste de grand talent, une soprano de tout premier ordre, voilà qui devient évident à mesure qu'elle progresse dans son aria, même si cette pièce est loin de faire valoir toutes ses qualités.

En tant que Nemorino, je dois la regarder amoureusement depuis un coin de la scène. En tant que Luciano Pavarotti, je la regarde aussi et une idée me traverse l'esprit. Nous sommes tous deux nés à quelques mois d'intervalle dans le même voisinage immédiat, dans la même petite ville. Maintenant nous nous retrouvons ensemble sur la scène de la maison d'opéra la plus célèbre du monde, en train d'interpréter deux grands rôles du répertoire lyrique italien. Quelle joie de chanter avec Mirella ! En tant qu'artiste et ami.

Le premier acte se déroule sans anicroche et je peux sentir que le public se détend et se divertit de plus en plus. Ce qui ne signifie nullement, je le sais bien, qu'il va à coup sûr me manifester son approbation ni qu'il ne va pas soudain se retourner contre toute la production. Dulcamara fait une entrée remarquée et chante son délicieux baratin de vendeur aux villageois. Ensuite je chante avec lui un duo dans lequel je l'implore de me vendre de sa potion pour rendre Adina amoureuse de moi.

J'adore ce duo. La situation dramatique est nette et comique : le rustre naïf espère un miracle et, à l'opposé, l'artiste sans scrupules est trop heureux de vendre au premier tout ce qu'il désire. La musique rend avec brio la joie de Nemorino qui vient de trouver un savant qui l'aidera à se gagner les faveurs de sa bien-aimée et celle aussi de Dulcamara trop heureux d'escroquer un paysan ignare. D'une certaine façon, cette musique gaie fait ressortir le côté positif de la situation, du jeu : les gens peuvent se tricher les uns les autres et pourtant y trouver chacun son compte. À mon sens, cette merveilleuse scène fort mélodieuse est une illustration de l'opéra comique italien à son meilleur. Mais il y a tant de moments semblables dans *L'Elisir*.

Quand s'achève le premier acte, je titube désespérément sur scène, pendant que tout le village me raille et prépare les épousailles de la petite Adina avec mon rival. Mes gestes frénétiques ajoutent à mon épuisement lorsque tombe le rideau. Je me dirige vers ma loge en entendant à peine les applaudissements qui semblent enthousiastes, mais non pas délirants. Milan n'est pas encore subjugué. Je suis hors d'haleine et je transpire abondamment.

Je m'affale dans ma loge et je bois un peu d'eau minérale, puis un peu de thé chaud. Ma voix semble tenir le coup, mais il y a encore beaucoup à chanter. Ma femme entre et nous bavardons un moment. Elle me dit que le public aime le spectacle, mais je ne pourrai me détendre tant que je n'aurai pas franchi le point crucial qu'est mon grand aria du deuxième acte : « *Una furtiva lagrima* ». Pendant les entractes, on ne ressent aucune émotion, on se sent vide. On a quitté le champ de bataille pour une brève trêve, mais la lutte n'est pas terminée. Au début, j'insistais pour rester seul pendant les entractes et je ne laissais entrer que ma femme dans ma loge. Sur ce point, je me suis considérablement assoupli, bien que je ne sois pas alors l'animal social que je suis lorsque tout est fini.

Je me lave, je retouche mon maquillage et j'attends qu'on me rappelle. C'est comme si le temps s'était arrêté et je me retrouve sur scène à tenter d'obtenir de Dulcamara une autre bouteille de sa potion d'amour. Dans ma scène d'ivresse, après m'être enrôlé dans l'armée pour empocher l'argent nécessaire à l'achat de l'élixir, la bouteille de vin se brise dans mes mains. Je ne remarque le sang que lorsque je sors de scène un bref moment. L'habilleuse nettoie la plaie et applique un pansement que ne pourra percevoir le public.

Pendant toutes les répétitions, y compris la générale, cette bouteille de vin était de plastique. Nous étions tous d'accord pour dire que c'était plus sûr. Pour une raison qu'on m'expliquera plus tard, l'accessoiriste a décidé de la changer malgré notre entente, sans me prévenir. Je suis là sur scène, rassuré parce que je sais que je tiens une bouteille de plastique qui ne peut se briser et elle éclate. Je suis sûr qu'il y avait une raison pour utiliser plutôt le verre — on a peut-être égaré la bouteille de plastique ou quelque chose du genre — mais de le découvrir en pleine représentation suffit pour que je me sente trahi par quelqu'un qui est censé m'apporter son concours. Pareils incidents vous rendent fiévreux, vous détraquent les nerfs et parfois vous mettent en colère.

Comparativement à d'autres artistes qui sont peut-être en un sens prédisposés aux accidents, j'ai joui d'une carrière relativement exempte d'incidents désagréables sur scène. Une fois que je chantais à San Francisco, la scène s'est mise à vaciller dangereusement. On aurait dit que s'annonçait un grave tremblement de terre. Sauf en avion, je suis plutôt brave et, durant ce tremblement de terre, j'ai gardé mon calme; on m'a dit plus tard que j'avais ainsi contribué à rassurer les gens.

Peut-être quelques autres incidents se sont-ils produits, mais je ne les ai pas remarqués. Je me plonge littéralement dans ce que je fais lorsque je suis sur scène. Je me rappelle une occasion où j'ai été terriblement distrait — presque au point de gâcher mon exécution. Je donnais *La Bohème* à Ankara, en Turquie. Comme je ne parle pas turc, j'y chantais le rôle de Rodolfo en italien tandis que les autres membres de la distribution chantaient en turc. C'était si étrange d'entendre ces mélodies familières dans une langue tout à fait étrangère. J'aurais voulu éclater de rire. Chaque fois que je me plongeais dans le personnage de Rodolfo, un poète parisien du dix-neuvième siècle, j'étais confondu d'entendre quelqu'un me répondre dans une langue aussi martiale.

Vient enfin à La Scala le moment où toute la distribution de *L'Elisir* me laisse seul en scène. Je me place au centre de la vaste scène et j'interprète l'un des plus grands arias d'opéra pour ténor : « *Una lagrima furtiva* ». C'est un aria merveilleux et curieux. Jusqu'à cet instant, la musique de cet opéra a été enlevante et enjouée, brillante bien entendu, mais sans jamais emprunter un autre langage que celui de l'*opera buffa*. Brusquement tout s'arrête, survient un changement total d'atmosphère — un aria d'une beauté et d'une gravité inégalées. Comme si Donizetti disait : « Nous nous sommes amusés ce soir, mais pour que vous ne l'oubliez pas, voici une pièce qui devrait vous rappeler que je suis un très bon compositeur servi par les très bons interprètes que vous avez le plaisir d'écouter. »

Pendant que l'orchestre joue la charmante et triste introduction, je ne peux qu'*espérer* que le public entendra un très bon chanteur. Il est difficile d'expliquer à des étrangers ce que ressent un ténor italien devant un auditoire italien quand il s'attaque à l'une des pièces de résistance pour grand ténor de l'opéra italien. Il vous faudrait d'abord comprendre ce que représente l'opéra pour les Italiens, combien nous révérons nos grands compositeurs, comment nous avons été élevés en écoutant leur musique, à quel point la musique est pour nous tous une part importante de notre héritage national.

De plus, j'ignore mais je peux deviner quels souvenirs précieux se rattachent à cette pièce de musique pour les gens qui se trouvent en face de moi. Il est concevable qu'ils l'aient entendue déjà, interprétée par Gigli, Schipa, di Stefano, Tagliavini ou n'importe quel autre des grands ténors qui se sont produits sur cette scène et ont fait vivre aux spectateurs une expérience qui a pu représenter pour plusieurs d'entre eux un moment sublime dans leur existence. Et j'aurais le toupet de m'y essayer? Quand j'entonne cet aria — doucement, calmement — l'émotion est à son comble de part et d'autre de la rampe.

Cet aria est singulier d'un autre point de vue, en plus de son caractère étrangement triste et unique dans un opéra comique. La plupart des grands arias pour ténor du répertoire italien se terminent par une contre-note *bravura,* une note qui, si tout va bien, peut rendre un auditoire frénétique. « *Una furtiva lagrima* » ne comporte pas de tel «détonateur» qui électrise la foule; il s'agit seulement d'une musique cruellement belle qui peut mettre à nu toutes les imperfections d'une voix mal entraînée.

Je chante une première fois la merveilleuse mélodie qui compte un changement de tonalité dramatique et inattendu au moment le plus émouvant, puis l'orchestre la répète presque sans variation, sauf à la fin. C'est probablement le plus astreignant des grands arias pour ténor. S'il ne comporte pas de difficultés pour la voix, l'aria « *Una furtiva lagrima* » est pourtant l'un des plus difficiles qui aient été écrits — si on le considère du point de vue de la mise en valeur, par un interprète, de l'énorme potentiel émotif d'une pièce.

Soudain, je donne la dernière note et je la tiens. Il y a un silence. Je pense que tout s'est bien déroulé. La salve d'applaudissements la plus incroyable me ramène à la réalité. Je me tiens là, les bras un peu écartés du corps, m'efforçant de ne pas sortir de mon personnage. L'ovation gagne toujours en ampleur et ne semble pas vouloir s'arrêter.

Tant d'idées se bousculent dans ma tête. Bien sûr, je suis enchanté d'avoir réussi cet aria, qu'il soit terminé. Je

227

suis content que la salle soit satisfaite, que La Scala soit satisfaite, que les critiques, je pense, le soient aussi. La victoire m'appartient.

Une autre pensée me traverse l'esprit qui pourra paraître arrogante. Je me dis qu'une œuvre musicale, même de grande qualité, n'est pas à elle seule une création totale au plein sens du mot. L'exécution vient compléter l'intention du compositeur. Si vous sentez que vous l'avez bien interprétée, alors vous avez l'impression d'être en partie l'artiste qui l'a composée.

Les applaudissements ne cessent pas et je lutte toujours pour ne pas sortir de mon rôle. À une certaine époque, dans ma carrière, j'ai remercié le public pour ses applaudissements pendant la représentation quand l'ovation ne semblait pas vouloir prendre fin. Je me disais que cela apaiserait l'auditoire, qu'il ne s'arrêterait pas tant que je ne répondrais pas à son enthousiasme. Mais j'ai compris que si un public s'emporte comme celui-ci, le remercier pour son ovation, quitter mon personnage et reprendre ma propre personnalité pour l'en remercier ne l'excitent que davantage. Si vous voulez garder espoir que s'achève au plus tôt la représentation pour que vous puissiez rentrer à la maison et dîner, il vous faut vous tenir immobile comme un mannequin, peut-être un mannequin reconnaissant, jusqu'à ce que les spectateurs s'épuisent.

Les journaux du lendemain ont affirmé que l'ovation après cet aria avait duré dix minutes. Ce qui est très long pour des applaudissements — je suis déjà reconnaissant quand ils durent une minute. Un de mes amis m'a dit que mon interprétation de cet aria, ce soir-là, avait transformé en Napolitains les mélomanes hautains et blasés de Milan.

Je garde la pose, très heureux, très reconnaissant, et même un peu embarrassé.

Enfin l'opéra reprend. Encore quelques échanges avec Mirella, puis c'est la scène finale. Quand le rideau tombe, la passion qui avait déferlé après « *Una furtiva lagrima* » se déchaîne une autre fois pour Mirella et l'ensemble de la production. Après les rappels répétés devant le rideau, vous êtes récompensé pour l'angoisse que vous avez vécue au cours des premières minutes. On m'envoie seul devant le rideau et la salle se soulève. J'avoue que j'aime les applaudissements. C'est mon oxygène.

Je suis un être affectueux et j'ai besoin de beaucoup d'amour. Il y a quelque chose de très spécial dans l'amour que vous exprime un public. Ça ne ressemble à aucune autre forme d'amour. Vous ne pouvez jamais évaluer à quel point vos amis et votre famille vous aiment ni si leur amour durera longtemps. Il y a tant de raisons compliquées qui entrent en jeu dans l'amour que se vouent des individus. Mais entre un chanteur et le public, ce n'est pas complexe.

C'est très simple. Si le public vous aime, il vous le dit; s'il ne vous aime pas, il ne fera pas semblant. Et plus encore, aussi longtemps que vous chantez comme il l'attend de vous, il vous répétera volontiers chaque soir qu'il vous aime.

C'est enfin vraiment terminé et je suis dans ma loge. Il y a là mon père, venu de Modène en voiture. Il m'étreint affectueusement. Plusieurs amis et des inconnus accourent, se bousculent et s'entassent dans ma loge. Je laisse à tous ceux qui le souhaitent la possibilité de venir me rencontrer à l'arrière-scène. Adua se fraye un chemin parmi la foule et me donne un gros baiser. Pendant que nos lèvres se joignent, nous sommes entourés de jolies femmes. Un journaliste de Rome demande : « Laquelle est l'épouse ? » Tous éclatent de rire.

Mes filles, ma sœur et mes tantes m'étreignent, m'embrassent. Comme de raison, ma mère n'est pas là. Elle ne m'a jamais entendu chanter au théâtre. Elle en serait trop chavirée; elle dit craindre pour son cœur. Mirella et moi donnerons un concert à Modène dans une semaine et maman a promis d'essayer d'y assister. Nous verrons bien.

Maintenant la loge est remplie à craquer d'amis et de parents. Les gens vont et viennent. J'embrasse toutes les femmes venues me saluer — qu'elles aient huit ou quatre-vingt ans. J'aime tellement ça; je blague avec chacune d'elles.

Un vieil homme me saisit les mains et me les baise. Un autre dit : « Il n'y a pas de mot qui convienne. » Je réponds : « Alors vous avez aimé ça, mon ami. » Et ça continue.

Après un certain temps, je m'aperçois que ma femme et ma famille avec qui je prévois dîner s'impatientent, mais tous savent que je resterai ici tant que ne sera pas sorti le dernier visiteur.

Finalement nous nous rendons dans l'un de mes restaurants préférés à Milan. Je ne suis jamais aussi heureux que lorsque j'ai donné un bon spectacle et qu'il m'est loisible de manger et de m'amuser avec des gens que j'aime. Bien entendu je mange trop. Je peux perdre jusqu'à dix livres pendant une représentation, mais je les reprends tout de suite, spécialement quand je mange comme ce soir-là. Comment respecter une diète en un moment aussi glorieux ?

Que puis-je penser après une telle soirée, sinon que je suis plus que chanceux d'exercer ma profession, de faire exactement le travail que je veux faire et de la manière dont je le désire. Je remercie Dieu à qui je dois de pratiquer ce métier.

John Wustman

Accompagner Pavarotti

Pavarotti n'est en aucun cas le premier artiste de très grand talent que j'aie accompagné. Je pratique ce métier depuis vingt-sept ans et j'ai travaillé avec plusieurs grands noms : Nilsson, Freni, Simionato, Gedda, Tagliavini et d'autres. Luciano et moi donnons des concerts depuis presque cinq ans.

J'adore accompagner des chanteurs, mais ma principale occupation reste l'enseignement. Je donne un cours d'accompagnement à la faculté de musique de l'université de l'Illinois, dans la ville d'Urbana. Je suis aussi répétiteur. Au début de chaque année, je confère avec Luciano et son gérant Herbert Breslin ; nous passons en revue la liste des concerts que Luciano aimerait donner et j'essaie de me rendre disponible pour chacun d'eux.

On ne devient pas riche en accompagnant des interprètes. Je fais ce travail parce que j'aime les artistes. Et Luciano ne ressemble à aucun autre. C'est tout naturel : on ne devient pas un chanteur aussi exceptionnel que lui

231

sans d'abord se démarquer des autres. Il faut pour cela un style hautement personnel, quelque chose de plus que la voix elle-même pour vous distinguer.

Chez Luciano, cette marque personnelle est évidente tout autant dans l'artiste que dans l'homme. Luciano a le don de faire en sorte que chaque personne de l'auditoire — même de ces auditoires énormes devant lesquels nous nous sommes produits — se sente comme s'il chantait expressément pour elle. Il établit des liens de communication des plus personnels. C'est extraordinaire.

Ce qui distingue aussi Luciano, c'est son sens musical. Comparé à d'autres artistes avec qui j'ai travaillé, Luciano n'est pas particulièrement bon musicien. Par bon musicien, j'entends un être féru de technique, qui déchiffre par exemple à vue une partition. Mais il est suprêmement musical. Beaucoup de musiciens de première classe n'ont pas le sens musical.

Pour m'expliquer le plus simplement du monde, disons qu'avoir le sens musical signifie pour moi qu'après avoir appris une partition un chanteur ouvre la bouche et produit de la musique. C'est une question de phrasé et d'émotion, par-dessus tout de compréhension des intentions du compositeur — sans compter le talent de faire passer cette intention. Luciano de ce point de vue est doué à un degré merveilleux. Il a de vraies émotions, il a une âme et il n'éprouve aucune difficulté à mettre en œuvre ces qualités dans la musique qu'il interprète.

J'ai entendu Luciano dire qu'il apprend lentement. J'ai beaucoup travaillé avec lui et je ne suis pas d'accord. Il *éprouve* effectivement des problèmes de concentration. Avec lui il faut mesurer les périodes d'études non en heures mais en minutes, quand il s'agit de lui faire répéter une pièce qu'il ne connaît pas. Mais en l'espace de ces quatre ou cinq minutes il se concentre réellement et il retient rapidement et avec précision les notes de la pièce. Plus important encore, il peut traduire presque immédiatement en musique ces notes précises.

Ce talent, on ne peut l'acquérir. Pas même en s'astreignant à des années d'études. Ce qui vaut d'ailleurs pour d'autres qualités qui font de Luciano un chanteur sans pareil. Ces qualités font les grands artistes.

Je n'ai jamais été témoin, auprès d'un autre artiste, de ce phénomène qui se produit entre Luciano et le public. Quand il entre en scène pour commencer un concert — même dans une ville où il n'est jamais venu — je peux sentir des vagues d'amour que le public fait déferler sur lui, avant même qu'il ait chanté une seule note. C'est difficile à expliquer; cela frôle le mystère.

J'en ai glissé un mot à Luciano et il a écarté cette idée. « Peut-être qu'ils m'ont entendu chanter auparavant et qu'ils aiment ma voix » ou « Peut-être leur a-t-on parlé en bien de moi. »

Ce qui expliquerait qu'ils se montrent réceptifs ou même cordiaux, mais je sens vraiment un souffle chaleureux qui émane de la foule. C'est palpable — des vagues d'amour.

Nous avons connu quelques mésaventures pendant les spectacles. Nous donnions un jour un cycle de mélodies de Tosti. Nous venions d'en achever une animée et gaie et je commençais l'introduction de la suivante, également gaie et animée. Quand Luciano se mit à chanter, je fus horrifié de l'entendre entonner non pas la chanson que nous devions faire, celle que je jouais, mais bien celle que nous venions de terminer. Je revins rapidement à la précédente que nous avons donc donnée deux fois. Quand on y pense, il est étonnant que de telles erreurs ne se produisent pas plus souvent.

J'éprouve énormément de plaisir à ces concerts aux côtés de Luciano. D'abord et avant tout parce qu'à mon sens nous faisons de la musique de première qualité et que j'y trouve ainsi une grande satisfaction artistique. De plus, il y a toujours cette animation, qui entoure ses spectacles ou qui découle du simple fait de se trouver à ses côtés, qui rend ce métier de concertiste — un métier difficile et sérieux s'il en est — fort divertissant et agréable à pratiquer.

William Wright

Un déjeuner à Pesaro

Une fois l'an, Pavarotti délaisse sa vie routinière qui consiste à chanter et à enregistrer à travers le monde, pour se reposer à sa villa d'été de Pesaro, sur l'Adriatique. Ces vacances — qui au début se mesuraient en mois, puis en semaines et maintenant en jours — sont le seul moment de l'année où Pavarotti peut cesser d'être un chanteur d'opéra pour devenir un mari, un père, un ami, un hôte, un sportif, un peintre, un oisif.

Nulle part mieux qu'à Pesaro Pavarotti parvient-il à se détendre et à faire ce qui lui plaît. Pendant qu'il y habite, un événement typique de ces séjours à Pesaro est chaque jour le point de mire. Il s'agit du déjeuner de deux heures où jamais moins de seize amis, connaissances et associés s'assoient à la même table que Pavarotti pendant que l'on sert les quatre ou cinq services habituels. Ces déjeuners prennent l'allure d'un rite quotidien qui, pour Luciano, va plus loin que la simple assemblée mondaine et réaffirme chaque jour sa volonté de ne pas négliger le monde qui l'a nourri et l'a fait connaître.

La villa est née d'une manière très typique à Pavarotti lui-même — elle est le fruit d'une série de circonstances où se côtoient la nostalgie, l'opéra, l'amitié et la spontanéité. En janvier 1969, Pavarotti chantait avec Mirella Freni *I Puritani,* à Bologne. Parmi les admirateurs qui se rendirent à l'arrière-scène pour le saluer se trouvait un comptable, Cesare Castellani, qui avait fait le trajet depuis Pesaro dans un autocar nolisé par une société appelée Les Amis de l'opéra de Pesaro.

Les autres passagers du bus avaient fait le trajet pour entendre Mirella Freni qui, contrairement à Pavarotti, était déjà populaire parmi les fidèles de l'opéra en Italie. Par ailleurs, Castellani était plus intéressé au jeune ténor qu'il avait entendu à la radio et dont la voix l'avait impressionné.

Dans le rôle d'Arturo, Pavarotti avait comblé les attentes de Castellani. Quand il se retrouva face à face avec le ténor, Castellani se confondit en éloges. Pavarotti engagea une conversation avec cet homme assez âgé comme il le fait souvent, sans grande ferveur, avec des admirateurs mais aussi dans le but d'endiguer le flot de commentaires plus qu'élogieux que lui valent de telles rencontres. Quand il apprit que Castellani venait de Pesaro, Pavarotti devint expansif.

«Je connais bien Pesaro», dit-il. «C'est une jolie ville sur l'Adriatique où mes parents nous amenaient parfois lorsque j'étais enfant. Il y a des années que je n'y suis pas allé.»

Castellani pressa Pavarotti de renouer avec Pesaro et l'assura que, si le ténor et sa famille décidaient de s'y rendre, il ferait tout en son pouvoir pour qu'ils s'y sentent bienvenus et confortables. L'été suivant, Pavarotti amenait Adua et ses filles à Pesaro pour les vacances; ils logèrent dans l'un des hôtels en bordure de la mer. Luciano rendit visite à Castellani et un lien d'amitié se noua.

Pesaro est sur la côte Est de l'Italie, à cinquante-cinq kilomètres au nord d'Ancône et à quatre-vingts kilomètres au sud de Ravenne. La vieille ville se dresse à quelques centaines de mètres de la plage, maintenant hérissée d'une phalange d'hôtels et d'immeubles à appartements de hauteur moyenne. Comme tant de villes italiennes, la vieille cité est constituée d'une concentration d'antiques *palazzi* qui surplombent des rues tortueuses.

Pesaro revendique deux honneurs à la face du monde : Rossini y est né en 1792 et elle est aujourd'hui une station balnéaire populaire. Pendant les mois de canicule, ses plages immenses et planes sont couvertes de rangées de tentes de toutes couleurs géométriquement alignées presque à l'infini. La fine fleur des familles allemandes et scandinaves y afflue pour se débarrasser de presque tous ses vêtement et s'étendre dans des chaises longues de toile, loin des Italiens également dénudés et tout aussi bien entourés de jeunes enfants.

Pour Pavarotti et sa famille, les excursions estivales à Pesaro devinrent bientôt un événement annuel. Luciano s'enticha tant de la ville qu'il pria son ami Cesare d'ouvrir l'œil et de le prévenir dès qu'une maison en bon état serait mise en vente. Presque aussitôt une propriété de choix s'offrit. C'est une vieille ferme juchée sur le versant d'une colline qui donne sur la mer, à l'extrémité Nord de la ville, juste là où les immeubles de béton cessent d'encombrer le littoral et où ne restent que de vertes collines vierges qui se jettent abruptement dans la mer.

La route pavée et sinueuse qui longe la mer devient cahoteuse dès qu'elle passe à environ deux cents mètres en retrait de la plage, avant de s'arrêter à la porte de la propriété. De l'autre côté de la grille, le chemin fait un virage en lacet puis s'élève, droit et raide, jusqu'à la maison — une villa imposante et spacieuse qui s'ancre sur un vaste palier pratiqué à même le versant escarpé de la colline.

Pavarotti a acheté la maison en 1974 et entreprit très tôt de la rénover. Il désirait conserver à la maison ses lignes originelles et moderniser ainsi que réaménager l'intérieur. Maintenant, quand vous arrivez à la propriété par la route de la plage, vous devez vous arrêter devant une nouvelle grille que surplombe un écriteau : *Villa Giulia*. Pavarotti a donné à ce domaine le nom de sa grand-mère maternelle dont il était le préféré et qu'il vénéra dans son enfance. Si la grille est fermée et verrouillée, le visiteur doit appuyer sur un bouton de sonnerie, se servir de l'interphone et se laisser scruter par une caméra de télévision en circuit fermé. Ces précautions des plus élaborées sont toutefois à l'opposé de l'humeur détendue et accueillante de Pavarotti pendant l'été et, durant le jour à tout le moins, la grille est habituellement ouverte; tous les appareils électroniques restent alors inutilisés.

Pavarotti a fait paver jusqu'à sa demeure l'avenue à pic qui monte d'abord en ligne droite puis contourne le côté de la villa qui donne sur la mer, passe tout juste en dessous, puis décrit une autre courbe en sens inverse et débouche à l'extrémité opposée de la maison. Parce que c'est de ce côté de la maison que se trouvent la piscine, le jardin et la *piazza* couverte où les repas sont servis, les visiteurs qui arrivent en voiture le font généralement à la vue de tous les autres hôtes de la villa.

Depuis qu'elle a été rénovée, la maison est de stuc blanc à l'ancienne mode, avec des volets et des ornements bleu royal; le toit est couvert de tuiles rouges. L'Adriatique bleue domine la vue, mais si on s'approche du bord de la terrasse on peut apercevoir en bas la plage publique et quelques immeubles modernes de six étages, légèrement en contre-bas, à droite. Du côté Nord, sur des milles, à gauche, des collines verdoyantes plongent dans la mer.

Une extrémité de la maison est occupée par un vaste salon où se trouvent huit fauteuils richement capitonnés, un piano droit dans un coin, une table toujours prête à recevoir des joueurs de cartes et un éclairage moderne fluorescent encastré dans le plafond. Cette pièce donne, à l'extérieur de la maison, sur une grande terrasse couverte où l'on découvre une table qui accueille sans difficulté vingt-quatre convives.

Tout au bout de cette terrasse, dans une zone plane du versant de la colline bordée par l'avenue et les voies de garage, se dresse une fontaine haute de six pieds, dessinée par Pavarotti, où figurent quatre chevaux supportant un vase d'où jaillit une colonne d'eau. Dans cette zone s'étendent aussi des plate-bandes et une piscine aux dimensions respectables munie d'un plongeoir et de deux pneumatiques bleus qui flottent en permanence sur son eau verte. Autour de la piscine croissent des lauriers blancs, des soucis, des géraniums vermeils, une pelouse négligée et une bonne quantité d'herbes folles.

On retire de cet ensemble hétéroclite une impression de confort, de plaisir et d'opulence. Le jardin négligé laisse d'ailleurs pressentir qu'un amour des lieux, plutôt qu'un obsessif souci du détail et du bon goût, anime le personnel chargé de l'entretien.

Seule Anna Antonelli, la gouvernante, habite en permanence la Villa Giulia. Ses services étaient inclus dans le prix de la maison et elle s'est avérée, par un hasard exceptionnel, une cuisinière hors pair, même dans une partie du monde où abondent les bons cuisiniers. La villa abrite aussi trois chiens et une population fluctuante de chats qui atteint parfois au nombre de vingt-deux.

Chaque été, depuis la fin des travaux, Pavarotti séjourne à la Villa Giulia avec sa femme et ses filles pour ses vacances qui sont régulièrement écourtées par des invitations à donner des concerts qu'il lui est difficile de refuser. Par exemple, en juillet 1979, on a demandé à Pavarotti d'accepter d'être le principal artiste invité dans le cadre du gala donné à la mémoire de Richard Tucker au Frederick Man Auditorium, à Tel Aviv. Pour cet événement, il devra retarder ses vacances.

D'autre part, ces mêmes vacances seront encore écourtées par un concert qu'il doit donner au Robin Hood Dell de Philadelphie, le 22 août, en l'honneur de Marian Anderson et en vue de ramasser des fonds pour des bourses d'études qui porteront le nom de cette artiste et qui seront octroyées par l'université de Pennsylvanie.

Cette année-ci, les vacances annuelles de Pavarotti dureront à peine un mois. Pendant ce temps, il devra en outre finir d'étudier un nouveau rôle, celui d'Enzio dans *La Gioconda* qui ouvrira la saison à l'Opéra de San Francisco, en septembre; il devra aussi mettre la dernière main à *Guillaume Tell*, ce rôle épuisant pour ténor écrit par Rossini; sans oublier son autobiographie dont il a entrepris la rédaction; il lui faudra également se garder du temps pour cet article que prépare la revue *Time* qui lui consacrera sa couverture, écouter et critiquer des chanteurs novices qui se présenteront chez lui, avec ou sans rendez-vous; sans compter qu'il devra se rendre à Modène pour veiller à ses intérêts et s'occuper de ses investissements et recevoir un nombre impressionnant d'amis et de connaissances. Ce sont là les vacances de Pavarotti.

Pendant ces intermèdes passés au bord de la mer, Pavarotti a pour principal projet d'évaluer et de concilier les caractères de ses trois filles qui ont toutes abordé l'adolescence et sont presque toujours privées de la présence de leur père. Les semaines qui s'écoulent à Pesaro lui offrent la meilleure opportunité de critiquer certains de leurs comportements et d'émettre des édits paternels.

Pour cette raison, les semaines passées à la Villa Giulia sont moins prisées par les filles que par le père. Une autre raison explique aussi que les filles restent indifférentes à la piscine, à la plage et à cette possibilité qui leur est donnée de fuir la chaleur accablante de Modène: elles y sont forcément séparées de leurs copines et de leurs chevaliers galants. Et puis les nombreux visiteurs qui entrent et sortent chaque jour de la Villa Giulia, quand Pavarotti y réside, sont des amis, des associés ou des admirateurs de leur père. Les jolies adolescentes en Italie, comme d'ailleurs aux États-Unis, ont plutôt l'habitude d'être le centre d'attraction.

Un jour, en août 1979, Pavarotti qui aime se coucher tard se lève vers dix heures et avale un café. Il porte des pantoufles, un chapeau mou blanc à larges bords tombant, un maillot de bain blanc et un anorak léger en nylon orange. Il fait soleil et chaud; un grand nombre de voiliers tachettent la surface miroitante de la mer. Il bavarde avec ses filles, son beau-père, Guido Veroni, un homme aimable et rieur qui a déjà subi trois infarctus. Les parents de Pavarotti viennent tout juste de partir après un séjour d'une semaine. Restent aussi à la maison Loretta, la soeur de Adua, son mari, son fils et sa fille.

Plusieurs des hôtes de passage sont des gens liés de près ou de loin à la carrière de Pavarotti et qui ont franchi de grandes distances pour se retrouver à ses côtés pendant cette période de loisirs. L'un d'entre eux, Gildo di Nunzio, chef adjoint au Metropolitan Opera, a été embauché par London Records comme répétiteur de Pavarotti pour *Guillaume Tell*. Pavarotti s'arrête d'ailleurs en Angleterre pour l'enregistrer à la fin d'août, avant de se rendre à Philadelphie. Di Nunzio ainsi que d'autres invités qui comme lui sont associés à la carrière de Pavarotti sont logés dans un hôtel à proximité, mais on s'attend à ce qu'ils prennent leurs repas à la Villa Giulia. Il n'en est jamais question ouvertement à moins que les invités ne se présentent pas à un déjeuner ou un dîner; dans l'Italie de Pavarotti, on voit d'un mauvais œil qu'une place reste vide à table.

Quelqu'un se tient toujours à la disposition de Pavarotti tout autour de la villa, où qu'il aille — sur la terrasse, dans le salon, près de la piscine ou sur la véranda où est installé en permanence son chevalet. Aujourd'hui, il s'assoit ici pendant environ vingt minutes et applique des couleurs vives sur une toile déjà commencée qui représente un canal vénitien. Quelques amis de Modène, arrivés plus tôt ce même jour, regardent par-dessus son épaule.

«Qu'est-ce que c'est, Luciano? La ville de New York?»

«Oui, c'est ça», continue un autre, «une vue du métro de New York.»

«Vous autres, crétins, vous ne savez pas reconnaître une œuvre d'art quand vous en voyez une!», réplique Pavarotti qui ne quitte pas des yeux sa toile, son chapeau blanc toujours bien calé sur la tête.

Di Nunzio ne cherche plus à traîner Pavarotti jusqu'au piano. Sa présence se fait une invitation silencieuse. Soudain Pavarotti lance: *«Gildo! Andiamo lavorare!»* et di Nunzio s'installe en un éclair à son piano où il joue l'introduction staccato de l'un des trois passages de Rossini que Pavarotti et lui ont jugé bon de retravailler. Pavarotti s'assoit sur le bras d'un fauteuil coussiné, près du piano, de sorte qu'il peut lire la partition par-dessus l'épaule du pianiste. Ils répètent d'abord une fois chacun des passages. Pavarotti les chante à pleine voix, y compris les contre-do. Il éprouve toutefois quelques difficultés dans le dernier passage. Ils le reprennent quatre fois.

Six minutes exactement après que Pavarotti s'est assis pour travailler, il annonce : «Maintenant, je vais nager.»

Vers onze heures, le photographe du *Time*, Enrico Ferorelli, arrive et met Pavarotti au travail; il le photographie d'abord dans la piscine, puis dans toutes sortes de poses autour de la maison, seul et ensuite avec ses trois filles. À mesure qu'approche l'heure du déjeuner, de plus en plus de gens se rassemblent sur la grande terrasse, causent en petits groupes, s'assoient autour de la table placée à l'extérieur, jusqu'à ce que la gouvernante et une jeune assistante commencent à la dresser pour le repas. Parmi les nouveaux venus se trouve l'ami très cher de Pavarotti, Cesare Castellani, qui a déniché ce domaine pour Pavarotti. Cesare planifie ses vacances à la banque de Pesaro pour les faire coïncider avec la visite annuelle de Pavarotti dans cette ville.

Non loin de la table, il y a une glacière métallique qui s'ouvre par le dessus, du genre de celles qu'on trouvait autrefois dans tous les terminus, les gares et les relais des États-Unis. Pavarotti garde sa glacière pleine d'eau minérale, de bières et d'eaux gazeuses, surtout de celles sans sucre dont il se désaltère constamment. De temps à autre, les invités s'y servent eux-mêmes.

Quelqu'un a demandé par la suite à un Américain de passage comment on passait le temps à la Villa Giulia. Il a réfléchi un instant puis a répondu : «La plupart du temps, on tourne tout bonnement en rond en attendant le repas suivant.»

Le photographe a réussi à convaincre Pavarotti de revêtir un costume assez semblable à ceux de la Renaissance vénitienne que le chanteur portera dans *La Gioconda*. Luciano porte sur la tête une toque noire brodée d'or. Il s'est enveloppé dans un cafetan noir assez éblouissant d'ailleurs pour rivaliser avec celui de Frederick dans un film produit à Hollywood. Maintenant le photographe se sert d'une plaque métallique pour réfléchir le soleil; la lumière crue donne à la terrasse de la Villa Giulia l'allure d'un plateau de cinéma.

Gildo di Nunzio assiste à la séance de photographie depuis l'extrémité de la terrasse. Pavarotti lui siffle les trois mesures de Rossini qui lui causaient des difficultés lorsqu'ils répétaient au piano. Di Nunzio reprend à son tour pour Pavarotti la phrase musicale et y apporte quelques légères corrections de rythme pendant que le photographe appuie plusieurs fois sur le bouton de son appareil.

Le photographe annonce qu'il a pris assez de photos pour l'instant. On continuera après le déjeuner. Pavarotti se débarrasse de la toque mais garde le cafetan. Des effluves délicieux s'échappent de la cuisine qui donne sur la terrasse. Pavarotti entre dans la pièce où l'accueille la cuisinière.

«*Buon giorno, Signor Tenore*», dit-elle cordialement.

«*Buon giorno*, Anna», répond-il. «*Cosa faciamo.*»

Il plonge une cuillère de bois dans un chaudron fumant et goûte le plat qu'on prépare. La gouvernante, Adua et la jeune aide s'arrêtent un instant pour entendre le verdict.

«*Perfetto*», dit-il, «*Forse poco più pepe.*»

Souriant de bon cœur, la cuisinière ajoute un peu de poivre à son plat. Quelqu'un crie à Pavarotti que de nouveaux invités arrivent en voiture. C'est une jeune femme de Vicence, une aspirante soprano, qui ce matin a téléphoné à Pavarotti depuis la ville de Pesaro où elle avait trouvé son numéro de téléphone. Elle lui a dit qu'elle avait fait tout ce trajet pour une seule raison : chanter devant lui. Accepterait-il de la recevoir? Il lui avait répondu de venir illico. Maintenant elle arrive avec son mari et deux amis. Pavarotti les reçoit chaleureusement et les conduit rapidement au piano. Pendant qu'un de ses amis l'accompagne au piano, la jeune femme entonne «*Tacea la notte placida*» de *Il Trovatore* de Verdi. Cette musique est vraiment trop exigeante pour sa voix de soprano légère.

Quand elle en a terminé, ceux qui se sont rassemblés dans la pièce pour écouter, attendent le commentaire de Pavarotti.

«Je ne peux évaluer votre voix, j'en suis désolé», dit-il. «Parce que vous ne l'appuyez pas à l'aide du diaphragme, tout vient d'en haut...» D'un geste il indique la gorge, «Vous avez peut-être une voix merveilleuse, mais vous n'avez pas encore trouvé le moyen de la laisser sortir.»

La jeune femme remercie Pavarotti de lui avoir accordé son attention. Ils causent ensemble de chant pendant quelques minutes, puis Pavarotti s'excuse pour le repas. Les visiteurs serrent la main à tous ceux qui sont présents dans la maison comme sur la terrasse, puis repartent.

On appelle finalement à table l'assemblée qui compte maintenant dix-sept personnes. Toujours drapé dans son cafetan noir mais sans son chapeau, Pavarotti s'assoit à l'extrémité de la table qui fait face à la mer; Adua prend place à sa gauche; les autres s'installent où ils le désirent, sauf les invités d'honneur que Pavarotti assoit généralement à sa droite. Chez les habitués une routine s'est développée: les associés professionnels se regroupent autour de Pavarotti; la famille et les proches se retirent discrètement à l'extrémité opposée de la table. Cette redistribution des invités s'explique moins par un manque de confiance que par l'adresse de Pavarotti à entretenir les convives qui ne parlent pas italien. Toute ségrégation, même autorépressive, serait mal vue dans cette atmosphère de fête.

La gouvernante fait son apparition sur la terrasse: elle apporte un grand bol de gnocchi faits maison. Sans cérémonie, Pavarotti entame une pleine asssiettée déjà posée devant lui. C'est un plat diététique composé de poulet froid et de légumes cuits. Pendant que les autres se servent eux-mêmes de vin rouge ou blanc à même une série de bouteilles alignées sur la table, Pavarotti se verse une petite quantité de Lambrisco dans un gobelet qu'il remplit ensuite d'eau minérale.

« Le vin est terriblement engraissant », confie-t-il à son compagnon de droite. Les autres poussent des Ah ! et des Oh ! en humant les gnocchi et poursuivent les conversations engagées avant le repas. Manifestement ravi d'être entouré de tant d'amis, Pavarotti ouvre les bras et chantonne sur le ton de la conversation et d'une voix qui pourrait être celle de n'importe quel convive : « *Ridi, Pagliaccio, sul tuo amore infranto...* » La mélodie n'est toutefois pas celle de Leoncavallo ; Pavarotti chante ces paroles de *Pagliacci* sur la musique « L'Air du Toreador » de Bizet.

Par hasard, ce jour-là, toutes les conversations portent sur cette nouvelle récente qui laisse entendre que sept marques de whisky causeraient le cancer. Tous à table — Italiens comme Américains — ont leur petite idée sur le prochain produit qu'on déclarera cancérigène. Plusieurs s'entendent pour dire qu'il s'agira des vitamines.

Tous sauf Pavarotti puisent dans le plat de gnocchi au fromage et s'en délectent. Pavarotti présente le panier de pain à Gildo di Nunzio. « Non merci, Luciano », dit Gildo. « J'essaie de me passer de pain. »

« Tu ne manges pas de pain ! », hurle Pavarotti. « Comment peux-tu goûter quoi que ce soit ? » Il saisit un gros guignon et le lance dans l'assiette de Gildo. Pourtant Pavarotti n'en mange pas.

Pavarotti et Gildo di Nunzio discutent de la phrase mélodique de *Guillaume Tell* de Rossini que Pavarotti ne possède pas sur le bout des doigts — là dessus, ils s'entendent. Pavarotti la fredonne. Un des invités américains dit : « Ce n'est pas ça, Luciano. Ça se chante comme ceci. » L'invité chante la phrase exactement comme Pavarotti l'a fait en ne modifiant que la dernière note.

« Quel toupet ! », dit Pavarotti en prenant les autres à témoins. « Il n'est même pas musicien. Mon ami, vous la chantez de la façon dont elle se termine la *première* fois, mais elle est *reprise* autrement. »

Pavarotti se répète plusieurs fois la phrase en sourdine, puis son attention se porte sur une discussion à l'autre bout de la table où il est question du film sur la baleine meurtrière, *Orca*. Est-ce que le mot «Orca» a un sens précis en italien? Personne n'a de certitude. Certains suggèrent quelques définitions possibles, mais Adua les interrompt tous de sa voix gutturale de contralto en lançant «*Orca Madonna*» dans un jeu de mots qui s'inspire d'un juron populaire.

Quelqu'un mentionne qu'il a plu un court moment la nuit précédente. Un autre affirme qu'il ne pleuvait jamais auparavant à Pesaro, au cours de l'été. Un ami de Modène avance que les changements qui affectent la température sont la conséquence des bombes atomiques. Tous éclatent de rire. «Non, non, je suis sérieux», poursuit-il, «c'est ce que disent les fermiers et je crois qu'ils ont raison. Nous n'avons jamais eu de pluie à l'été, jamais, avant la fin des années 1950.»

Pavarotti qui a vidé son assiette est occupé à subtiliser quelques morceaux de gnocchi dans l'assiette de sa femme.

Plusieurs femmes aident à terminer le plat de pâtes. On apporte ensuite une assiette énorme, débordante de côtelettes de veau frites à la Milanaise et garnies de quartiers de citron. Et pour accompagner ce plat, on apporte également un bol imposant de piments rouges et jaunes tranchés, marinés avec des oignons. La conversation s'anime, plus sérieuse, quand on se met à discuter du pourrissement du système scolaire italien. Le doux Cesare se permet un bref laïus sur la dégradation rapide de la qualité de l'enseignement.

«Les jeunes gens d'aujourd'hui apprennent environ un tiers de ce qu'ils apprenaient il y a vingt ans», dit-il. «Ils se présentent à la banque pour décrocher un emploi et ils ne savant *rien* et ils espèrent trois fois plus qu'autrefois.»

Pendant que Cesare discourt, Pavarotti se tourne vers l'invité qui est à sa droite et dit, *sotto voce*, «Il est merveilleux — d'une autre génération.»

Un hôte italien fait porter le blâme sur Herbert Marcuse qui n'a enseigné rien d'autre que la révolte et l'irrespect envers l'autorité. «Pour un adulte, ça peut être bien», dit-il, «mais pour les jeunes gens, c'est un désastre. Quel motif un jeune aurait-il d'apprendre quoi que ce soit si on lui enseigne que tous ses aînés sont mal conseillés et corrompus? Comme on abaisse de plus en plus l'âge de la majorité, il sera bientôt impossible d'apprendre aux enfants à aller aux toilettes. Ils diront qu'on les opprime en les forçant à s'y rendre. »

Adua Pavarotti harangue la tablée : « J'aurais aimé que quelqu'un dise, quand Herbert Marcuse est né : Va-t'en. On n'a pas besoin de toi ici, sur terre. »

À l'autre bout de la table, sa fille aînée, Lorenza, répond d'une voix calme que tous peuvent entendre : « C'était un grand homme. »

Une autre discussion, moins enflammée, vient de s'engager sur la meilleure façon de réussir du maïs soufflé. La discussion se déroule en italien, aussi Pavarotti vient-il au secours de son invité d'honneur américain en lui traduisant l'essentiel des échanges. « Ils s'entretiennent de la façon de cuire les flocons de maïs. »

S'adressant à tous ses hôtes, Pavarotti décrit la méthode qu'il a mise au point, après maintes tentatives. Adua l'interrompt fréquemment et ajoute des détails qu'elle juge essentiels pour bien réussir le maïs soufflé. Quand elle lui coupe la parole une troisième fois, Pavarotti se tourne vers Adua et lui lance le mot que s'échangent un jour ou l'autre tous les couples : « Tu l'expliques ou je continue? »

Quelqu'un demande à Pavarotti s'il a lu le compte rendu publié le jour même par un journaliste italien sur *La Flûte enchantée* donnée à Salzbourg et dans laquelle le critique décrie la direction de James Levine. « Il ne faut pas croire ces journalistes italiens », dit Pavarotti. « Ils écrivent n'importe quoi, particulièrement sur des gens qui jouissent d'une grande réputation. »

Un autre allègue que les comptes rendus écrits par les critiques milanais sur *L'Elisir* de Pavarotti à La Scala étaient pourtant plus que louangeurs.

« Cette fois-ci, oui », réplique Pavarotti, « mais ce serait une erreur de ma part de compter sur la même réaction, la prochaine fois, même si je devais chanter aussi bien qu'en février. Levine a dirigé *La Flûte enchantée* il y a plusieurs années et les mêmes critiques avaient alors parlé d'un grand triomphe personnel. »

Quand le plat de résistance est terminé, vient une salade d'escarole et de laitue. Suivent un plateau de huit fromages différents et deux bols de fruits. Personne à table ne diminue d'ardeur. Tous attaquent le nouveau plat comme s'ils n'en avaient pas déjà mangé trois autres. Pour la première fois depuis le début du repas, Pavarotti puise parcimonieusement dans le même plat que ses convives.

Posé sur l'appui d'une fenêtre du living, un téléphone sonne. On dit à Pavarotti que c'est un appel de New York. Il saisit le récepteur et debout, à l'autre extrémité de la table, il s'adresse à quelqu'un qui lui parle de l'autre côté de l'Atlantique. « Herbert, mon ami, comment vas-tu? Oui, tout va bien. Nous faisons aujourd'hui les photos pour *Time*... »

Quand Pavarotti quitte la table, les conversations — même celles auxquelles il n'avait pas pris part — s'éteignent presque et les dix-sept convives semblent momentanément sans énergie, un peu comme un fil de lumières d'arbre de Noël qui serait privé de sa source d'électricité.

Pavarotti est silencieux; il écoute son gérant de l'autre côté de l'Atlantique. « Non », dit fermement Pavarotti. « C'est le programme que je donne en concert. Les mélodies de Bellini, celles de Tosti. Ils veulent toujours que je leur chante toute la soirée des arias spectaculaires. C'est mesquin. Je ferai « *Nessun dorma* » et « *Furtiva lagrima* » en rappels. Ça suffit. Dis-leur que c'est là mon programme — à prendre ou à laisser. »

Apparemment Breslin est d'accord parce que Pavarotti retrouve brusquement sa bonne humeur et sa verve. « Qu'est-ce que tu deviens, Herbert, mon ami? Iras-tu à Long Island? » Pavarotti dont l'anglais est clair, mais qui a un fort accent, appuie exagérément sur le « g » dans Long Island pour parodier sa propre prononciation.

Pavarotti dépose le récepteur et revient à sa place, à l'autre bout de la table. Les conversations se raniment.

Quand les fruits et les fromages ont disparu, on apporte le dessert: des *cornetti* fourrés à la crème, des éclairs et des gâteaux aux amandes. Suit un plateau de tasses pour le café, puis Anna revient avec une grosse cafetière d'espresso. Une jeune fille la suit, portant un bol plein de ce qui ressemble à de la crème fouettée au chocolat.

C'est une spécialité de la maison, dit Pavarotti à un invité. Quand le café déborde en moussant de la cafetière espresso, on le transvase dans un bol où on a préalablement versé une quantité généreuse de sucre. Déjà plein de bulles, le café est fouetté vigoureusement avec le sucre jusqu'à l'obtention d'une sauce brune et crémeuse; on dépose ensuite une cuillerée de cette mixture dans chaque tasse pour réussir un café extra riche et corsé, un vrai festin.

Les pâtisseries s'enlèvent à un rythme renversant. On fait ensuite circuler autour de la table une bouteille d'Amaretto, cette liqueur sucrée; beaucoup s'en versent un verre.

Adua Pavarotti raconte une histoire enlevante à un groupe de personnes assises à sa gauche. Tournant un peu le dos à son mari, elle gesticule d'une main et garde l'autre posée nonchalamment sur son verre d'Amaretto. Sans prendre part à la discussion, Pavarotti surveille la main calme de sa femme comme un chat épie un trou de souris, à l'affût et prêt à l'action.

À mesure que l'histoire progresse, la main au repos d'Adua commence à frémir légèrement comme si elle souhaitait venir en aide à l'autre main qui seule prend part à la narration. Quand le récit en est à son point culminant, la main posée sur le verre d'Amaretto s'élève et participe activement à la fin du récit. Dès le moment où cette main est en l'air, Pavarotti empoigne le verre d'Amaretto et avale le demi-doigt de liqueur qui s'y trouvait.

«Elle est italienne», explique-t-il à quelqu'un qui a surveillé son manège. «Je savais qu'elle ne pourrait achever son histoire en ne se servant que d'une main.»

Pavarotti se mêle d'une discussion sur les ténors intraitables. Il y prend part en racontant une histoire.

«Francis Robinson m'a raconté un fait étonnant qui

s'est produit pendant un dîner de gala à Rome, au cours des années 1950. Madame Leonard Warren, la femme du grand baryton, s'était lancée dans une longue tirade contre les ténors italiens qui à son sens donnaient une affreuse impression de l'humanité et se montraient vaniteux, arrogants, grossiers et peu coopératifs...»

«Di Stefano qui était à la même table l'interrompit. 'Pardonnez-moi' di Pippo 'mais je ne crois pas que vous deviez vous permettre de tels commentaires. Après tout je suis sicilien'.

«Parmi les autres convives qui écoutaient cet échange se trouvait la légendaire soprano Zinka Milanov. Sans quitter des yeux son potage, elle grommela: *'C'est encore pire!'*»

On bavarde encore, puis les trois filles de Pavarotti demandent la permission de sortir de table. Personne d'autre ne tente de se lever. Pavarotti raconte une blague en italien.

«Un vieil homme a épousé une jeune femme, une belle jeune femme...»

«Vas-tu nous raconter l'histoire de *Don Pasquale*?», lui demande un ami de Modène.

«... et le vieil homme déteste cette femme; il affirme qu'elle le tue. Il demande à un ami quel est le meilleur moyen de s'en débarrasser. L'ami est médecin et répond au vieil homme qu'il lui faut faire l'amour avec elle dix fois par jour, pendant six mois. Ça la tuera. Les six mois sont presque écoulés quand un autre ami rend visite au vieil homme et se montre indigné de le voir si affaibli et décrépit. La jeune épouse, par ailleurs, semble en parfaite santé. L'ami fait remarquer à quel point la jeune femme paraît en forme. Le vieil homme réplique: 'Elle n'en sait rien, mais il ne lui reste plus que trois jours à vivre.'»

Deux heures et demie après que le déjeuner a commencé, il semble enfin terminé. Les convives, qui ont avalé autant de nourriture et de vin que s'ils avaient été invités à un mariage sicilien, ne font aucun mouvement pour quitter la table. La gouvernante accourt à la table en criant: «*Signor Tenore! Viene, subito!*»

Elle conduit Pavarotti au bord de la terrasse et pointe du doigt le ciel. Les invités les suivent et penchent la tête vers l'arrière. Dans le ciel, au-dessus de la plage, un avion vient de se délester de cinq parachutes aux couleurs vives et différentes. Comme les parachutistes planent au-dessus de la plage, la gouvernante se signe plusieurs fois en marmonnant : « *Che meraviglia !* »

Tous s'extasient tandis que les parachutes rouge, bleu, vert, jaune et violacé touchent le sable où une foule nombreuse s'est massée. La terrasse de Pavarotti est le site idéal pour observer le spectacle.

Quand le dernier parachute atteint le sol, les dîneurs de la Villa Giulia se dispersent : certains retournent en ville, d'autres se retirent dans leur chambre et quelques-uns restent sur la terrasse avec un livre ou un journal. Pavarotti et sa femme s'installent dans le grand hamac suspendu entre deux arbres, du côté de la terrasse qui donne sur la mer. Adua Pavarotti se blottit dans les bras énormes de son mari. En l'espace de quelques minutes, le couple s'est assoupi.

Je suis très fier d'avoir participé à cette version de concert de *Rigoletto* produite par le Met et qui a rassemblé quelque deux cent mille personnes à Central Park. Les spectateurs avaient commencé à affluer dès sept heures du matin. Photo : William Wright. (En haut) Je ne suis jamais plus heureux que lorsque le public et moi jugeons que j'ai bien chanté. Photo : Suzanne Faulkner Stevens. (En bas)

Luciano Pavarotti

Questo e Quello

Je n'étais pas du tout certain que j'aimerais donner des concerts. Vocalement, ce genre de spectacle exige beaucoup plus de travail que de chanter un opéra — et personne n'a jamais prétendu que chanter un opéra soit facile. Vous n'avez droit à aucun moment de repos — pendant lequel quelqu'un d'autre divertirait la salle ; il n'y a personne pour consoler le public si vous n'êtes pas en forme ; pas non plus de décors, de costumes, de danseurs ni d'autres chanteurs qui pourraient faire oublier aux spectateurs vos faiblesses. C'est le test ultime pour un interprète — le *mano a mano* du monde vocal.

Ce que j'aime en particulier dans les récitals et les concerts, c'est que vous connaissez sur-le-champ la réponse du public. Après chaque pièce, le public vous fait savoir si vous avez réussi. À l'opéra, l'auditoire ne livre pas son jugement final avant que la soirée ne soit terminée, et alors son jugement peut se fonder sur d'autres éléments du spectacle. Par exemple, s'il déteste la production, ses applaudissements pour chaque chanteur se feront moins enthousiastes, même s'il n'a rien à reprocher à aucun d'entre eux. Peut-être est-ce là sa façon de vous punir d'avoir participé à une production médiocre.

En tout cas, en concert, vous ne pouvez pas avoir de doutes. Le public vous laisse savoir pièce après pièce son appréciation de la soirée.

Comme de raison, il est très lucratif de se produire en concert dans le monde entier; cela aide à se faire un nom; mais cette forme de spectacle me plaît pour d'autres raisons. J'aime visiter des villes qui me sont inconnues et la formule du concert ouvre à un chanteur plus de villes et de possibilités que celle de l'opéra.

Si, par exemple, je désire chanter en Amérique du Sud, comme je l'ai fait une première fois en 1979, il est plus difficile de conclure une entente pour une production d'opéra que pour un concert. Je pense qu'on m'y inviterait volontiers — et on l'a déjà fait à plusieurs reprises — mais cela comporte tant de risques que de signer un engagement pour une production d'envergure avec des gens dont on ignore tout : de nouveaux chefs d'orchestre, directeurs artistiques et interprètes. Même si vous leur proposez l'opéra qu'ils espéraient et que vous souhaitez chanter, il y a tant d'imprévus. C'est une entreprise d'importance et complexe qu'il faut planifier des années à l'avance.

Comparé à tout ça, un concert est une entreprise relativement simple, même assez aisée à réaliser avec grand orchestre. Si j'opte pour le seul piano et que je peux retenir les services de mon propre accompagnateur, John Wustman, alors c'est chose facile et qui n'exige que peu de préparation. Tout ce qu'il faut en pareil cas, c'est un piano et une salle — et un public, bien sûr!

Après mon premier concert à Liberty, au Missouri, en 1973, cette formule de spectacle m'est apparue moins épuisante que je ne l'avais craint. Je n'avais éprouvé aucune difficulté vocale et le public ne s'était pas le moins du monde montré ennuyé par la présence d'un seul chanteur, loin de là. Il y a une contrepartie aux dangers que représente le concert solo. Si ça réussit, si le public vous aime, vous tenez un succès comme jamais l'opéra ne pourrait vous en faire connaître. Il s'agit d'une expérience intensément plus personnelle tant pour le public que le chanteur. On pourrait tout résumer ainsi : de plus gros risques et de plus grosses compensations.

C'est à mon deuxième concert, à Dallas, que j'ai pris l'habitude de tenir à la main un grand mouchoir blanc. Je sais que ça a l'air idiot en un sens, comme ces vieilles divas qui ont la manie de tenir un fichu. En vérité je m'en sers pour avoir l'air *moins* stupide. J'avais assisté à un concert donné par un de mes confrères et j'avais été horrifié par la façon dont cet ami gesticulait follement et se permettait toutes sortes de simagrées pendant chaque aria. Il paraissait fou à lier. J'ai décidé qu'il me fallait trouver une solution pour m'empêcher de m'emporter comme lui.

En tenant ce mouchoir blanc, je bouge moins. Si je me mettais à faire de grands gestes, le mouchoir voltigerait en tous sens et attirerait mon attention comme un signal avertisseur. Et puis j'y suis maintenant habitué ; le tenir me détend. C'est ma couverture — comme Peanut ! — lorsque je suis sur scène, en concert.

Je présume que mon premier concert à New York a marqué un point tournant dans ma carrière. C'était en mars 1973, au Carnegie Hall. Au début, nous n'étions pas certains de pouvoir écouler tous les billets. Pourtant, même en ajoutant des chaises sur scène, nous avons dû refuser bien des gens qui voulaient se procurer des billets. Comme je l'ai déjà répété maintes fois, je suis toujours nerveux avant de chanter, mais ce jour-là ce fut encore pire. J'allais affronter le difficile public de New York dans la vénérable enceinte de Carnegie Hall. Et je serais seul. Il n'y aurait pas de soprano derrière laquelle je pourrais me cacher, pas de décors, pas de costumes ni d'orchestre — seulement mon accompagnateur et moi.

Au programme, je n'avais mis que de la musique italienne — après tout je suis italien — mais j'avais tout de même sélectionné pour ce concert des pièces assez variées pour présenter un programme qui respecte les normes les plus traditionnelles. J'ai chanté des airs de Tosti, Bellini,

Rossini et Respighi. En rappels, je fis « *Torna a Surriento* » ainsi que « *La donna è mobile.* »

La soirée venait à peine de commencer lorsque je compris que l'auditoire m'appuyait sans réserve. Dès que j'ai cette impression, je peux me détendre un peu. Je vous assure que je ne cesse pas de me concentrer et de travailler très dur, mais je me défais en partie de cette nervosité maladive qui me tenaille avant le spectacle. Ce concert connut un succès retentissant — même auprès des critiques. J'avais réussi un autre examen.

Après ce triomphe à Carnegie Hall, je me mis à donner de plus en plus souvent des concerts. Au cours des mois subséquents, je chantai presque intégralement le même programme à Washington, Hollywood, Dallas et Minneapolis. J'étais heureux de rejoindre toutes ces gens qui n'auraient sans doute pu se déplacer pour venir m'entendre dans une maison d'opéra. J'ai beau être lourd, je puis me déplacer bien plus facilement qu'une production d'opéra.

Lorsque j'ai donné ce premier concert à Carnegie Hall, je me disais que ce serait là un test aussi difficile pour ma voix que pour mes nerfs. Mais au début de 1978, j'ai dû en passer un plus difficile encore : un récital, sur la scène du Metropolitan Opera House, qui serait télédiffusé à seize heures, un dimanche après-midi.

C'est à cette occasion que j'ai connu le pire trac de ma carrière. Quand vous chantez devant quelques milliers de personnes, vous êtes terrorisé à l'idée de mal chanter, mais il y a toujours moyen d'atténuer votre nervosité. Si vous devez chanter même si vous ne vous sentez pas en pleine forme, peut-être une fraction du public qui vous entend pour la première fois dira : « Ce Pavarotti n'est pas à la hauteur de ce qu'on raconte à son sujet. » Mais il ne s'agira là que de quelques personnes. Avec de la chance, vous pourrez par la suite donner suffisamment de bons spectacles pour que les gens déçus ne constituent qu'une minorité des spectateurs.

Mais si vous vous produisez sur une chaîne nationale de télévision et que votre voix craque sur un contre-do, alors vous devrez triompher d'une somme écrasante de statistiques. Mon gérant et bien d'autres gens me répètent sans cesse que la télé fait des merveilles pour une carrière, qu'elle répand rapidement et efficacement de bonnes nouvelles au sujet de Luciano Pavarotti en rejoignant un nombre effarant de spectateurs. Ils oublient parfois que, certains jours, les nouvelles pourraient ne pas être aussi bonnes — et alors toute cette efficacité et cette masse d'auditeurs qui sont l'apanage de la télévision pourraient jouer tout aussi fortement contre un chanteur.

Moi, *je* ne l'oublie pas. Il m'arrive d'avoir l'impression d'être le seul à saisir que tout pourrait mal tourner. Je ne crois pas être du genre à me tourmenter. Je suis tout bonnement réaliste et je sais ce qui peut arriver. À mesure qu'approche un tel événement, l'angoisse et l'inquiétude m'assaillent et repoussent de mon esprit presque toutes les autres pensées.

Je me rappelle que, le jour de ce concert télédiffusé depuis la scène du Metropolitan, j'avais des sueurs froides, assis dans ma loge, et je demandais l'heure toutes les cinq minutes. Un ami m'a dit que j'étais fou de me tracasser, que le public m'adorait.

Il ne comprenait pas une chose très simple. « Peut-être est-ce le cas maintenant », répliquai-je, « mais ça ne veut pas dire qu'il m'aimera encore après le spectacle. »

Ce jour-là, Dieu ne m'a pas abandonné. Il m'a accordé de bien chanter et a empêché ma nervosité de ruiner ma carrière. On a estimé à douze millions le nombre de téléspectateurs. On m'a dit que c'était là une audience record, la plus nombreuse qu'ait jamais eue un chanteur classique, je crois. Je sais que, dans mon cas, il s'agissait d'un public record.

Il me fallut trois ans de travail pour maîtriser ce programme de mélodies que je chante habituellement en récital. Je voulais que ce programme musical plaise aux critiques, qu'il comporte donc des pièces difficiles qui fassent appel à différentes techniques de chant et d'interprétation. Je voulais aussi qu'il plaise à un auditoire raffiné, blasé d'entendre la musique la plus populaire pour ténor, et pour cela j'ai retenu quelques pièces moins connues. En même temps, je ne voulais pas d'un programme qui ne capterait pas l'attention d'un plus vaste public. Je ne voulais pas que les non initiés, assis devant leur appareil, soient gagnés peu à peu par la rage parce que je ne chantais pas « *Torna a Surriento* ». Pour cette raison j'ai veillé à ce que la musique que je retenais pour mon programme et qui satisferait les deux premiers groupes d'auditeurs comporte aussi quelques mélodies et valeurs sûres musicales qui pourraient plaire sur-le-champ à un public non averti.

Donner un concert dans une ville nouvelle, dans une ville où je n'ai jamais chanté, est toujours pour moi une expérience merveilleuse. Les gens déploient tant d'efforts pour que je me sente bienvenu et confortable, et je dois confesser que j'adore être dorloté de cette manière. Mon séjour à Tel Aviv, à l'été 1979, offre certes un bon exemple de cette sorte d'hospitalité.

On nous accueillit à l'aéroport avec des fleurs et des cadeaux pour ma femme et mes filles. Pendant tout notre séjour, on mit une limousine à notre disposition. On nous logea à l'Orchestra House, une résidence pour les artistes invités dont l'Israëli Philarmonic est propriétaire. C'est une demeure splendide, qui regorge d'œuvres d'art et d'objets intéressants, tenue par un personnel hautement qualifié qui comblait nos moindres caprices.

Dans cette résidence habitent en permanence un hôte et une hôtesse, Monsieur et Madame Redlech. C'est un couple charmant; sans compter que Madame Redlech est une cuisinière qui satisferait les palais des plus fins gourmets. On me servait donc trois fois par jour un repas raffiné. C'était le paradis sur terre. Madame Redlech réussit un gâteau au chocolat spongieux, au glaçage crémeux, qui fait les délices de Zubin Mehta. Je comprends pourquoi. Elle lui en prépare un chaque fois qu'il s'arrête à Tel Aviv.

Nos hôtes israéliens virent même à ce que des personnes guident ma femme et mes filles qui désiraient faire des emplettes et visiter la ville pendant que je répétais.

Comme la salle de répétitions est adjacente à l'Orchestra House, je n'avais pas à me déplacer. Enfin, les interviews et les conférences de presse étaient si bien organisées qu'elles ne me semblaient pas le moins du monde ennuyeuses, mais agréables.

Les premiers jours toutefois, quand je débarque dans une nouvelle ville, je ne vois presque rien de ce qui m'entoure et je n'en prends guère conscience. Je me concentre tant sur le concert que je donnerai que je sais à peine où je suis. Je ne me détends qu'après le spectacle.

Partout, le public est le même. Il peut avoir beaucoup entendu parler de vous et s'être fait depuis longtemps une opinion sur vous, mais il n'en tient qu'à vous de prouver à ce public que ce qu'on lui a rapporté n'était pas sans fondement. Quand je suis en forme, la salle réagit bien; si je le suis moins, elle réagit moins bien. Je ne blâme jamais un auditoire de ne pas se montrer enthousiaste. Herbert Breslin me dit que c'est là un comportement rare pour un ténor. Pourtant la raison en est très simple. Jamais le public n'est resté froid quand je chantais d'une manière qui me satisfasse. Si le public ressent que je ne suis pas en pleine forme — ce qui se produit sûrement à l'occasion — je le sais toujours avant qu'il ne le constate.

Quand le concert est terminé, je goûte pleinement le plaisir de me trouver dans une ville inconnue, en pays inconnu. Les petites différences me fascinent. Par exemple, à Rio, quand on dit huit heures on veut dire huit heures trente. À New York, huit heures veut dire huit heures cinq. J'ai noté ce détail parce que je suis un peu maniaque de la ponctualité. Je me fais un point d'honneur d'arriver au lieu d'un rendez-vous à l'heure convenue. Je déteste attendre une personne en retard.

Ces différences entre pays peuvent paraître anodines, mais elles révèlent des philosophies de la vie profondément dissemblables. J'adore passer un moment avec des gens dont la religion, l'idéologie et la philosophie de la vie sont les plus diverses. Je crois qu'une personne de ma profession se doit de chanter pour les gens les plus différents qu'il lui est possible de rencontrer; quand il s'agit d'accepter une offre, l'importance du cachet ne doit en aucune manière être le facteur décisif. Mais je ne désire pas seulement rejoindre le plus de gens possible, j'aime aussi le côté exaltant des lieux exotiques. J'anticipe avec grand plaisir, par exemple, de chanter un jour en Chine.

Et maintenant je joue dans un film. On m'avait fait plusieurs offres, mais j'ai préféré attendre qu'on me présente un rôle qui m'intéresserait. D'accord, je vais dire la vérité. Je souhaitais jouer un personnage romantique comme ceux que je personnifie à l'opéra. Je suis de nature très romantique et c'est là il me semble un état d'esprit que j'incarne avec vraisemblance en tant que comédien. Heureusement pour moi, le cinéma des vingt dernières années a largement puisé à ce filon et nous a obligé à reconnaître que les situations et les liaisons romantiques ne sont pas le seul fait des jeunes et belles personnes.

Yes, Giorgio, tel est le titre de ce film que prépare MGM. J'y joue le rôle d'un chanteur d'opéra (jusque-là tout va bien) qui se produit aux États-Unis et devient amoureux de son médecin, une jolie jeune femme. Peut-être qu'au moment où vous lirez ces lignes, ce film aura-t-il été la risée de tous les cinéphiles, mais je ne pouvais résister à la tentation de faire un film. J'ai toujours aimé le cinéma, particulièrement le cinéma américain. J'étonne souvent mes amis américains parce que j'en sais plus qu'eux sur leurs vieux films. Quelqu'un dit : « J'aime Grace Kelly et Jimmy Stewart dans *Dial M for Murder* » et je rétorque : « Ça n'était pas Jimmy Stewart ; c'était Ray Milland. » On me regarde alors comme si je prétendais être italien et qu'on doutait que je le sois vraiment.

En tout cas, vous pouvez vous imaginer quelle vive émotion je ressens à jouer dans un film hollywoodien. Comme je l'ai déjà mentionné, je crois fermement qu'il faut prendre des risques. Jusqu'à maintenant, cette attitude ne m'a pas causé trop de problèmes. Je crois pouvoir à juste titre me montrer un tant soit peu téméraire.

Être une vedette, même dans un domaine spécialisé comme

l'opéra, comporte des avantages, bien entendu, mais aussi quelques désavantages. Le plus évident de tous ces avantages tient à ce que vous êtes bien mieux rémunéré pour vos efforts. Ce simple avantage financier importe beaucoup pour d'autres raisons que les voitures sport, les propriétés en Italie que vous pouvez alors vous offrir et la sécurité financière qui vous est assurée ainsi qu'à votre famille. De cette manière je ne suis pas tenté de chanter trop souvent et de me ruiner la voix ou de m'épuiser. Voilà qui me rend plus facile de refuser certains rôles qui me semblent ne pas convenir à ma voix ou à mon style dramatique.

Ce qu'il y a de plus avantageux dans la célébrité, c'est que je reçois tant d'offres. Ce qui multiplie d'autant mes chances de recevoir une proposition intéressante, qui sort de l'ordinaire. Bien sûr, on me demande fréquemment de chanter Rodolfo ou un autre duc un peu partout dans le monde, mais bien des directeurs artistiques font preuve de plus d'imagination et j'ai la chance de pouvoir considérer des projets exaltants qu'on me propose en différentes villes. La seule idée de me rendre dans certaines de ces villes me tente déjà.

Je dois avouer que j'aime bien qu'on me reconnaisse quand je me trouve en public. J'adore les gens et je prends plaisir à converser avec eux. S'ils ont déjà l'impression de me connaître, la communication n'en est que plus facile à établir. Certaines vedettes paraissent si impressionnantes que le public les considère avec un respect mêlé de crainte et n'ose pas les approcher. Il en existe d'autres que le public a l'impression de connaître et il va droit vers elles comme s'il s'agissait d'amis. Je suis heureux d'appartenir au dernier groupe et j'espère en faire toujours partie.

Il y a des désavantages, mais pas de l'ordre de ceux que vous imaginez sans doute. Par exemple, les admirateurs et toutes ces personnes qui vous veulent du bien accaparent beaucoup votre temps. Dernièrement, on m'a demandé de dédicacer mes disques au Sam Goody's Record Store de New York. Je devais y arriver à dix-huit heures et en sortir quelques heures plus tard. À une heure du matin, j'y étais encore; les propriétaires ont gardé ouvert le magasin et j'ai dû dédicacer six mille disques au lieu des six cents prévus. D'autres artistes que moi jugeraient sans doute qu'il y a des manières plus agréables d'occuper sept heures d'une journée. À mon sens, il n'en est pas. Mon existence dépend tellement de ma relation avec les gens — le public qui aime mon art — que c'est pour moi un plaisir tout spécial de les voir face à face.

Ainsi, ce que certaines célébrités considèrent assommant et comme une perte de temps me semble l'un des avantages du succès.

Il y a deux désavantages à cette vie d'artiste qui, jusqu'à maintenant, se sont tant démarqués des autres qu'ils me semblent les deux seuls désavantages. Ce sont les longues séparations qui me privent de ma famille et les perpétuels voyages en avion. J'ai déjà souligné combien ma famille me manque cruellement lorsque je suis au loin. De plus, c'est à croire que je n'arriverai jamais à surmonter mon aversion pour l'avion. Chaque fois que j'atterris, je souffre le martyre. Mais je ne peux rien y changer.

Un autre des aspects négatifs du succès est insignifiant en soi, comparé aux déplacements constants, mais il est toutefois plus que contrariant. Je commence à peine à prendre conscience qu'on juge souvent plus durement une personne très connue quand elle se permet un comportement désagréable. Quand une personne ordinaire — et par là j'entends une personne qui n'est pas célèbre — se montre impatiente ou se met en colère, sa saute d'humeur est vite oubliée dans le cours habituel d'une journée qui comporte sa part de plaisirs et de déplaisirs. Mais si une célébrité rembarre quelqu'un ou se fâche, on se passe le mot et ce fait anodin sera probablement inscrit en majuscules sur le dossier de cet artiste, tout juste à côté de son nom. Qu'il survienne un ou deux incidents du genre et le monde dira: «Oh oui, il ou elle chante bien, mais qu'il ou qu'elle est désagréable, difficile, une vraie *prima donna...*»

Si souvent, pareil comportement «désagréable» est le résultat d'un malentendu. Je ne prétends pas toujours me montrer parfaitement raisonnable, mais je le suis souvent plus qu'il ne peut sembler à quelqu'un qui verrait tout de l'extérieur. Par exemple, j'ai donné un concert au Brooklyn College il n'y a pas longtemps. Quand je donne un spectacle comme celui-là, spécialement dans une partie du monde que je connais peu, mon gérant retient les services d'une limousine qui me prend à l'hôtel, me conduit à la salle de concert et m'y attend jusqu'au moment de me ramener à l'hôtel.

Le soir de ce concert à Brooklyn, il faisait particulièrement froid, bien en deçà du point de congélation. Je quittai très tard la salle de concert parce que je tiens toujours, après un spectacle, à dédicacer sur scène les programmes de tous ceux qui me le demandent. Ce soir-là, je pense que tous les spectateurs voulaient mon autographe. Il y avait ensuite, dans une autre salle du théâtre, une réception réservée aux dignitaires du Brooklyn College et aux gens qui avaient organisé le concert. Il fallait que j'y aille. Après y avoir passé deux heures, je regagnai enfin ma loge pour me débarrasser de mes vêtements de gala — mon uniforme de concert — et enfiler un costume de ville.

La limousine nous attendait à l'entrée des artistes quand nous sommes sortis, mais le chauffeur n'avait pas mis en marche le moteur. L'intérieur de l'automobile était aussi froid qu'une glacière. J'ai dû m'asseoir dans cette voiture frigorifiée et attendre que les autres — ma secrétaire, mon accompagnateur et deux amis — finissent de rapailler leurs affaires, disent au revoir aux gens et montent dans l'auto. J'étais furieux que le chauffeur n'ait pas réchauffé la voiture et je le lui ai dit. Je n'ai pas gueulé ni rien du genre, mais je lui ai dit plutôt rudement qu'il aurait dû réchauffer la voiture. Après tout, il était payé à ne rien faire pendant trois heures.

Bien entendu, c'était insignifiant. Plus tard, quand j'y ai repensé, je me suis dit que le chauffeur avait dû croire que je m'étais emporté pour un détail ridicule. Je suis certain que le chauffeur ne s'était jamais arrêté à penser combien nous autres chanteurs sommes terrifiés à l'idée d'attraper froid. Il ignorait que je traite ma voix comme une entité séparée de moi, comme un bien qui m'a été concédé et que je suis chargé de protéger. Il n'a vu qu'un homme irritable qui jouait la vedette.

J'aime bien ce qu'a déjà dit Barbra Streisand à propos de son statut de vedette. Je ne l'ai pas entendue moi-même prononcer ces mots. C'était à une émission où l'on interviewait les gens, il y a de cela quelques années, et on m'a rapporté ses paroles. Elle expliquait à son hôte que les gens l'accusaient de se comporter en garce depuis qu'elle était devenue célèbre. «Ce n'est pas vrai» a-t-elle dit «j'ai *toujours* été une garce.»

J'espère ne pas être un salaud, mais j'espère bien, peu importe ce que je suis, que je suis resté moi-même.

Un des grands avantages de la célébrité, c'est que vous avez la possibilité de faire partager à d'autres la chance qui vous a souri. L'une des mes plus récentes réalisations est un concours de chant que je viens de lancer de concert avec la Opera Company de Philadelphie. Je dois mes débuts à l'opéra à ce premier prix que j'avais remporté dans le cadre du concours Achille Peri, à Reggio Emilia ; j'éprouve un grand plaisir à participer au lancement d'une compétition similaire aux États-Unis.

Contrairement à ce qu'on peut imaginer au premier abord, aider les jeunes chanteurs n'est pas toujours une expérience gratifiante et réconfortante. Dans des concours comme celui-ci, les gens oublient que, s'il y a des vainqueurs, il y a nécessairement des perdants ; ils oublient que pour chaque voix prometteuse que vous entendez, il vous faut en écouter vingt autres qui n'ont aucune chance de réussir. Il est très désagréable de dire à des gens, qui étudient depuis des années, qu'ils devraient songer à une autre carrière. Certains de mes collègues sont incapables de faire ce travail.

Je ne peux pas dire que j'aime cette tâche, mais que des talents restent dans l'ombre me semble encore pire que cette dure expérience. Voilà pourquoi je me suis engagé avec enthousiasme dans la création de cette compétition. Nous sommes en train de former un jury très distingué :

264

Kurt Herbert Adler, Richard Bonynge, Phyllis Curtin, Max de Schauenseer, Lorin Maazel, Nathaniel Merrill, Julius Rudel, Bidú Sayâo, Francesco Siciliani, Dame Joan Sutherland et Antonio Tonini. Le président de la Philadelphia Opera Company, le docteur Francesco Leto, ainsi que l'administrateur en chef, Margaret Anne Everitt, seront aussi du jury.

Chacun d'entre nous aura la responsabilité de présenter de jeunes chanteurs venus de tous les continents. Le nombre maximal de concurrents a été fixé à quarante. Les gagnants se produiront ensuite à mes côtés au cours d'une série de représentations données à Philadelphie. J'envisage, dans un avenir rapproché, d'inviter de mes collègues à prendre part à de tels spectacles qui serviront à lancer de jeunes artistes.

Trouver une occasion de monter sur scène et de travailler aux côtés de talents de premier ordre, voilà qui est des plus difficiles pour un jeune interprète. Malgré tout le respect que je porte aux nombreux pédagogues et répétiteurs, il me faut avouer qu'il n'est pas de meilleure école que celle qui consiste à chanter en public aux côtés des plus grands artistes.

Philadelphie peut se vanter d'une tradition d'opéra fort intéressante. De nombreux opéras importants y ont connu leur première américaine : *Der Freischutz, I Puritani, Norma, Luisa Miller, Faust* et *Le Vaisseau fantôme*. Comme ce fut le cas dans d'autres villes américaines, Philadelphie a malheureusement connu une longue succession de compagnies d'opéra au cours des ans, mais cela n'a guère d'importance quand on considère que malgré vents et marées un public très nombreux y est toujours resté fidèle à l'opéra et l'a toujours soutenu. La compagnie actuelle est née de la fusion de deux compagnies antérieures. Elle a déjà fait preuve d'audace et de vigueur — deux qualités merveilleuses qui lui assurent un avenir prometteur.

J'aimerais maintenant vous entretenir d'un sujet qui m'est très cher : ma peinture. Je peins chaque fois que j'en ai le loisir et je voyage habituellement avec quelques tableaux que je n'ai pas encore achevés ou dont je ne peux supporter de me séparer. J'ai commencé à m'adonner à ce passe-temps il n'y a pas longtemps, un peu à la blague. Je ne le pratique peut-être toujours pas avec sérieux, mais il s'agit pour moi d'une activité qui prend de plus en plus d'importance dans ma vie.

Tout a commencé alors que je chantais *Tosca* à San Francisco, en 1978. Parce que le personnage que j'y incarnais, Cavaradossi, est celui d'un peintre, un admirateur m'a fait présent d'un coffret de tubes de couleurs. Je me suis dit : pourquoi faire semblant de peindre sur scène ? Pourquoi ne pas essayer de vraiment peindre une toile. Depuis lors je peins et cela me passionne. Je m'y suis lancé à corps perdu. Au cours de la première année, j'ai fait trente toiles, pas toutes sur scène, évidemment.

Bien qu'il s'agisse là d'un nouveau passe-temps pour moi, il y a fort longtemps que je désirais m'y adonner. Aussi loin que je me rappelle, j'ai toujours rêvé de devenir un grand peintre. Un ami a suggéré que c'était parce que la profession que je pratique et son caractère d'insécurité me rendaient inquiet ; on peut en effet donner un bon spectacle et se retrouver peu de temps plus tard relégué aux oubliettes.

Mais ça n'est pas cela. Tout d'abord parce que les disques assurent maintenant une certaine pérennité à la voix. Mais il n'a pas totalement tort : il pourrait exister un lien entre ce nouveau passe-temps et la profession que j'exerce. Ce qui me plaît par-dessus tout quand je peins, c'est que je crée du neuf, quelque chose qui n'a jamais existé auparavant. En fait, l'opéra suppose un effort de collaboration depuis le compositeur jusqu'au concepteur de l'éclairage d'une production. Quand nous chantons un opéra, nous lisons et interprétons plus ou moins la création d'un autre. J'ai tant consacré d'années de ma vie aux créations des autres qu'il m'est rafraîchissant de m'essayer à quelque chose qui ne soit l'œuvre de personne d'autre que moi. À mon sens, il n'y a rien de plus créateur que de faire quelque chose à partir de rien. Quelque chose de complètement nouveau qui ne vienne que de soi-même.

Tous se moquent de ma peinture — ma famille, mes amis — mais ça ne me gêne pas le moins du monde. Je travaille à mes toiles n'importe où — à la maison et, quand je voyage, dans ma chambre d'hôtel. Cette activité me fait oublier tout le reste.

Quand je termine un tableau que j'aime, je me sens très heureux, même si je soupçonne qu'il n'a aucune valeur artistique. Je ne prétends pas être bon peintre, bien que je fasse des progrès et que je ne puisse promettre de ne jamais me prendre pour tel.

Si je pouvais devenir un bon peintre, je pourrais cesser de chanter. Mais seulement si je pouvais être un grand peintre et cela ne se produira jamais.

Je me passionne toujours pour les sports, mais parmi tous ceux que j'avais l'habitude de pratiquer, le tennis est le seul auquel je m'adonne encore. C'est un sport magnifique et facile à pratiquer en n'importe quelle saison, dans toutes les villes où je me rends, même si j'y connais peu de gens. J'éprouve beaucoup de plaisir à jouer au tennis et je me sens toujours en meilleure forme après une partie. Je suis assez bon joueur, mais je préfère me mesurer à des gens qui sont bien plus habiles que moi. Malheureusement, cette préférence entre en conflit avec un autre aspect de ma personnalité : je déteste perdre. Malgré tout, l'envie de relever un défi est plus forte. Je donne bien un peu de mal à des joueurs chevronnés, mais je ne prétends pas être un joueur hors pair. J'aime tout bonnement le jeu rapide et rude. Je préfère les doubles, parce qu'en double on peut se permettre de rire et de blaguer.

Quand je dis blaguer, je veux dire entre les coups. Quand la balle est en jeu, je suis aussi sérieux que lorsque je chante. En fait, je considère que bien jouer au tennis et bien chanter sont deux activités qui présentent une grande similitude. Dans les deux cas, il faut une concentration absolue — sur ce qui se passe, sur ce que l'on fait ou sur ce qu'on devrait faire... Dans un cas comme dans l'autre, on ne peut vraiment réussir si on laisse son esprit errer une seule petite seconde. Une seule pensée sur ce que vous boirez après la partie ou sur la façon dont le public réagit pendant votre exécution, et la partie peut vous échapper.

Je suis donc sérieux lorsque je joue au tennis mais, entre les coups, j'aime bien harceler et agacer mes adversaires. Après tout je dois *tout* essayer pour suppléer à leur supériorité technique.

J'ai récemment pris goût à l'équitation. Depuis que j'ai vécu sur une ferme aux alentours de Carpi pendant la guerre, quand j'étais enfant, j'ai toujours aimé les animaux, mais les chevaux me plaisent maintenant tout particulièrement. Comme il y a de grands espaces autour de notre nouvelle maison à Modène, j'ai pensé qu'il serait bien de posséder nos propres chevaux pour faire de l'équitation. Quand je chantais à Dublin en 1979, je demandai qu'on me montre quelques chevaux que je pourrais acheter.

J'ai dit que je voulais voir le cheval le plus solide de toute l'Irlande et on m'amena voir un cheval vieux de quatorze ans, surnommé Shaugran, qui jadis avait été l'un des meilleurs chevaux de chasse du pays. Il était aussi énorme, ce qui explique peut-être que je m'en sois porté acquéreur sur-le-champ.

En raison de sa taille énorme, j'ai cru que mon poids ne lui causerait pas de grande difficulté. Il s'avéra aussi gentil et racé. J'ai décidé d'acheter Shaugran et un autre cheval qu'on me montra en même temps, une bête châtrée de quatre ans, Herbie, également excellent sauteur. Je croyais qu'il serait merveilleux pour toute la famille, mais particulièrement pour mes filles, de se promener sur des chevaux qui nous appartiendraient.

Mais il y avait un petit problème : mes filles n'étaient jamais montées à cheval. J'entendis parler d'une école d'équitation renommée, établie en périphérie de Dublin, la Iris Kellet Riding School ; je jugeai qu'il serait bon d'y envoyer mes filles pendant quelques semaines pour qu'elles y apprennent l'équitation.

Les filles ne se sont guère montrées enthousiastes au

début, mais s'enthousiasmer pour des villes inconnues et de nouvelles expériences n'est pas le fait des adolescentes italiennes. Malgré cela, je les persuadai d'essayer et, bien sûr, elles ont adoré ça. Pourquoi certaines gens ne comprennent-elles pas que pour jouir le plus possible de l'existence il faut parfois prendre des risques et tenter des expériences ? Je suis persuadé qu'il existe un lien étroit entre une trop grande prudence et l'ennui.

Maintenant mes filles adorent faire de l'équitation, elles adorent les chevaux. On m'a dit qu'elles se levaient même presque de bonne humeur, à sept heures du matin, pour nettoyer les écuries.

Je me suis mis à monter de plus en plus souvent à cheval. J'aime ce sport et je sens qu'il s'agit là pour moi d'un bon exercice. Pendant la tournée avec le Met, en 1980, j'ai fait de l'équitation à Dallas ainsi qu'à Boston. Si le cheval ne refuse pas de me supporter, je ne demande pas mieux que de le chevaucher. (Quelqu'un m'a demandé si je me rappelais le nom du cheval que j'ai monté à Boston. J'ai répondu : « Non, mais je suis sûr que le cheval n'a pas oublié le mien. ») Je meurs de pouvoir un jour faire de l'équitation à Central Park, quand je retournerai à New York, et y suivre des leçons pour monter correctement. Je veux m'y prendre comme il faut avec Shaugran et Herbie qui ont émigré d'Irlande pour se joindre à la famille Pavarotti, à Modène.

J'ai eu une autre aventure sur un cheval, à Londres. On m'avait amené voir un cheval célèbre qu'on gardait dans les écuries, derrière le St. George's Hospital. On l'appelait Sir Harold et c'était le plus gros cheval d'Angleterre — dix-huit mains et demie (soixante-quatorze pouces environ). Un géant au plein sens du mot. On m'invita à le monter et j'en fus ravi. Je pense que Sir Harold l'était moins que moi. Il me regarda comme si j'étais moins que rien sur son dos massif.

Dès que je l'eus fait entrer dans Hyde Park, il partit au galop. Je pouvais sentir que ma selle n'était pas parfaitement assujettie et elle commença à glisser. Je ne sais trop comment, mais je parvins à rester en selle et à maîtriser l'animal. Il est interdit de galoper dans les parcs urbains, aussi ai-je dû donner tout un spectacle sur ce cheval gigantesque. Si des gens m'ont alors reconnu, ils ont dû s'imaginer qu'il s'agissait d'un truc publicitaire pour mon enregistrement de *Guillaume Tell.*

Cette nouvelle maison que j'ai achetée en banlieue de Modène me rend très heureux. C'est une grande propriété qui jadis a été le cœur d'un vaste domaine. Il y a là une résidence imposante avec des écuries tout à côté. Il y a aussi un chalet, un petit pavillon pour les parties, dont les murs extérieurs en plâtre sont peints *en trompe-l'œil*[1] pour donner l'impression de rideaux drapés aux fenêtres.

Nous avons complètement transformé la maison. Nous avons reconstruit l'escalier principal qui donne maintenant dans le salon et qui ajoute à notre demeure une particularité assez inhabituelle. Au premier, il y a une chambre pour Adua et moi et une autre pour chacune de nos filles. Nous avons transformé en appartement, avec entrée privée, le deuxième où logent la sœur de Adua, Giovanna, ainsi que son mari et leurs quatre fils. Adua et Giovanna sont très proches l'une de l'autre ; il faut dire que leur mère est morte alors qu'elles étaient assez jeunes. Depuis que Adua et moi sommes mariés, Giovanna a toujours vécu avec nous.

À l'étage supérieur des écuries qui ne sont qu'à quelques mètres de la maison, je suis en train d'aménager un bel appartement pour mes parents. Il y aura aussi un espace réservé à ma sœur Gabriella et à son fils Lucca. Nous vivrons là tous ensemble. Je veux prouver que les familles peuvent rester unies, même de nos jours.

Du côté opposé à l'entrée principale s'allonge une allée de peupliers. Ils sont élancés et disposés sur deux rangées. Je les crois très beaux. De chaque côté s'étendent des champs. Quand j'ai acheté cette propriété, le gouvernement communal, qui est communiste, m'a obligé de renoncer par écrit à une large portion de ces terres. Elles ne

---

[1] *En français dans le texte* (Note du Traducteur)

m'appartiennent plus désormais — pas plus d'ailleurs qu'à personne d'autre. On dit qu'elles sont à la « disposition du gouvernement ». Je ne puis y construire ni m'en servir, non plus d'ailleurs que quiconque d'autre. Pour l'instant, le gouvernement pourrait y établir un parc. Voilà pourquoi j'essaie d'obtenir qu'elles soient désignées comme « propriété privée du gouvernement ». De cette façon, elles demeureraient à jamais inoccupées.

Il me reste un bon lopin de terre dont je *peux* disposer et que j'ai l'intention de cultiver. Quand il commencera à produire, je pense que cette propriété pourra s'autosuffire à quatre-vingts pour cent. Mon père était boulanger, alors il pourra cuire notre pain. On produit dans la région du vin Lambrusco — il est un peu léger, mais agréable. De plus toutes les conditions nécessaires pour élever du bétail y sont réunies. Déjà poussent des abricotiers, des pruniers, et il y a là en suffisance une bonne terre qui se prêtera à la culture de toutes sortes de légumes.

À mesure que je vieillis, j'anticipe avec de plus en plus de plaisir de passer toujours plus de temps en ces lieux et d'y faire moi-même une partie du travail. J'étais fermier à l'âge de neuf ans ; il me paraît logique d'écouler mes vieux jours de la même façon.

Riccardo, dans *Un Ballo in Maschera* de Verdi, est l'un de mes
rôles préférés. Voici une photo de la production du Metropolitan, en
1980. Photo: J. Heffernan.

Madelyn Renee

Pavarotti, professeur et patron

Puisque j'espère faire carrière de chanteuse, je n'aurais jamais accepté le poste de secrétaire de Luciano s'il n'avait offert d'être mon professeur pendant que je travaillais pour lui. J'aurais probablement accepté n'importe quel travail, mais être la secrétaire de Pavarotti ne ressemble en rien à « n'importe quel travail ». C'est trois emplois à plein temps.

Quand il est en voyage, ce qui est presque toujours le cas, il a besoin d'une secrétaire fort efficace qui l'aide à s'organiser, qui note bien ses rendez-vous et les lui rappelle, qui veille à ce qu'il s'y rende à l'heure, qui reçoive les visiteurs, les écoute et réponde aux lettres que lui envoient ses admirateurs. Luciano a également besoin d'un valet de chambre à plein temps et d'une gouvernante également à plein temps. Étant donné son goût pour la peinture, les tonnes de courrier et les cadeaux que lui font parvenir chaque jour les gens, garder en ordre son appartement ou sa chambre d'hôtel est un travail de tous les instants.

Ce ne sont là que les principales tâches de sa

secrétaire. Il y en a bien d'autres. Quiconque accepte ce poste peut oublier d'avoir une vie à soi. Même si j'aime beaucoup me retrouver au cœur de l'ouragan Pavarotti, je n'abandonnerais jamais mes ambitions de chanteuse pour autant. Qu'il ait acquiescé à me considérer comme une élève pendant que je travaillerais pour lui, voilà ce qui a rendu possible une entente entre nous.

Il est vraiment un professeur fantastique. Peut-être parce qu'il a travaillé si longtemps et si âprement pour en arriver où il est, il a acquis une disposition toute naturelle à transmettre ce qu'il a appris. Plus que tout, ce qui le distingue en tant que professeur c'est son incroyable patience. En tant que patron, il n'est pas un homme patient; il veut que tout soit fait sur-le-champ. Mais en tant que prof, c'est tout le contraire.

Si vous faites une erreur, il vous fera répéter le passage en question maintes et maintes fois, dix ou quinze fois s'il le faut — autant de fois qu'il le faudra pour que vous ne commettiez plus la même faute. Puis, quand vous avez réussi, il vous fait encore répéter quinze fois pour être sûr que ce n'était pas un heureux coup du hasard, pour que la correction s'incruste dans votre cerveau et qu'elle devienne un automatisme. Et il vous écoute attentivement chaque fois. La plupart des gens trouveraient ça insupportable et ennuyeux, mais pas Luciano. Il m'a même affirmé un jour qu'il s'étonnait lui-même de la patience dont il faisait preuve à titre de professeur.

Je pense que cette attitude paradoxale, qui fait de lui un être impatient quand il est question de détails quotidiens et au contraire un être remarquablement patient quand il s'agit de questions importantes comme le chant, nous fournit une clé pour comprendre dans sa totalité son étrange personnalité. Il a usé sa patience à perfectionner son art et à enseigner à d'autres comme moi; voilà sans doute pourquoi il s'emporte si rapidement pour des détails. (En toute équité, en ce qui a trait à ses accès de colère pour de petites choses, je dois ajouter qu'ils s'estompent aussi rapidement qu'ils se manifestent.)

Je maîtrise assez bien les principes fondamentaux du

chant qui, selon Luciano, sont une bonne respiration et un support adéquat du diaphragme. Aussi nous concentrons-nous davantage sur d'autres aspects de ma technique vocale. Nous passons beaucoup de temps à travailler le phrasé et l'interprétation.

La méthode d'enseignement de Luciano — qu'il s'agisse du phrasé, de la façon de colorer les sons ou de toute autre question — consiste essentiellement à repérer les fautes de l'élève, à les imiter et ensuite à lui faire répéter le passage avec les corrections qui à son sens s'imposent. Il est un imitateur très habile et il y réussit parfois de manière si accablante qu'il n'y a aucun danger que vous persistiez dans l'erreur. Vous ne réussirez peut-être pas à donner le passage comme il le faudrait, mais vous trouverez sûrement un autre moyen de commettre une erreur. En tant que prof, Luciano est impitoyable. Il ne vous lâchera pas tant que vous n'aurez pas réussi.

J'ai tant appris de lui par simple observation. Par exemple, même si j'étudie avec Luciano depuis plusieurs mois, je commence à peine à saisir comment il articule les voyelles. Cela a beaucoup d'importance parce que c'est, j'en suis convaincue, le secret de son beau *legato* et la clé de son phrasé.

Il a fait de véritables miracles avec ma voix. Je peux maintenant donner des aiguës qui auparavant me semblaient inaccessibles. Il a ajouté au moins quatre notes à mon registre aigu. Comme exercice, il m'a fait apprendre « *Casta Diva* » de *Norma*, l'un des plus difficiles arias pour soprano. Bellini vous amène dans l'extrême aigu de la voix et vous y laisse tournoyer lentement.

La plupart des sopranos ne songent pas à s'essayer à « *Casta Diva* » avant d'être bien engagées dans la carrière. Mais Luciano croit mordicus qu'il faut se surpasser. « Si tu peux chanter '*Casta Diva*' », me dit-il, « les arias de Puccini ne te sembleront plus si malaisés. »

Luciano insiste beaucoup sur la nécessité de prendre des risques. C'est ce qu'il a toujours fait et il attend des interprètes novices qu'ils agissent de la même façon. Je citerai, comme exemple de risques qu'il n'hésite pas à prendre et à imposer aux autres, le fait qu'il m'ait obligé de chanter avec lui au cours de certains de ses concerts. Il m'a littéralement poussée sur scène; devant le public, au moment des rappels. Je sais qu'il a agi de la même manière avec d'autres étudiants qu'il a eus. C'est nage ou coule à pic. Il nous lance simplement sur scène et espère que nous nous en tirerons — et que le public nous acceptera. J'ai même eu droit à quelques bons mots dans certains comptes rendus.

Il me faut parfois ruser avec lui pour qu'il me donne une leçon de chant. Quand son horaire quotidien lui laisse quelques minutes de liberté, je lui demande si ça l'ennuierait de m'écouter pendant que je fais quelques vocalises. Il me répond toujours que je peux m'y mettre, mais aussitôt il se rend à sa chambre pour y étudier une partition ou placer quelques appels téléphoniques. Dès que je commence à chanter, il sort en trombe de sa chambre et me lance : «Non, non, Maddalena. Pas comme ça. Tu ne te sers pas de ton diaphragme comme il le faudrait.» Ou il relève n'importe quelle autre erreur que j'ai pu commettre sur le moment. Il finit toujours par me donner un cours. Nous ne planifions presque jamais mes leçons — je les «prends» au sens littéral du mot. Ça ne rate presque jamais. Nous ne travaillons peut-être pas ma voix chaque jour, mais ses instincts de professeur sont toujours en éveil. Ainsi, un jour nous prenions l'avion pour nous rendre à un concert et il a remarqué que je lisais *The World According to Garp*.

«Qu'est-ce que c'est?», demanda-t-il. «Pourquoi lis-tu ce genre de livre? Si tu veux être cantatrice, tu devrais étudier la partition de *La Bohème* au lieu de lire pour ton plaisir.»

D'autres fois, nous entendons une chanteuse populaire s'exécuter à la radio pendant que nous dépouillons le courrier ou que nous nous occupons à des tâches qui n'ont aucun rapport avec le chant. Luciano s'arrêtera et dira : «Écoute, Maddalena. Écoute comment cette interprète évite les *portamentos*. Elle ne glisse pas d'une note à une autre, mais elle attaque chacune d'elles avec netteté.»

Jamais je n'ai entendu parler d'un chanteur de si grande classe qui ait consacré autant de temps à écouter les jeunes artistes et à leur donner des conseils. Parfois, des professionnels les lui amènent — des gens attachés à la salle de concert ou à la maison d'opéra où Luciano se produit lui demandent d'accorder une audition à des voix prometteuses — mais parfois aussi les jeunes artistes lui écrivent ou découvrent à quel hôtel il est descendu et lui téléphonent. Ou ils l'attendent à l'entrée des artistes. Il les écoute presque toujours, même s'il considère difficile de juger une voix dans une pièce normale. D'ailleurs il se complique souvent l'existence pour pouvoir entendre ces chanteurs novices dans une salle. S'il refuse de les écouter, c'est qu'un engagement qu'il ne peut remettre ou retarder l'en empêche, qu'il ne dispose que de trop peu de temps avant le concert, qu'il se dépêche pour attraper son avion ou quelque chose du genre.

Il est renversant de voir comme il consacre du temps à aider les jeunes et plus renversant encore de constater que tant d'artistes célèbres s'y refusent.

Depuis qu'on fait tant de publicité au sujet de Luciano, mon travail de secrétaire occupe trois fois plus de mon temps. Il reçoit chaque jour assez de courrier de ses admirateurs — au moins cinquante ou soixante lettres — pour tenir occupée une secrétaire à plein temps. Surtout qu'il insiste pour que chaque lettre reçoive une réponse. Quiconque demande une photo dédicacée s'en voit envoyer une; cette seule tâche occasionne des déboursés de plus en plus importants et accapare beaucoup de mon temps.

Plusieurs de ces lettres sont si touchantes qu'il faut y répondre de manière plus personnelle. Il est étonnant de constater combien de gens écrivent à Luciano pour lui dire que sa voix les a tirés du désespoir. Quelques-unes de ces lettres laissent entendre que Luciano a sauvé des vies. On ne peut ignorer de pareilles confidences ni se contenter pour toute réponse d'une photographie ou d'une lettre circulaire de remerciements.

Puis il y a tous les cadeaux. Les gens se donnent tant de mal pour lui offrir des cadeaux : des vêtements, des portraits de Luciano, des statuettes, des bustes. Il a reçu assez de clous tordus pour construire une maison hantée. Il faut accuser réception de tous ces objets. Luciano y insiste.

Je suis renversée par la quantité de nourriture que lui envoient ses admirateurs. Je sais qu'ils le font par affection, mais c'est là un geste incroyablement irréfléchi de leur part. Est-ce que tous ne savent pas qu'il lui faut lutter âprement pour perdre du poids ? Pourquoi lui envoie-t-on des biscuits, des bonbons — tout ce qui lui est interdit ? Il me faut cacher cette nourriture qu'on lui offre ou la manger moi-même à l'insu de tous.

Veiller à ce qu'il respecte scrupuleusement sa diète est devenu l'une de mes tâches les plus difficiles. Quand il reçoit des gens à déjeuner ou à dîner, il se contente de ses plats diététiques et sert aux autres un repas complet et normal. Il essaie toujours de leur voler quelques morceaux — ou à table ou dans la cuisine. Je dois le surveiller sans arrêt et lui dire de se dominer quand je le surprends la main dans le sac. Sur le coup il se montre mécontent, mais il m'en est vraiment reconnaissant et me répète souvent que je dois continuer à agir ainsi. Sa réaction ne m'attriste pas parce que je sais que Luciano est beaucoup plus heureux quand il respecte sa diète et qu'il maigrit.

Non seulement dois-je veiller à ce que le réfrigérateur déborde de ses plats diététiques quand il est à son appartement de New York ou de San Francisco, mais il me faut aussi très souvent transporter des contenants de cette nourriture lorsqu'il nous faut faire de courts voyages en avion. Bien entendu, Adua veille à tout quand il est à la maison. Elle et moi avons eu l'occasion déjà d'échanger des contenants de ce genre dans des aéroports.

M'assurer que Luciano ne manque de rien quand il donne un concert ou un récital est une de mes tâches les plus importantes. Dans les maisons d'opéra, bon nombre de gens s'occupent de lui : des habilleuses, des maquilleurs, des personnes qui s'assurent que rien ne lui manque à la dernière minute. Mais pour les récitals, il n'y a que moi. Il est toujours nerveux avant un concert ou un récital et, si un accessoire de sa tenue de gala manque ou n'est pas dans un état convenable, ce peut être le désastre. Cela me rend si inquiète que j'ai pris l'habitude de toujours apporter deux ou trois articles vestimentaires identiques — des chemises et des nœuds papillons, par exemple — au cas où quelque chose n'irait pas. Dieu me vienne en aide si j'oublie les bretelles !

Je dois aussi veiller à ce qu'il ait sous la main, dans sa loge, tout ce qu'il aime : de l'eau minérale et de la glace, même des fruits. Ordinairement les directeurs y pourvoient sans qu'on ait à en faire la demande ; mais s'ils n'y veillent pas, je dois me procurer le nécessaire, demander qu'on s'en occupe et procéder aux vérifications qui s'imposent avant le spectacle. Je dois aussi toujours me munir d'un séchoir à cheveux et d'une bonne provision de Rolaids.

Luciano m'incite à assister aux répétitions et me demande mon opinion sur son chant et son jeu. Il m'a affirmé qu'à ses yeux les étudiants étaient les meilleurs critiques. Il demande souvent l'opinion d'autres jeunes chanteurs ou étudiants. C'est là sa manière, dit-il, de rester en contact avec les jeunes gens. C'est important pour lui.

Il refuse aussi de se couper de la réalité quotidienne. Dans tous les champs d'action, les vedettes ont tendance pourtant à s'en couper — et il s'agit même en fait de plus qu'une tendance. Tant de facteurs expliquent qu'un chanteur célèbre se cantonne peu à peu dans un univers restreint à d'autres artistes, à des musiciens et des gérants. Luciano abhorre l'idée de se retrancher du reste de l'humanité. C'est l'une des raisons pour lesquelles il passe tant de temps avec ses admirateurs. Et cela explique aussi qu'il tienne tant à écouter mon opinion comme celle de nombreux autres jeunes gens. Luciano n'a pas oublié ce que c'est que d'être jeune ni comment il se sentait quand il était étudiant.

Mario Buzzolini

L'accident d'avion

En septembre 1975, ma femme et moi nous embarquions, en Italie, dans un avion qui nous amènerait à New York. Nous avions entendu dire que Luciano Pavarotti prenait le même avion et, comme nous sommes de fervents admirateurs de son art, nous avons demandé au garçon de bord s'il accepterait de faire part à Pavarotti de notre désir de lui présenter nos hommages. Il nous rapporta que Pavarotti serait heureux de faire notre connaissance, mais nous demandait de ne pas quitter nos sièges. Il viendrait nous voir. En moins d'une minute cet homme à la stature imposante s'avançait vers nous dans l'allée. Bien entendu, il n'avait aucune idée de ce dont nous avions l'air, aussi je me levai et j'agitai la main.

Nous avons parlé pendant quelques heures et sommes devenus presque des amis. Plusieurs mois plus tard, ma femme et moi rentrions dans notre ville natale, Lugano, pour la Noël. Nous attendions qu'on annonce l'embarquement pour notre vol TWA, quand un homme précipita vers la barrière. C'était Pavarotti. Il avait raté son vol Alitalia et on lui avait trouvé une place à bord du même avion que nous. Comme nous, il rentrait chez lui pour Noël. Il paraissait enchanté par cette coïncidence qui faisait de nous une fois de plus ses compagnons de voyage. Pas besoin de dire que nous étions ravis.

Nous avons demandé à TWA de nous donner des sièges adjacents. Pavarotti voyage toujours en classe économique. Il aime s'asseoir au-dessus des ailes de l'appareil parce qu'il pense que c'est l'endroit le plus sûr. De plus, voyager en première classe lui semble une extravagance qu'il désapprouve.

L'envolée au-dessus de l'Atlantique s'est déroulée merveilleusement. Comme l'avion approchait de Milan, le pilote annonça que l'aéroport Malpensa était couvert d'un épais brouillard qui empêchait tout atterrissage. Il tournerait en rond pendant un certain temps en espérant que les conditions s'amélioreraient. Après un moment, le pilote nous fit savoir par la voix des haut-parleurs qu'il allait effectuer une descente, non pas pour atterrir, mais pour évaluer la situation. Nous étions tous terrorisés. Luciano, qui avoue que voler l'effraie même dans les meilleures conditions, était dans un état lamentable.

Notre avion était un 707. J'avais été membre de la Swiss Air Force, aussi j'étais un peu au courant des manœuvres de vol. J'étais assis près du hublot et je fus étonné de constater que le pilote amorçait un piqué à 45°. Dès qu'il aperçut le sol, le pilote braqua l'appareil. Luciano faillit en mourir. Lui et ma femme disaient se sentir malades. Luciano s'appuya la tête sur le dossier de son siège et ferma les yeux. Il ne voulait pas parler.

La voix du pilote se fit encore entendre. Si la température ne s'améliorait pas bientôt, il conduirait l'avion à Gênes et y atterrirait.

« Fais-le ! » supplia Luciano.

Puis le pilote annonça qu'il avait changé d'idée. Il essaierait de se poser à Milan. Je pus constater une fois de plus que le pilote amenait l'avion en descente à angle très aigu. Finalement l'avion toucha le sol. La plupart des passagers crurent que tout danger était écarté. Les gens poussèrent des soupirs de soulagement et certains commencèrent même à applaudir.

Par le hublot, je pouvais toutefois voir que nous poursuivrions notre course hors de la piste. À l'instant où une roue toucha le terrain cahoteux, l'aile du côté droit s'inclina et se brisa par le milieu; l'un de ses moteurs se détacha et tourbillonna dans l'air. Presque immédiatement l'autre moteur s'arrêta.

Nous avancions toujours à vitesse rapide quand le tronçon de l'aile brisée heurta le sol. Sous le choc l'avion fit un tête-à-queue et, quand il retoucha le sol, il se scinda littéralement en deux. La section avant qui abrite la cabine de pilotage se détacha juste devant nos sièges. Quand l'avion s'immobilisa enfin, il n'y avait plus devant nous que ce trou béant à l'endroit où se trouvaient quelques instants plus tôt les sièges de première classe.

La panique éclata. Les gens hurlaient, se débattaient pour quitter leurs sièges. Ils se pressaient pour sauter devant nous. Mais Luciano et moi pouvions voir que la distance jusqu'au sol était trop importante et qu'il était risqué de sauter en raison d'amas de métal déchiqueté et tordu qui paraissaient terriblement dangereux. Lui et moi avons bloqué le chemin et empêché les gens de sauter.

Pendant ce temps quelqu'un s'efforçait d'ouvrir la sortie d'urgence tout à côté de nos sièges. Finalement la porte s'ouvrit. Ma femme et Luciano sortirent les premiers. Puis l'homme qui avait ouvert la porte. Nous sautions sur l'aile, un peu à gauche de la sortie, et nous glissions jusqu'au sol. C'était comme une glissoire, mais en moins confortable. En fait, Luciano se blessa en y descendant. Quand tout le monde fut parvenu en sécurité sur la terre ferme, nous avons couru comme des fous. Nous pouvions sentir l'odeur du carburant et nous pensions que d'une seconde à l'autre une explosion se produirait.

Même lorsque nous nous sommes retrouvés tous loin de l'avion, l'épreuve n'était pas terminée pour autant. L'accident était survenu à l'extrémité la plus éloignée de la piste. Nous étions fort loin de la tour de contrôle et, en raison du brouillard, nous étions hors de portée de vue. La tour avait également perdu le contact radio avec l'avion. On y imaginait que quelque chose s'était produit, mais on ignorait quoi et en quel endroit. La température était descendue sous le point de congélation. Nous nous serrions tous les uns contre les autres, à l'autre bout de la piste, en pensant qu'on nous porterait secours d'une minute à l'autre. Ce ne fut pas le cas.

Nous avons trouvé le pilote et le copilote étendus sur le gazon. Ils gémissaient et semblaient grièvement blessés. Nous les avons installés du mieux que nous pouvions. Luciano portait une chemise à manches courtes et je remarquai qu'il grelottait. Il me demanda si je n'avais rien à lui prêter pour qu'il puisse se couvrir. Je lui offris le chandail que je portais.

«Alors vous n'aurez rien» dit-il.

À la blague, je lui offris mon foulard.

«Je le prends» répondit-il.

C'était un carré de toile marron avec mes initiales brodées. Ébahi, je le regardai s'envelopper la gorge et la bouche avec cette pièce de tissu.

Nous avons attendu. Un jeune homme dont nous avions fait la connaissance dans l'avion, un étudiant de l'Université Columbia, accourut en apportant une bouteille de Southern Comfort. Il dit qu'il se préparait à partir pour trouver l'aérogare. Luciano l'arrêta et dit: «Alors, laisse-nous la bouteille.»

Nous sommes restés là une bonne demie-heure sans que personne ne nous vienne en aide, mais finalement un véhicule tout terrain arriva — un seul. Luciano et quelques autres avaient rassemblé les enfants qui se trouvaient dans l'avion. Maintenant Luciano les entassait dans ce véhicule; il en portait sur ses épaules, en hissait d'autres dans la voiture. Il partit avec eux.

En très peu de temps, des autobus et des camions s'amenèrent sur les lieux en assez grand nombre pour transporter deux fois plus de personnes que nous étions. On nous déposa tous aux bureaux de TWA. C'était une scène inimaginable. Tous étaient si heureux d'être en vie, si excités, et le whisky comme le vin coulèrent à flot.

Luciano était dans un état de surexcitation, presque de frénésie. Il courait de ci de là, s'informait du nom de chacun et de son numéro de téléphone personnel; ensuite il appela tous ces numéros pour prévenir les parents de chacun des passagers de ne pas s'inquiéter s'ils entendaient parler de l'accident aux nouvelles, parce que tous étaient sains et saufs. Seuls les pilotes et quelques passagers avaient été blessés, mais pas grièvement.

Un ami de Luciano avait conduit depuis Modène la Mercédès du chanteur pour venir le chercher. Quand ils se retrouvèrent, Luciano annonça qu'il se mettait immédiatement en route pour ce trajet de trois heures. Il dit que cela l'aiderait à se calmer. Avant de partir, il me chercha pour me remettre mon mouchoir. Je lui dis de le garder en souvenir.

«Vous savez, mon ami» fit Luciano en me quittant «nous avons été mauditement chanceux!»

Giuseppe di Stefano

Un confrère ténor

La première fois que j'ai entendu chanter Luciano, c'était à San Remo, en 1962, un an seulement après ses débuts. Sur-le-champ j'ai reconnu qu'il avait une belle voix. J'ai ouï dire par la suite qu'il m'avait remplacé pour un certain nombre de représentations de *La Bohème* à Covent Garden, mais je ne le connaissais pas à cette époque. J'avais l'impression qu'il se retenait trop, qu'il aurait pu parvenir à une plus belle sonorité en faisant davantage porter le son, mais les ténors d'aujourd'hui ne songent qu'à conserver le plus longtemps possible leur voix. Ils ne pensent qu'à l'argent. Et quand ils se penchent un peu trop sur leur art, c'est l'interprétation qui en souffre.

J'essaie de chanter comme Verdi nous l'a enseigné, de ne penser qu'à la poésie, qu'aux mots ; la musique devrait venir ensuite tout naturellement. Quand chantent la plupart des ténors, dans leur tête ils ne voient que des notes. En dépit de nos conceptions différentes du chant, Luciano et moi sommes rapidement devenus des amis et nous discutons tout le temps de chant et d'interprétation. Il m'a dit que ma façon de chanter me ruinerait la voix. Peut-être est-ce le cas, mais je chante encore — chaque jour — et je n'écoute pas ce qu'on raconte à mon sujet. J'aime tout bonnement chanter. À Mexico, j'enseignais dans une université. On y a monté une production d'opéra et on m'a demandé ce que j'en pensais. J'ai répondu quelque chose comme : certains jours, il vaut mieux garder le lit. J'ai perdu mon poste de professeur.

Je pense que Luciano écoute les conseils qu'on lui donne. Une fois, après un *Elisir*, je suis allé le voir à l'arrière-scène. Il m'a demandé ce que je pensais de lui. Je lui ai répondu : «Veux-tu une réponse amicale, flatteuse, ou préfères-tu savoir ce que je pense vraiment?» Il a dit qu'il voulait la vérité. Il a fait sortir tout le monde de sa loge et nous avons parlé un bon moment. Je lui ai dit qu'il devrait davantage pousser certaines notes, que s'il continuait à les retenir il finirait par les altérer et que sa technique en serait trop manifeste. La vraie technique ne se perçoit pas. Si vous retenez la voix, toute la mécanique transparaît. Luciano est très futé et il écoute les gens. Je pense qu'il a un peu changé après que je lui eus donné ce conseil.

Il croit que Giovanni Raimondi était le meilleur professeur. Mais je ne crois pas à l'enseignement, c'est pourquoi je ne m'y suis jamais essayé. Il n'y a rien à enseigner. J'étudie tous les soirs — je l'ai toujours fait et je n'ai pas cessé de le faire. Mais personne ne peut vous apprendre à chanter. Dans ce métier, on a un dicton : l'élève rend célèbre le maître. Les meilleurs professeurs ont tous leur artiste célèbre — jamais deux.

Je m'inquiète de tout ce tapage publicitaire autour de Luciano. Ça met trop de pression sur ses épaules. Caruso n'a jamais cherché à vendre son image. Nous ne sommes pas des cigarettes ni du Coca-Cola pour lesquels on peut faire de la réclame et de la mise en marché. Ça occasionne tant de problèmes. Je me souviens d'avoir chanté à Rio et, quand j'y suis arrivé, d'avoir vu les affiches où mon nom apparaissait en caractères aussi gros que celui de Gigli. Je suis allé droit à Gigli et je lui ai dit : « Maître, je ne suis pour rien dans cette histoire et je pense que c'est malencontreux. »

Mais la seule personne blessée par toutes ces discussions sur le ténor numéro un, c'est Luciano lui-même. Il est vraiment très difficile de se présenter devant le public et de chanter. C'est déjà assez difficile quand vous êtes simplement un chanteur d'opéra de talent, mais si les gens disent de vous que vous êtes « plus grand que Caruso », « le meilleur ténor de ce siècle » et tout ce qui s'ensuit, vous devez alors porter un fardeau insupportable. Il est impossible de défendre soir après soir un tel niveau d'excellence. Le public s'attend à des miracles.

Nous autres chanteurs ne sommes faits que de chair et de sang et nous pouvons être effrayés comme n'importe qui d'autre. Nous ne sommes pas de fer. Quand nous savons que le public attend trop de nous, la tension devient insupportable. Regardez Callas. Je suis convaincu que les problèmes de Maria ne sont apparus que lorsqu'on s'est mis à lui verser des cachets de dix mille dollars par spectacle. C'est là qu'elle a commencé à flancher sous la pression. Je pense aussi que l'ambition a tué Maria. Il n'y a plus de limites, plus de satisfaction possible quand on veut être l'artiste numéro un, la femme numéro un. Elle en voulait trop. Et dans le cas de Luciano, toute cette publicité n'est que le début.

Je pense que Luciano se tracasse sans doute beaucoup trop au sujet de son répertoire. On ne devrait pas classer les ténors comme les boxeurs. Nous devrions tous être capables de chanter *n'importe quel* rôle de ténor aussi longtemps que nous usons de notre voix à nous, aussi longtemps que nous ne modifions pas la coloration naturelle de notre voix. C'est quand un ténor lyrique s'efforce de chanter comme un ténor dramatique qu'il éprouve des difficultés.

Mais je crois que Luciano s'en sortira très bien. Il est très réaliste ; il ne se promène pas la tête dans les nuages. Je n'ai pas à faire son éloge. Il sait à quel point je l'estime.

Quand on me demanda à New York d'incarner le Grand Marshal de la parade du Columbus Day, en 1980, cela me donna l'opportunité de m'adonner à mon nouveau passe-temps : l'équitation. Photo : Simon Robert Newey.

Luciano Pavarotti

Conclusion

Au milieu des années 1970, j'ai vécu une terrible expérience. J'ai connu la dépression. Rien de grave, mais ç'aurait pu l'être et je n'arrivais pas à m'en défaire. Je ne sais pas avec certitude ce qui a pu causer cet état. Cela s'est produit au moment où j'avais atteint le faîte de ma carrière. Je chantais dans les principales maisons d'opéra du monde, pour les cachets les plus élevés, et j'interprétais les rôles de mon choix.

Rien ne troublait ma vie familiale. À mesure que ma situation professionnelle et financière se consolidait, Adua devenait une partenaire de plus en plus essentielle tout autant que mon épouse. Elle n'avait pas prévu cela quand nous nous sommes mariés et elle s'adaptait très bien. Mes trois filles grandissaient en santé, en intelligence et en beauté.

Malgré tout ce bonheur, je perdais complètement mon intérêt pour tout. Je remplissais mes engagements sans enthousiasme. Les applaudissements n'agissaient plus désormais sur mon organisme comme un tonique. Plus rien ne m'intéressait. Dans mon cas, c'était incompréhensible.

Je ne suis pas d'humeur changeante. Je suis un être entier, d'une seule humeur, toujours optimiste. Je peux me montrer impatient ou m'emporter quand on ne s'occupe pas de mes affaires comme il convient, mais ces éclats ont toujours une cause spécifique (que j'aie raison ou tort). Quand le problème est résolu, je retrouve rapidement mon état normal : heureux, optimiste et en accord avec le monde.

Alors, c'était le contraire. Un événement pouvait m'égayer sur le moment — la visite d'un vieil ami, un spectacle particulièrement réussi, un repas exceptionnel —mais dès que c'était fini, je replongeais dans ma morosité.

Je suis sûr que mon état dépressif était lié à mon succès en tant que chanteur d'opéra. Tant d'années avaient été engagées dans cette lutte. Tout mon être s'était habitué à la lente ascension, à vaincre un à un les obstacles et à se préparer aussitôt à affronter le suivant. Soudain, je prenais conscience que j'avais atteint mon but. Il n'y avait plus d'obstacles, seulement la possibilité d'un échec.

Des amis me répètent souvent, quand ils me voient me tourmenter avant un spectacle : «Comment peux-tu être nerveux? Tu es Pavarotti, le ténor célèbre dans le monde entier.» Ils ne comprennent pas que ma réputation me pèse. Être célèbre ou, dans l'esprit de certaines gens, être le numéro un de votre profession, ne fait pas de vous un être surnaturel. Vous restez toujours un mortel qui peut souffrir d'un mal de gorge, ne pas être en forme ou commettre une erreur. La renommée et cette idée d'être le premier ajoutent à la tension, mais pas à l'excellence.

Ce n'était pas la tension qui m'accablait. Au contraire, elle me stimulait plus qu'elle ne me déprimait. Si dès le début je n'avais pas appris à maîtriser ma nervosité de la même manière que j'ai appris à contrôler ma respiration et mon diaphragme, j'aurais depuis longtemps abandonné cette carrière.

292

Le problème, j'en suis sûr, était lié au fait que j'avais enfin réussi, mais que je me demandais ce que j'avais réussi. Alors vient un moment où vous vous sentez prisonnier de votre voix. Ce n'est pas que vous souhaiteriez pratiquer un autre métier, mais seulement que, à cause de votre voix, vous n'avez pas le choix.

Il vous faut chanter encore et encore — une autre *Bohème*, une autre *Tosca*, un autre *Elisir* — jusqu'à ce que vous chantiez si mal que plus personne ne veuille vous entendre davantage. Moi qui aujourd'hui ai retrouvé le bonheur de vivre, en me remémorant ces étranges pensées je constate à quel point, quand on est déterminé à être déprimé, on peut trouver même dans les circonstances de la vie les plus heureuses de quoi ronger son frein.

J'étais aussi bouleversé, je le sais, par mon obésité. J'étais très gros et je sentais que cela nuisait grandement à ma carrière. Dans tout ce que j'essaie, je veux faire de mon mieux. Je suis très exigeant pour moi-même ; si je décide de tenter quoi que ce soit, je veux y exceller ou alors laisser tomber. Peut-être cela fait-il de moi un perfectionniste ; j'ai certainement envie de me surpasser.

Je prenais conscience que, dans ma profession de chanteur d'opéra, les directeurs ne se préoccupaient guère de mon jeu dramatique. Je sentais qu'ils y accordaient peu d'attention à la fois parce qu'ils me croyaient incapables de bien jouer et qu'ils jugeaient que mon obésité ruinerait tous les effets qu'ils pourraient s'efforcer de me faire rendre.

Cela me peina cruellement. Je sais que sur scène je n'ai pas l'air du personnage qu'imagine en rêve une étudiante, quand elle pense aux romantiques Rodolfo et Manrico, mais je crois qu'une personnification vivante et bien imaginée peut très bien faire oublier ce désavantage que constitue mon obésité. On aurait dit alors que j'étais seul à penser ainsi et cela aggrava ma dépression.

En plus du tort qu'elle pouvait causer à ma carrière, mon obésité me déprimait vraiment. Je n'avais plus aucune activité — je ne veux pas dire sur scène, bien que c'était vraisemblablement le cas — mais dans la vie de tous les jours. Habituellement je suis actif. Peut-être pas autant que je l'étais adolescent, mais chaque jour j'essaie de faire de l'exercice et je ne me sens pas bien si je n'en fais pas. À cette époque, je n'avais aucune énergie et je n'éprouvais nullement le désir d'améliorer ma condition physique pour quelque dessein que ce soit. Je me sentais mis de côté, écarté dans ma profession, et je me haïssais beaucoup en raison de mon obésité.

Je ne voyais plus Luciano Pavarotti tel que je l'aurais souhaité. J'avais le moral si bas que je ne me souciais guère de mourir le jour suivant.

Je sus que mon problème était très grave lorsque je rentrai à Modène. Même revoir ma famille ne fit pas disparaître ce sentiment de vide intérieur, cette impression que tout était insipide. Je suppose que si cela avait perduré, je serais allé voir un médecin.

On fait tant de découvertes de nos jours sur les causes chimiques de certains types de dépression. Ce qui ne veut pas dire que certaines circonstances de la vie ne peuvent pas vous plonger dans une grave dépression, mais que, lorsque vous êtes déprimé, votre organisme se met à produire des éléments biochimiques qui vous maintiennent déprimé. Quelque chose du genre m'est peut-être arrivé. Je suis ouvert aux découvertes médicales. À cette époque toutefois, j'étais dans un état physique si déplorable que je n'avais ni la force ni la volonté de réagir, de faire quoi que ce soit pour moi-même.

Fort heureusement, je n'ai pas dû avoir recours aux médicaments. Un événement dramatique est survenu qui m'a totalement guéri de ma dépression et depuis m'a fait découvrir en tout de la beauté.

Le 22 décembre 1975, je pris l'avion de New York à Milan, dans le but de retrouver les miens à Modène pour Noël. Je voyage toujours en classe économique parce que j'aime bien le type de gens que j'y rencontre et je crois qu'on y est plus en sécurité — là se trouvent les sorties d'urgence et j'essaie d'obtenir un siège proche de l'une d'elles.

Ce soir-là, quand l'avion atterrit à l'aéroport de

Milan, le temps était nuageux et plutôt brumeux. L'appareil filait encore à grande vitesse, presque à sa vitesse de croisière, quand nous avons touché le sol. Je savais que quelque chose n'allait pas. Puis l'avion dérapa et se brisa en deux. C'était horrible. Les gens hurlaient et se battaient pour quitter leurs sièges. Nous avons réussi à quitter l'avion, mais nous étions tous sous le coup d'un traumatisme et nous nous attendions à ce que l'appareil explose ou prenne feu à tout moment.

Pendant les heures qui suivirent, je me sentis dans un état terrible. Un ami était venu à Milan dans ma voiture pour me prendre à l'aéroport. Ma famille n'avait pas entendu parler de l'accident. Aussitôt que je repérai mon ami, je montai dans ma voiture et je conduisis jusqu'à Modène. La conduite rapide sur l'autoroute m'aida à me calmer.

Quand je me retrouvai sain et sauf à la maison, entouré de toute ma famille, je réalisai quel idiot j'avais été au cours des derniers mois. Je vis à quel point j'étais chanceux ; combien j'étais aimé, quel privilège c'était de pouvoir offrir aux siens des cadeaux qui les rendent heureux. Je compris aussi comme la vie est bonne et comme elle m'apporte de bonheur. Je compris que je m'étais laissé aller à m'apitoyer sur mon sort, même pour des questions sans importance. Je compris que ma prétention de me ficher de vivre ou de mourir n'était que des mots en l'air. Je n'étais nullement prêt ni disposé à mourir.

D'avoir ainsi frôlé la mort me causa un choc qui me guérit complètement de mon indifférence pour la vie. Le remède fut si radical que je me remis immédiatement au travail et que j'étudiai avec la même énergie et le même enthousiasme que lorsque j'avais entrepris mes études de chant, à l'âge de dix -neuf ans. Je me mis à la diète et, avec le temps, je réussis à perdre quatre-vingts livres.

Cet accident d'avion fut toute une expérience, comme si Dieu m'avait saisi par le cou et m'avait dit : « La vie te laisse indifférent ? Tiens, regarde un peu la mort et dis-moi si ça te plaît ! » Si c'était là son plan, les résultats ne se sont pas faits attendre.

Depuis cet accident, je suis optimiste et heureux, peut-être plus que jamais auparavant. À cause de ces actes terribles dont j'ai été témoin pendant la guerre, à cause de cette maladie qui m'a presque été fatale lorsque j'étais enfant et ensuite de cet accident à l'aéroport de Milan, je pense que je connais la mort. Je connais aussi la vie — je sais aussi bien que quiconque comme elle est précieuse et belle.

Même après avoir perdu quatre-vingts livres, je suis loin de ressembler à l'homme que je voudrais être. Bien entendu, je vais continuer ce combat. Pour une bonne raison : il vaut beaucoup mieux pour ma santé que je perde du poids et j'ai toujours pris soin de ma santé. Mais j'avoue que mon apparence physique ne me préoccupe pas tant que ça. Que je sois aimé, voilà tout ce qui m'importe.

Je pense qu'il est trop bête que nous ayons à vivre de terribles infortunes qui secouent notre existence — des événements aussi sinistres qu'un accident d'avion, la maladie ou la guerre — pour apprécier les innombrables bonnes choses de la vie qu'autrement nous considérons comme acquises, comme allant de soi. Nous autres humains, nous avons l'insupportable tendance de cesser de sentir et de voir la beauté d'une expérience très tôt après l'avoir vécue. Non seulement cessons-nous d'en apprécier les qualités mais aussi de les voir.

Voici un exemple de ce que je veux dire : vous pouvez voler depuis un lieu où sévit l'hiver pour vous retrouver sous un soleil lumineux et chaud. Le premier jour, parfois les deux premiers, vous vous promenez émerveillé par ce soleil qui vous baigne d'une chaleur merveilleuse et vous songez à quel point vous êtes privilégié. Mais après ce temps, vous vous comportez comme si la belle température allait de soi. Elle vous est due, vous y avez droit. Puis vous en tirez de moins en moins de plaisir jusqu'à ce que, très rapidement, vous cessiez même de la remarquer. Vous commencez à regarder autour de vous et à vous demander ce qui pourrait vous manquer encore. Quelque chose sûrement vous fait défaut. De quoi pourriez-vous vous plaindre?

C'est là un des traits négatifs de l'homme, malheureusement très répandu. Nous le rencontrons si souvent chez les jeunes d'aujourd'hui. J'admire les jeunes gens d'aujourd'hui parce qu'ils sont éveillés, curieux et au fait de bien des réalités dont nous étions ignorants à leur âge, mais je vois bien comme au fond ils se donnent du mal pour se créer des problèmes, pour trouver un sujet de se plaindre ou de se battre. Ils ont tant d'énergie, mais rien contre quoi retourner leur agressivité. Je suis très irrité par ces philosophes et ces théoriciens de la politique qui cherchent à tirer avantage de cet aspect propre à la jeunesse. Il est si facile d'exciter les passions des enfants pour une cause ou une autre.

Je crois que les jeunes se plaignent de nos jours parce qu'ils n'ont jamais connu de réelles difficultés. En Italie, les jeunes gens d'aujourd'hui n'ont jamais vécu une guerre. Peu d'entre eux ont subi ce genre de pauvreté qui vous laisse sans même assez de ressources pour vous nourrir suffisamment. Rien ne leur a manqué. Il me semble qu'ils ne vivront pas au vrai sens du mot tant qu'ils n'auront pas connu un désastre. Un véritable désastre et non pas seulement manquer d'argent pour se payer une séance de cinéma ou un disque. C'est triste — je ne souhaite à personne une calamité — mais c'est nécessaire.

J'en prends conscience dans ma propre famille. Mes filles n'ont jamais dû se priver un seul jour. Elles ont toujours reçu beaucoup d'amour et tout ce qu'elles désiraient. Elles sont vraiment de charmantes, de merveilleuses filles, mais elles se plaignent constamment. Elles ne veulent pas venir à San Francisco; elles y *sont déjà allées*. Elle ne veulent pas venir à notre villa sur la mer, à Pesaro; leurs amies sont à Modène. Elles ne veulent pas manger la lasagne que leur mère leur a cuisinée; ça pourrait les faire engraisser.

J'ai un très bon ami, Mazzoli, qui a passé deux ans dans un camp allemand de prisonniers. Il y est presque mort de faim et il pesait quatre-vingt-deux livres —presque un squelette — quand il en est sorti. Aujourd'hui, même s'il n'est pas riche, il est l'un des hommes les plus heureux que je connaisse. Il est heureux de vivre sans problèmes et ne cherche pas à s'en créer de toutes pièces.

Mes filles ne diffèrent pas de la plupart des jeunes gens. Elles se rallient à ces philosophies sublimes qui dénoncent les maux qui tenaillent l'humanité, mais elles négligent les liens qu'elles devraient tisser dans leur propre famille. Les jeunes gens sont si facilement détournés des réalités les plus importantes.

Plus les jeunes sont choyés, pires ils deviennent. Récemment j'ai lu un éditorial dans les journaux italiens où l'on disait qu'il ne faudrait pas enrôler les jeunes garçons dans l'armée parce qu'ils pourraient en subir un terrible traumatisme. Un terrible traumatisme! Est-ce possible? Il y a aujourd'hui en Italie des gens qui s'opposent à tout. Ils ne sont ni communistes, ni socialistes, ni chrétiens démocrates. Ils sont tout simplement *contre*.

Quand j'étais jeune, je tombais d'accord avec chaque philosophe que je lisais. Ils avaient tous raison. Aujourd'hui, cet empressement de la jeunesse à adhérer à toutes les théories, aussi longtemps qu'elles sont négativistes, se traduit beaucoup plus rapidement par des gestes destructeurs. Moi, j'avais l'habitude d'être en accord avec *tous* les théoriciens, puis de sortir et de jouer au football. De nos jours, les jeunes adhèrent à une théorie et marchent dans les rues — ou pire encore.

J'ai beau trouver moche la situation des jeunes gens de nos jours, je ne souhaiterais pas qu'ils connaissent la guerre. Même sans la nouvelle horreur que constituent les bombes atomiques, la guerre est trop épouvantable. Mais quelque chose doit se produire — l'équivalent de mon accident d'avion — pour les forcer à comprendre qu'il y a plus que des problèmes dans l'existence; chaque vie offre suffisamment pour se réjouir et pour éprouver de la reconnaissance.

Comme cela transparaît sans doute dans ce que je viens de dire, je ne suis pas un homme de parti. D'abord je crois que, pour avoir des opinions politiques arrêtées, il faut être bien informé et je n'ai tout simplement pas de temps à consacrer à mon éducation politique. Deuxièmement, je crois peu aux solutions politiques. Je crois que nous devrions tenter de rendre plus juste notre monde, de répartir avec plus d'équité les richesses et d'offrir à chacun les mêmes possibilités. Il m'arrive toutefois si souvent de constater que les différents systèmes politiques perpétuent les mêmes structures. Les systèmes peuvent changer, pas les hommes.

La situation dans mon pays est si terrible que je me sens presque honteux d'être italien. Bien sûr, être italien signifie tant — un sens de l'histoire, un héritage culturel, une sensibilité esthétique — tout cela et bien d'autres caractéristiques qui ont fait de moi l'homme que je suis et qui comptent pour beaucoup dans ce que signifie être italien. J'en suis très fier d'ailleurs et je ne voudrais pas être né dans un autre pays.

Mais de nos jours, quand dans un autre pays vous dites que vous êtes d'Italie, on pense tout de suite à des gens qui déboitent des rotules, aux hommes d'affaires enlevés et à un premier ministre retrouvé assassiné dans le coffre d'une voiture, en plein cœur de Rome. C'est incroyable. Une énergie destructrice ravage mon pays. La violence grotesque n'en est que le symptôme le plus dramatique; il y a bien davantage que ces actes terribles qu'on retrouve à la une des journaux. Il y a ce chauffeur de taxi qui peut vous énumérez dix raisons pour ne pas vous conduire dans tel quartier de Milan et ces grèves éclair qui ne donnent rien, mais causent tant de problèmes à la population qui n'a rien à voir avec les négociations.

Je sais qu'il faudrait corriger bien des injustices en Italie. Et je n'ai aucune solution à proposer pour que s'opèrent les changements nécessaires. Mais cet esprit de destruction que je vois se répandre par tout mon pays comme une épidémie mortelle ne nous amène pas plus près de meilleures conditions sociales et menace le sain fonctionnement de notre économie. J'ignore où cela s'arrêtera, mais je confesse être plutôt pessimiste étant donné la voie dans laquelle s'est engagée l'Italie.

Si je m'oppose à la politique, cela vient en grande partie de cette expérience que j'ai vécue pendant la guerre. Bien que j'étais encore enfant, j'ai pu voir le mal que la politique pouvait causer. Dans une famille que je connaissais où l'un était fasciste et l'autre partisan, un homme a assassiné son propre frère. Je ne dirai pas lequel a tué l'autre parce qu'à mon sens ça ne fait aucune différence. N'importe lequel des deux aurait pu tuer l'autre; les passions étaient si exacerbées de part et d'autre.

Le fait qu'elles poussent un homme à tuer son frère ne nous apprend-il rien sur les convictions politiques? Cela m'a pourtant appris beaucoup, même enfant. Cela m'a fait voir la politique comme une énorme bête noire capable d'engendrer la plus violente rage et un sentiment d'indignité qui justifie tous les gestes — même le fratricide. Cette vision m'a hanté au cours des ans; je perçois plus clairement la violence que les causes qui l'inspirent.

Mais assez de sujets abstraits. Je peux continuer à philosopher sans m'écarter autant du sujet de ce livre.

Un aspect de ma philosophie de la vie me distingue, il me semble, de plusieurs de mes collègues. Je veux parler de mon attitude à l'égard d'un grand nombre de personnes qui me côtoient en raison de ma carrière — des fanatiques d'opéra, des passionnés de l'Italie, des enthousiastes du tennis, des admirateurs de Pavarotti.

Des amis qui ont une longue expérience de cette profession me mettent en garde de me montrer trop accueillant, trop amical, de me fier trop aux gens et d'assumer qu'ils veulent mon bien. On me donne encore plus souvent ce conseil depuis que je suis plus connu. On me répète: «Il faut être prudent, Luciano, il y a tant de gens qui veulent profiter de toi, qui veulent se servir de ton amitié.»

Peut-être ont-ils raison, mais je ne peux pas vivre en me défiant de tous. Je ne suis pas naïf. Je sais que certains ne sont mes amis que parce que je suis un chanteur célèbre. Ça ne veut pas dire qu'ils ne m'aiment pas. Je pense qu'ils m'aiment, mais je sais que lorsque je ne pourrai plus chanter ils ne seront peut-être plus mes amis. Je leur téléphonerai et ils seront occupés. Mais je suis philosophe à ce sujet. Je ne m'inquiète pas. Ainsi va la vie.

Trop souvent j'ai été le témoin de la situation inverse : une personne bien connue était exploitée par un personnage sans scrupules — peut-être même plus d'un — et elle cessait alors de se fier à *quiconque*. Je ne laisserai pas tomber des centaines de bons amis pour une ou deux personnes qui essaient de se servir de moi ; j'apprécie trop mes amis. J'ai trop besoin d'eux.

J'ai mentionné plus tôt à quel point certaines personnes sont assez généreuses pour me surnommer le ténor numéro un d'aujourd'hui. Bien entendu, cela me flatte en un sens. J'ai été gratifié de ce don. J'ai travaillé d'arrache-pied pour le développer du mieux que je pouvais. De pareils éloges me font penser que j'ai fait mon travail, que j'ai accompli mon devoir. Mais je me moque éperdument d'être le premier ou le deuxième ou le quinzième, aussi longtemps que je me suis pleinement réalisé.

Je ne suis pas faussement modeste — il y a trop de gens comme ça dans mon métier — je pense être vraiment modeste. La voix ne m'appartient pas. Elle m'a été donnée. Je ne serais pas honnête si je me félicitais pour ce talent. Par ailleurs, je me sentirais très mal si j'entendais un jour quelqu'un dire : « Il a une si belle voix, c'est trop bête qu'il ne l'ait jamais développée ni travaillée et qu'il ne s'en soit pas servi à bon escient. »

Aussi, quand j'entends dire que je suis le « numéro un », je ne me répands pas en cris de triomphe auprès de mes collègues. Je n'ai jamais cherché à être meilleur que les vingt ténors qui chantaient mieux que moi quand j'ai fait mes débuts. Je n'ai jamais espéré être considéré comme le premier ; je ne suis pas sûr maintenant d'*être* le premier. Je suis satisfait pour la simple raison que ce genre d'éloges me confirme que j'ai fait ce que je devais, que j'ai rempli mes obligations devant Dieu qui m'a donné la voix et devant le public qui en jouit.

Que les gens me comparent à tel ou tel grand ténor du passé, voilà qui soulève aussi pour moi un problème. Je sais qu'on veut par là me faire un compliment, mais en un sens on me dépouille ainsi de ma personnalité. Quand vous avez l'impression d'avoir très bien accompli votre travail d'une manière toute spéciale, il est un tant soit peu démoralisant de vous faire dire que c'était «aussi bon qu'un tel ou tel autre» ou «que ça ressemblait à un tel ou à un tel autre.» Je suis moi et il est lui.

C'est comme pour Caruso, il n'y a pas de comparaison possible. Malgré tout le respect que je lui dois, je ne suis pas d'accord avec Maestro von Karajan qui a affirmé que ma voix était supérieure à la sienne. À mon sens, Caruso est à juste titre le ténor par rapport auquel nous sommes tous évalués. Et je ne dis pas cela tellement pour sa voix, qui en effet était très belle et trop caractéristique pour souffrir les comparaisons. Il a commencé comme baryton et a toujours conservé cette coloration chaude propre aux voix plus graves. Je dis cela parce que, grâce à son remarquable phrasé et à son instinct musical, il s'est approché plus qu'aucun d'entre nous de la vérité de cette musique qu'il interprétait. Il n'y en aura jamais un autre tel que lui.

J'ignore quel était le secret de Caruso et je ne veux pas le connaître. Chacun doit trouver son propre secret. Les ténors qui essaient d'imiter Caruso perdent généralement la voix. Il est absolument impossible de chanter comme un autre. Et puis d'ailleurs on ne peut pas oublier la personnalité d'un chanteur. Même si d'une certaine manière vous parveniez à copier la voix d'un chanteur, elle ne saurait convenir à votre personnalité. La voix est certes le véhicule de la musique d'un compositeur, mais aussi celui de la personnalité d'un interprète. Vouloir imiter la voix d'un autre est une grave erreur.

Alors, si je suis naturellement flatté qu'on me compare à Caruso, j'en suis aussi inquiet. J'espère me réaliser à ma façon, pas à la sienne. Nous sommes deux ténors différents.

Selon moi, la personne à laquelle je dois me mesurer, que je dois m'efforcer de surpasser, c'est moi-même. J'ai le sentiment que c'est une grave faute que de recevoir une voix en don et de ne pas la développer entièrement ou de ne pas en user du mieux possible. J'ai sur la conscience tant de fautes vénielles que je serais heureux de n'avoir pas à porter le fardeau d'une faute si grave.

Quant à la retraite, j'avais coutume de me dire que, quand je ne chanterais plus du mieux que je peux, quand je percevrais des failles dans ma voix, je cesserais pour de bon de chanter. J'ai changé d'avis. Ça n'était que l'expression d'une forme d'orgueil. Bien faire quoi que ce soit est merveilleusement satisfaisant. Je suis très exigeant et un peu perfectionniste. Et il est très gratifiant pour moi de sentir que je chante d'une façon exceptionnelle. Mais ce n'est pas là tout ce qui me plaît dans le fait de chanter. Ma satisfaction ne vient pas de ce que je crois déclasser un certain nombre de ténors chaque fois que j'ouvre la bouche. Chanter à soi seul m'apporte une grande joie. Comme aussi le sentiment que je fais vraiment de la musique.

Mais la plus grande satisfaction naît de ce que je sais qu'en chantant je rends bien des gens heureux. Aussi longtemps que je garderai cette conviction, même à un moindre degré qu'aujourd'hui, rien ni personne ne réussira à m'empêcher de chanter.

Mon père a plus de soixante-dix ans et il a toujours une belle voix. Peut-être Dieu, qui m'a tant donné, m'accordera-t-il aussi cette faveur.

303

Appendices

Pavarotti :
ses premières exécutions
d'un rôle
(et une sélection des exécutions
subséquentes d'importance)

Rodolfo dans *La Bohème* (Puccini)

Reggio Emilia, 28 avril 1961 (Covent Garden, 1963; La Scala, 1965; San Francisco, 1967; Metropolitan, 1968)

Le Duc dans *Rigoletto* (Verdi)

Carpi, 1961 (Palerme, 1962; Vienne 1963; La Scala, 1965; Covent Garden, 1971)

Alfredo dans *La Traviata* (Verdi)

Belgrade, 1961 (La Scala, 1965; Covent Garden, 1965; Metropolitan, 1970)

Edgardo dans *Lucia di Lammermoor* (Donizetti)

Amsterdam, 1963 (Miami, 1965; San Francisco, 1968; Metropolitan, 1970; Chicago, 1975)

Pinkerton dans *Madama Butterfly* (Puccini)

Reggio Calabria, 1963 (Palerme, 1963; Dublin, 1963)

Idamante dans *Idomeneo* (Mozart)

Glyndebourne, 1964

Elvino dans *La Sonnambula* (Bellini)	Covent Garden, 1965
Nemorino dans *L'Elisir d'Amore* (Donizetti)	Australie, 1965 (San Francisco, 1969; La Scala, 1971; Metropolitan, 1974)
Tebaldo dans *I Capuleti e i Montecchi* (Bellini)	La Scala, 1966
Tonio dans *La Fille du régiment* (Donizetti)	Covent Garden, 1966 (La Scala, 1968; Metropolitan, 1972)
Arturo dans *I Puritani* (Bellini)	Catane, 1968 (Philadelphia, 1972; Metropolitan, 1976)
Oronte dans *I Lombardi* (Verdi)	Rome, 1969
Des Grieux dans *Manon* (Massenet)	La Scala, 1969
Riccardo dans *Un Ballo in Maschera* (Verdi)	San Francisco, 1971 (La Scala, 1978; Metropolitan, 1979)
Fernando dans *La Favorita* (Donizetti)	San Francisco, 1973 (Metropolitan, 1978)
Rodolfo dans *Luisa Miller* (Verdi)	San Francisco, 1974 (La Scala, 1976; Covent Garden, 1978)
Manrico dans *Il Trovatore* (Verdi)	San Francisco, 1975 (Metropolitan, 1976)
Chanteur italien dans *Der Rosenkavalier* (Strauss)	Metropolitan, 1976 (Hambourg, 1977)
Calaf dans *Turandot* (Puccini)	San Francisco, 1977
Cavaradossi dans *Tosca* (Puccini)	Chicago, 1976 (Covent Garden, 1977; Metropolitan, 1978)
Enzo dans *La Gioconda* (Ponchielli)	San Francisco, 1979

Rôles interprétés sur disque mais non sur scène

Orombello dans *Beatrice di Tenda* (Bellini)   Londres, 1966

Fritz dans *L'Amico Fritz* (Mascagni)   Londres, 1968

MacDuff dans *Macbeth* (Verdi)   Londres, 1971

Leicester dans *Maria Stuarda* (Donizetti)   Bologne, 1974

Canio dans *Pagliacci* (Leoncavallo)   Londres, 1976

Turiddu dans *Cavalleria Rusticana* (Mascagni)   Londres, 1976

Arnoldo dans *Guillaume Tell* (Rossini)   Londres, 1979

Faust dans *Mefistofele* (Boïto)   Londres, 1980

Discographie

Presque tous les enregistrements de Luciano Pavarotti ont été produits par London Records. Les seules exceptions sont un disque qui date déjà, *L'Amico Fritz*, sur étiquette Angel ainsi que trois enregistrements sur étiquette CIME Label qui seront bientôt repiqués par London.

OPÉRAS (VERSION INTÉGRALE) ET MUSIQUE CHORALE

Bellini, *Beatrice di Tenda*. Luciano Pavarotti, Joan Sutherland, Josephine Veasey. London Symphony Orchestra; direction, Richard Bonynge. Londres, 1966.

Intégrale   3-LONDON OSA-1384

Bellini, *I Puritani*. Luciano Pavarotti, Joan Sutherland, Piero Cappuccilli, Nicolai Ghiaurov. London Symphony Orchestra; direction, Richard Bonynge. Londres, 1973.

Intégrale   3-LONDON OSA-13111

Bellini, *La Sonnambula*. Luciano Pavarotti, Joan Sutherland, Nicolai Ghiaurov. National Philharmonic Orchestra; direction, Richard Bonynge. Londres, 1980.

Intégrale   3-LONDON LDR-73004

Boïto, *Mefistofele*. Luciano Pavarotti, Mirella Freni, Montserrat Caballé, Nicolai Ghiaurov. National Philharmonic Orchestra; direction, Oliviero de Fabritiis. Londres, 1980.

Intégrale   3-LONDON

Donizetti, *L'Elisir d'Amore*. Luciano Pavarotti, Joan Sutherland, Spiro Malas, Dominic Cossa. English Chamber Orchestra; direction Richard Bonynge. Londres, 1970.

Intégrale   3-LONDON OSA-13101
Extraits   LONDON OS-26343

Donizetti, *La Favorita*. Luciano Pavarotti, Ileana Cotrubas, Fiorenza Cossotto, Gabriel Bacquier, Nicolai Ghiaurov. Orchestre du Bologna Teatro Communale; direction, Richard Bonynge. Bologne, 1974.

Intégrale   3-LONDON OSA-13113

Donizetti, *La Fille du régiment*. Luciano Pavarotti, Joan Sutherland, Monica Sinclair, Spiro Malas. Orchestre du Royal Opera House de Covent Garden; direction, Richard Bonynge. Londres, 1967.

Intégrale   2-LONDON OSA-1273
Extraits   LONDON OS-26204

Donizetti, *Lucia di Lammermoor*. Luciano Pavarotti, Joan Sutherland, Sherrill Milnes, Nicolai Ghiaurov. Orchestre du Royal Opera House de Covent Garden; direction, Richard Bonynge. Londres, 1971.

Intégrale   3-LONDON OSA-13103
Extraits   LONDON OS-26332

Donizetti, *Maria Stuarda*. Luciano Pavarotti, Joan Sutherland, Huguette Tourangeau, James Morris, Roger Soyer. Orchestre du Bologna Teatro Communale; direction, Richard Bonynge. Bologne, 1974-1975.

Intégrale   3-LONDON OSA-13117

Leoncavallo, *Pagliacci*. Luciano Pavarotti, Mirella Freni, Ingvar Wixell. National Philharmonic Orchestra; direction, Giuseppe Patané. Londres, 1976-1977.

Intégrale   3-LONDON OSA-13125

Mascagni, *L'Amico Fritz*. Luciano Pavarotti, Mirella Freni, Vicente Sardinero. Orchestre du Royal Opera House de Covent Garden; direction, Gianandrea Gavazzeni. Londres, 1968.

Intégrale   2-ANGEL S-3737

Mascagni, *Cavalleria Rusticana*. Luciano Pavarotti, Julia Varady, Piero Cappuccilli. National Philharmonic Orchestra; direction, Gianandrea Gavazzeni. Londres, 1976-77.

Intégrale   3-LONDON OSA-13125

Ponchielli, *La Gioconda*. Luciano Pavarotti, Montserrat Caballé, Agnes Baltsa, Sherrill Milnes, Nicolai Ghiaurov. National Philharmonic Orchestra; direction, Bruno Bartoletti. Londres, 1980.

Intégrale   3-LONDON LDR-73005

Puccini, *La Bohème*. Luciano Pavarotti, Mirella Freni, Elizabeth Harwood, Rolando Panerai, Nicolai Ghiaurov, Gianni Maffeo, Orchestre philharmonique de Berlin; direction, Herbert von Karajan. Berlin, 1972.

Intégrale   2-LONDON OSA-1299
Extraits   LONDON OS-26399

Puccini, *Madama Butterfly*. Luciano Pavarotti, Mirella Freni, Christa Ludwig, Robert Kerns. Orchestre Philharmonique de Vienne; direction, Herbert von Karajan. Vienne, 1974.

Intégrale   3-LONDON OSA-13110
Extraits   LONDON OS-26455

Puccini, *Tosca*. Luciano Pavarotti, Mirella Freni, Sherrill Milnes. National Philharmonic Orchestra; direction, Nicola Rescigno. Londres, 1978.

Intégrale   2-LONDON OSA-12113

Puccini, *Turandot*. Luciano Pavarotti, Joan Sutherland, Montserrat Caballé, Nicolai Ghiaurov. London Philharmonic Orchestra; direction, Zubin Mehta. Londres, 1972.

Intégrale   3-LONDON OSA-13108
Extraits   LONDON OS-26377

Rossini, *Guillaume Tell*. Luciano Pavarotti, Mirella Freni, Sherrill Milnes, Nicolai Ghiaurov. National Philharmonic Orchestra; direction, Riccardo Chailly. Londres, 1978-79.

Intégrale   2-CIME C3S-134

Rossini, *Stabat Mater*. Luciano Pavarotti, Pilar Lorengar, Yvonne Minton, Hans Sotin, London Symphony Orchestra; direction: István Kertész. Londres, 1971.

Intégrale   LONDON OS-26250

Strauss, R., *Der Rosenkavalier*. Luciano Pavarotti, Régine Crespin, Helen Donath, Yvonne Minton, Manfred Jungwirth. Orchestre philharmonique de Vienne; direction, Sir Georg Solti. Vienne, 1969.

Intégrale   4-LONDON OSA-1435
Extraits   LONDON OS-26200

Verdi, *Un Ballo in Maschera*. Luciano Pavarotti, Renata Tebaldi, Regina Resnik, Helen Donath, Sherrill Milnes. Orchestre de la Accademia di Santa Cecilia; direction, Bruno Bartoletti. Rome, 1970.

Intégrale   3-LONDON OSA-1398
Extraits   LONDON OS-26278

Verdi, *Luisa Miller*. Luciano Pavarotti, Montserrat Caballé, Anna Reynolds, Sherrill Milnes, Bonaldo Giaiotti. National Philharmonic Orchestra; direction, Peter Maag. London, 1975.

Intégrale   3-LONDON OSA-13114

Verdi, *Macbeth*. Luciano Pavarotti, Elena Suliotis, Dietrich Fischer-Dieskau, Nicolai Ghiaurov, Riccardo Cassinelli. London Philharmonic Orchestra; direction, Lamberto Gardelli. Londres, 1971.

Intégrale   3-LONDON 13102

Verdi, *Requiem*. Luciano Pavarotti, Joan Sutherland, Marilyn Horne, Martti Talvela. Orchestre philharmonique de Vienne; direction, Sir Georg Solti. Vienne, 1967.

Intégrale   2-LONDON OSA-1275

Verdi, *Rigoletto*. Luciano Pavarotti, Joan Sutherland, Huguette Tourangeau, Sherrill Milnes, Martti Talvela. London Symphony Orchestra; direction: Richard Bonynge. Londres, 1972.

Intégrale   3-LONDON OSA-13105
Extraits   LONDON OS-26401

Verdi, *La Traviata*. Luciano Pavarotti, Joan Sutherland, Matteo Manuguerra. National Philharmonic Orchestra; direction, Richard Bonynge. Londres, 1979.

Intégrale   3-LONDON LDR-73002

Verdi, *Il Trovatore*. Luciano Pavarotti, Joan Sutherland, Marilyn Horne, Ingvar Wixell, Nicolai Ghiaurov. National Philharmonic Orchestra; direction, Richard Bonynge. Londres, 1976.

Intégrale   3-LONDON OSA-13124

Enregistrements de concerts et de récitals

VERDI AND DONIZETTI ARIAS
(Vienne, 1968)
    Verdi: *Luisa Miller,* « Quando le sere al placido »; *I Due Foscari,* « Ah sì, ch'io senta ancora... Dal più remoto esilio »; *Un Ballo in Maschera,* « Ma se m'è forza perderti »; *Macbeth,* « Ah, la paterna mano »; Donizetti: *Lucia di Lammermoor,* « Fra poco a me ricovero »; *Il Duca d'Alba,* « Inosservato penetrava... Angelo casto e bel »; *La Favorita,* « Spirto gentil »; *Don Sebastiano,* « Deserto in terra »

                                       LONDON OS-26087

PRIMO TENORE
(Vienne et Londres, 1969-70)
    Rossini: *Guillaume Tell.* « Non mi lasciare... O muto asil »; Bellini: *I Puritani,* « A te o cara »; Donizetti: *Don Pasquale,* « Com' è gentil »; Boïto: *Mefistofele,* « Giunto sul passo estremo »; Verdi: *Il Trovatore:* « Ah sì ben mio... Di quella pira »; Ponchielli: *La Gioconda,* « Cielo e mar »; Puccini: *La Bohème,* « Che gelida manina »; Cilèa: *L'Arlesiana,* « Lamento di Federico »; Pietri: *Maristella,* « Io conosco un giardino »

                                       LONDON OS-26192

KING OF THE HIGH C'S
(Choix de pièces enregistrées antérieurement)
> Donizetti: *La Fille du régiment*, «Ah mes amis quel jour de fête... Pour mon âme»; Donizetti: *La Favorita*, «Spirto gentil»; Verdi: *Il Trovatore*, Ah sì ben mio... Di quella pira»; Strauss: *Der Rosenkavalier*, «Di rigori armato»; Rossini: *Guillaume Tell*, «Non mi lasciare... O muto asil»; Bellini: *I Puritani*, «A te o cara»; Puccini: *La Bohème*, «Che gelida manina»

LONDON OS-26373

THE WORLD'S FAVORITE TENOR ARIAS
(Choix de pièces)
> Leoncavallo: *Pagliacci*, «Vesti la giubba»; von Flotow: *Martha*, «M'apparì»; Bizet: *Carmen*, «La fleur que tu m'avais jetée»; Puccini: *La Bohème*, «Che gelida manina»; Verdi: *Rigoletto*, «La donna è mobile»; Gounod: *Faust*, «Salut, demeure»; Puccini: *Tosca*, «E lucevan le stelle»; Verdi: *Aïda*, «Celeste Aïda»; Puccini: *Turandot*, «Nessun dorma»; Verdi: *Il Trovatore*, «Di quella pira»

LONDON OS-26384

PAVAROTTI IN CONCERT
(Bologne, 1973)
> Bononcini: «Per la gloria d'adorarvi»; Handel: *Atalanta*, «Care selve»; A. Scarlatti: *L'Honestà negli Amori*, «Già il sole dal Gange»; Bellini: «Ma rendi pur contento», «Dolente immagine di fille mia», «La Malinconia (Ninfa gentile)», «Bella nice che d'amore», «Vanne o rosa fortunata»; Tosti: «La serenata», «Luna d'estate»; Malia: «Non t'amo più»; Respighi: «Nevicata», «Pioggia», «Nebbie»; Rossini: «La Danza»

LONDON OS-26391

OPERATIC DUETS WITH JOAN SUTHERLAND
(Choix de pièces)
> Donizetti: *Lucia di Lammermoor*, «Sulla tomba... Verranno a te»; Verdi: *Rigoletto*, «È il sol dell'anima»; Donizetti: *L'Elisir d'Amore*, «Chiedi all'aura lusinghiera»; Donizetti: *La Fille du régiment*, «Oh ciel... Depuis l'instant»; Bellini: *I Puritani*, «Finì... Me Lassa»

LONDON OS-26437

SUTHERLAND PAVAROTTI (DUETS)
(Londres, 1976)
> Verdi: *La Traviata*, «Brindisi», «Un dì felice», «Parigi o cara»; Bellini: *La Sonnambula*, «Prendi l'anel ti dono»; Donizetti: *Linda di Chamounix*, «Da quel dì che t'incontrai»; Verdi: *Otello*, «Già nella notte»; Verdi: *Aïda*, «O terra addio»

LONDON OS-26449

313

O HOLY NIGHT
(Londres, 1976)
Adam: «O Holy Night»; Stradella: «Pietà Signore»; Franck: «Panis Angelicus»; Mercadante: «Quinta Parola»; Schubert: «Ave Maria»; Yon: «Gesù Bambino»; Bach-Gounod: «Ave Maria»; Schubert: «Mille Cherubini in Coro»; Bizet: «Agnus Dei»; Berlioz: «Sanctus»; Wade: «Adeste Fideles»

LONDON OS-26473

THE GREAT PAVAROTTI
(Choix de pièces)
Donizetti: *L'Elisir d'Amore*, «Quanto è bella, quanto è cara», «Una furtiva lagrima»; Verdi: *Un Ballo in Maschera*, «La rivedrà nell'estasi», «Di' tu se fedele»; Verdi: *Rigoletto*, «Questa o quella», «Parmi veder le lagrime»; Verdi: *Macbeth*, «Ah la paterna mano»; Verdi: *Requiem*, «Ingemisco»; Rossini: *Stabat Mater*, «Cujus animam»; Donizetti: *Maria Stuarda*, «Ah rimiro il bel sembiante»; Donizetti: *La Fille du régiment*, «Pour me rapprocher de Marie»; Puccini: *Turandot*, «Non piangere Liù»; Donizetti: *Lucia di Lammermoor*, «Tu che a Dio spiegasti l'ali»

LONDON OS-26510

HITS FROM LINCOLN CENTER
(Choix de pièces)
Donizetti: *L'Elisir d'Amore*, «Una furtiva lagrima»; Gluck: *Orfeo e Euridice*, «Che farò senza Euridice»; Rossini: «La Danza»; Beethoven: «In questa tomba oscura»; Bellini: «Vanne o rosa fortunata», «Vaga luna»; Donizetti: «Me voglio fa' na casa»; Verdi: *Luisa Miller*, «Quando le sere al placido»; Donizetti: *Lucia di Lammermoor*, «Fra poco a me ricovero»; Tosti: «'A vucchella», «Aprile»; Puccini: *Tosca*, «E lucevan le stelle»; Leoncavallo: «Mattinata»; Puccini: *Turandot*, «Nessun dorma»

LONDON OS-26577

BRAVO PAVAROTTI
(Choix de pièces)
Donizetti: *Lucia di Lammermoor*, «Sextet», «Tu che a Dio»; Puccini: *La Bohème*, «O Mimì, tu più non torni»; Strauss: *Der Rosenkavalier*, «Di rigori armato»; Verdi: *Un Ballo in Maschera*, «La rivedrà nell'estasi», «È scherzo od è follia»; Donizetti: *La Fille du régiment:* «O mes amis», «Pour me rapprocher de Marie»; Donizetti: *L'Elisir d'Amore*, «Chiedi all'aura lusinghiera»; Verdi: *Luisa Miller*, «Quando le sere al placido»; Verdi: *La Traviata*, «Libiamo», «Un dì felice»; Verdi: *Requiem*, «Ingemisco»; Verdi, *Rigoletto*, «Parmi veder le lagrime», «La donna è mobile», «Quatuor»; Bellini: *I Puritani*, «A te o cara»; Puccini: *Turandot;* «Non piangere Liù»; Puccini: *Tosca*, «E lucevan le stelle»; Verdi: *Il Trovatore*, «Ai nostri monti»; Donizetti: *La Favorita*, «Spirto gentil»

2-LONDON PAV2001

314

O SOLE MIO
(Bologne, 1977 — Londres, 1979)
   Di Capua: «O sole mio»; Tosti: «'A vucchella»; Cannio: «O durdato
'nnammurato»; Gambardella: «O Marenariello»; Anonyme: «Fenesta
vascia»; Tosti: «Marechiare»; De Curtis: «Torna a Surriento»;
Pennino: «Pecchè»; D'Annibale: «O Paese d' 'o sole»; Tagliaferri:
«Piscatore 'e pusilleco»; De Curtis: «Tu, ca nun chiagne»; Di Capua:
«Maria, Mari'»; Denza: «Funiculì, Funiculà»

LONDON OS-26560

PAVAROTTI'S GREATEST HITS
(Choix de pièces)
   Puccini: *Turandot,* «Nessun dorma»; Donizetti: *La Fille du régiment,*
«O mes amis... Pour mon âme»; Puccini: *Tosca,* «Recondita armonia»;
Puccini: *La Bohème,* «Che gelida manina»; Strauss: *Der Rosenkavalier,*
«Di rigori armato»; Leoncavallo: «Mattinata»; Rossini: «La Danza»;
De Curtis: «Torna a Surriento»; Donizetti: *La Favorita,* «Spirto
gentil»; Bizet: *Carmen,* «La fleur que tu m'avais jetée»; Bellini:
I Puritani, «A te o cara»; Verdi: *Il Trovatore,* «Ah sì ben mio... Di
quella pira»; Verdi: *Rigoletto,* «La donna è mobile»; Franck: «Panis
Angelicus»; Bellini: «Vanne o rosa fortunata»; Gounod: *Faust,* «Salut,
demeure»; Verdi: *Requiem,* «Ingemisco»; Verdi: *Rigoletto,* «Questa o
quella»; Verdi: Aïda, «Celeste Aïda»; Schubert: «Ave Maria»;
Leoncavallo: *Pagliacci,* «Vesti la giubba»; Ponchielli: *La Gioconda,*
«Cielo e mar»; Donizetti: *L'Elisir d'Amore:* «Una furtiva lagrima»;
Puccini: *Tosca,* «E lucevan le stelle»; Denza: «Funiculì, funiculà»

2-LONDON PAV2003

LE GRANDI VOCI DELL'ARENA DI VERONA, Vol. 2
(Vérone, 1977)
   Donizetti: *L'Elisir d'Amore,* «Una furtiva lagrima»; d'autres arias sont
interprétés par Raina Kabaivanska, Piero Cappuccilli, Katia Ricciareli et
Ruggero Raimondi

CIME ANC25004

VERDI ARIAS
(Parme, 1976)
   Verdi: *La Traviata,* «Lunge da lei... De' miei bollenti spiriti»; Verdi:
Macbeth, «Ah la paterna mano»; Verdi: *I Lombardi,* «La mia letizia»;
Verdi: *Otello,* «Già nella notte» (avec Katia Ricciarelli); d'autres arias
tirés de *Aïda, La Forza del Destino, Il Corsaro* et *Falstaff* sont interprétés
par Katia Ricciarelli

CIME ANC25001

315

VERISMO ARIAS
(Londres, 1979)

Giordano : *Fedora,* « Amor ti vieta »; Boïto : *Mefistofele,* « Dai campi, dai prati », « Giunto sul passo estremo »; Cilèa : *Adriana Lecouvreur,* « La dolcissima effigie », « L'Anima ho stanca »; Mascagni : *Iris,* « Apri la tua fenestra »; Meyerbeer : *L'Africana,* « O Paradiso »; Massenet : *Werther,* « Pourquoi me réveiller »; Giordano : *Andrea Chenier,* « Un dì all'azzurro spazio », « Come un bel dì di maggio », « Sì, fui soldato »; Puccini : *La Fanciulla del West,* « Ch'ella mi creda libero »; Puccini : *Manon Lescaut,* « Tra voi, belle », « Donna non vidi mai », « No ! No ! pazzo son ! »

LONDON LDR-10020

Enregistrements privés

Dans le monde de l'opéra, il est malaisé de se faire une idée précise du domaine des enregistrements privés ou « pirates ». Bien qu'ils soient illicites et qu'ils fassent sourciller les artistes et les plus importantes compagnies de disques qui sont privés du fruit de leur vente, ils n'en sont pas moins essentiels aux *aficionados* de Pavarotti pour qui, par exemple, un seul enregistrement de *Tosca* ou de *I Puritani* ne suffit pas. On peut ainsi se procurer, interprétés par Luciano, des opéras comme *Manon* de Massenet ou *I Lombardi* de Verdi qu'il n'a pas encore enregistrés et qu'il n'enregistrera peut-être jamais.

Toute tentative d'établir une discographie détaillée et complète de ces enregistrements pirates est téméraire dans la mesure où de nouveaux disques apparaissent périodiquement sur le marché et que les moins récents enregistrements ne se trouvent plus en magasin ou ne sont pas réédités. La liste qui suit propose les principaux enregistrements toujours disponibles à New York au moment où ce livre était imprimé.

Enregistrements à caractère historique

Bellini: *I Puritani*. Luciano Pavarotti, Beverly Sills, Louis Quilico, Paul Plishka. 1972.

HRE 311-3

Puccini, *Tosca*. Luciano Pavarotti, Magda Olivero, Cornell MacNeil.

HRE 312-2

Concert Album. Puerto Rico, avril 1978. Avec Mirella Freni sous la baguette de Kurt Herbert Adler. Arias et duos tirés de *La Forza del Destino, La Gioconda, Turandot, Un Ballo in Maschera, Aïda, La Bohème, L'Elisir d'Amore, Tosca, L'Amico Fritz* et *La Traviata*. On y trouve également la scène de Saint-Sulpice dans *Manon* (La Scala, 1969) et le quatrième acte de *I Puritani* (Rome, 1970).

HRE 248-2

Disques MRF

Bellini: *Bianca e Fernando*. Hayashi, Savastano, Fissore, Machi. Direction, Ferro. Turin, 1976. Sur la face 6 de ce coffret, on peut entendre le troisième acte de *I Puritani* interprété par Luciano Pavarotti, Mirella Freni, Sesto Bruscantini. Direction, Riccardo Muti. Rome, 1970.

MRF-133

Bellini: *I Capuleti e i Montecchi*. Luciano Pavarotti, Renata Scotto, Giacomo Aragall. Direction, Claudio Abbado. La Scala, 1969.

MRF-55

Verdi: *I Lombardi alla Prima Crociata*. Luciano Pavarotti, Renata Scotto, Ruggero Raimondi. Direction, Gianandrea Gavazzeni. Rome, 1969.

MRF-48

Les enregistrements mentionnés ci-dessous sont distribués par la Unique Opera Records Co. On peut les écouter sur bandes à la Rodgers and Hammerstein Archives of Recorded Sound de la New York Public Library du Lincoln Center, à New York.

Donizetti: *La Favorita*. Luciano Pavarotti, Maria Luisa Nave, Renato Bruson, Bonaldo Giaiotti. Direction, Carlo Felice Cillario. 1975.

UORC-294

Massenet: *Manon*. Luciano Pavarotti, Mirella Freni, Rolando Panerai. Direction, Peter Maag.

UORC-215

Puccini: *Tosca*. Luciano Pavarotti, Carol Neblett, Cornell MacNeil, Italo Tajo. Direction, Jesús López-Cobos.

UORC-348

Verdi: *Luisa Miller*. Luciano Pavarotti, Katia Ricciarelli, Giorgio Tozzi. Direction, Jesús López-Cobos.

UORC-239

Concert Album. Arias et mélodies. Bononcini: «Per la gloria d'adorarvi»; Pergolèse: «Tre giorni son che Nina»; Scarlatti: «Già il sole dal Gange»; Rossini: «La Promessa»; Bellini: «Vaga luna»; Donizetti: «Me voglio fa' na casa»; Verdi: «De' miei bollenti spiriti», «O mio rimorso» (extrait de *La Traviata*); Respighi: «Nevicata», «Pioggia», «Nebbie»; Verdi: «La mia letizia» (extrait de *I Lombardi*); Tosti: «'A vucchella», «L'ultima canzone», «L'alba separa dalla luce l'ombra»; Donizetti: «Una furtiva lagrima»; Puccini: «Nessun dorma». 1976.

UORC-313

Un coffret intitulé *Golden Age of Opera* (EJS 518) est également disponible au Lincoln Center. Pavarotti y interprète des arias de *Rigoletto, I Puritani* et du *Stabat Mater* de Rossini. D'autres artistes y figurent aussi: Franco Corelli, Alfredo Krauss et Nicolai Gedda.

318

Table des matières